U0781867

《师者——贵州师范大学人物传略》编审组

主　　编：韩　卉　肖远平

副 主 编：姜　萍　罗　智

执 行 主 编：杨彦勋

编审组成员：陈晓燕　杨棉月　梁春燕　岳红玲

　　　　　　黄清云　刘赟博　吴建凤

谨以此书献给贵州师范大学建校以来默默奉献的人们

师者

贵州师范大学人物传略

贵州师范大学档案馆 编

云南大学出版社
YUNNAN UNIVERSITY PRESS

图书在版编目（CIP）数据

师者：贵州师范大学人物传略 / 贵州师范大学档案
馆编. -- 昆明：云南大学出版社，2020
　ISBN 978-7-5482-3919-2

　Ⅰ.①师… Ⅱ.①贵… Ⅲ.①贵州师范大学－教师－
生平事迹 Ⅳ.①K825.4

　中国版本图书馆CIP数据核字（2019）第301566号

策划编辑：陈　曦
责任编辑：陈　曦
封面设计：刘　雨

师者 贵州师范大学人物传略

SHIZHE GUIZHOU SHIFAN DAXUE RENWU ZHUANLÜE

贵州师范大学档案馆　编

出版发行：云南大学出版社
印　　装：昆明理煋印务有限公司
开　　本：787mm×1092mm　1/16
印　　张：12.75
字　　数：240千
版　　次：2020年12月第1版
印　　次：2020年12月第1次印刷
书　　号：ISBN 978-7-5482-3919-2
定　　价：260元

社　　址：云南省昆明市一二一大街182号（云南大学东陆校区英华园内）
邮　　编：650091
电　　话：（0871）65031070　65033244　65031071
网　　址：http://www.ynup.com
E－mail：market@ynup.com

若发现本书有印装质量问题，请与印厂联系调换，联系电话：0871-64167045。

前　言

　　贵州师范大学从 1941 年创建起，至今将近八十年！八十年，在历史的长河中只是短暂的一瞬，但却是贵州师范大学诞生至今的全部岁月，饱含了诉说不尽的沧桑，其间，有风和日丽，豪迈高歌，更有暴霜露、斩荆棘，负重前行！贵州师范大学走过的八十年，伴着南明河畔的流水、照壁山的清风，为师者传道授业解惑，为学者求知不倦、身心俱长，名师荟萃、人才济济，肩负大学使命，拓荒布道，启智铸梁，清曲远韵，翰墨流香。

　　而今，旧岁流远去，前贤影演疏。曾经的芳华已随年轮凋零，叹"零落成泥碾作尘"，惜音容宛在"香如故"。根据中共中央组织部和国家档案局制定的《干部档案工作条例》第二章第八条"定期向档案馆（室）移交死亡干部的档案"、第十四条"上述范围以外其他干部档案，由原管理部门保存五年后，移交本机关档案部门保存，按同级国家档案馆接收范围的规定进馆"，以及学校《干部人事档案室工作职责》"定期（五年）向综合档案室死亡干部人事档案"等相关规章制度，结合教育部和国家档案局制定的《高等学校档案管理办法》第八条"负责接收（征集）、整理、鉴定、统计、保管学校的各类档案及有关资料"，"编制检索工具，编研、出版档案史料，开发档案信息资源"规定，这些年，档案馆先后接收死亡干部人事档案 442 卷，并纳入文书档案范畴实施管理。整理逝者人事档案，拂去尘封，使冰冷的档案变暖，让历史告诉未来，也是我们档案人的责任。

　　斯人已逝，遗韵芳华。每当我们触及那些定格在一份份档案里的一个个"故事"，都仿佛置身于那个时代，真切地感受到那个时代的气息，看见斯人鲜活的身影，有抗争、有奋发、有奉献、有前行，也有甜蜜、有憩息……每当我们触及那些定格在一份份档案里的一个个"故事"，都是在触及师大厚重的历史、丰富的宝藏与坚挺的精神，抑制不住产生要向世人宣告的冲动。

作为国内死者人事档案信息开发的先行者之一，开展这项工作可资借鉴的经验不多，也算是"摸着石头过河"：首先，在本辑选题上，强调"身正为范"，突出学校"为学莫重于尊师""尊师莫过于重道""重道莫过于传承"的特色。其次，在入书人选上，关注普通人，尝试摒弃向来"重名人轻普通人"的做法，彰显"一花一世界"，亦如叔本华所言："要尊重每一个人，不论他是何等的卑微与可笑，要记住活在每个人身上的是和你我相同的性灵。"将普通老师、职工等凡人凡事平等纳入候选范围。再次，关注小事，所载内容虽然是个人的成长经历，看似寻常琐碎，实则蕴含了时代烙印、人格魅力和成就大事的根本，恰如老子所言："天下大事，必作于细。"最后，由于人事档案本身具有的特殊性，可能会涉及个人隐私信息，如非用不可，我们尽量进行时效脱敏处理，并视之为学校文化的共同财富，力求做到"信息开发"与"隐私保护"同步。此外，由于馆藏档案未记载，故部分先贤的卒年未写，也是为了忠实于档案。

但愿我们所撷取的这些琐事片段和所展示的素描群像，能够形成一幅反映非凡时代风云的特写，让曾经的光芒揭示规律，昭示后人……

罗 智

2020 年 11 月 10 日

目 录

王克仁

　　王克仁，名天鉴，字克仁，以字行，1894年出生于贵州省兴仁县巴铃下前所。1981年12月17日因病医治无效，在天津不幸逝世，终年87岁。

　　王克仁之父名叫王元藩（又名王晓谷），光绪末年贡生。先后做过贵州省两任县长，一任在龙里，一任在德江。光绪末年，王元藩与朱明善、龙英才、王怀诚、张维镜等人发起创办巴铃小学，并担任第一任堂长（即校长）。王元藩教子有方，却有着浓厚的封建传统思想。王元藩常说："前三十年看父敬子，后三十年看子敬父。"在王克仁4岁时，父亲就为其制订教养学习计划，朝夕督教，望其长有所成，能光大门庭。

　　王克仁幼时随父王元藩在家馆课读，读"四书""五经"，接受中国传统文化思想。1906年，王克仁进入达德小学高级班学习，毕业后考入陆军小学三期，因身体原因改入贵州通省公立中学。在校期间，王克仁参加革命活动组织——"理论研究会"。在他的简历中有这样一段自述："在变法维新潮流影响下，当时中小学教育与旧日的科举教育有些不同，虽有教师传播孙中山先生初期倡导的民主革命思想，但就整个教育内容同精神看来，忠君尊礼教育宗旨及封建思想仍是极强。"中学毕业后，王克仁参加贵州北伐军，在军中做随员、办公文。

　　1912年，王克仁由湘西去上海，经贵州西南自治会学社社长张石耿介绍在报馆工作，任校对。

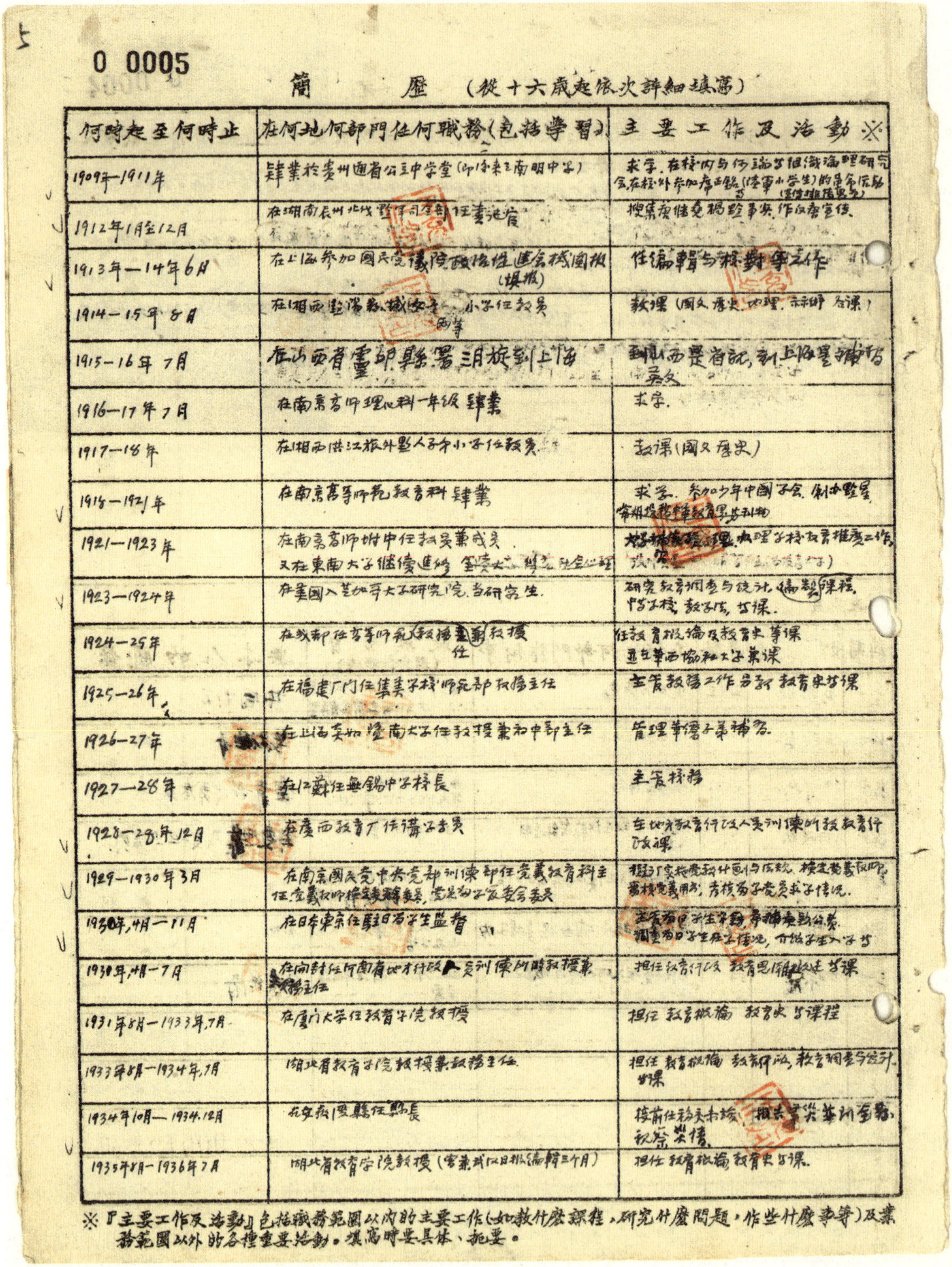

0 0005

簡　　歷（從十六歲起依次詳細填寫）

何時起至何時止	在何地何部門任何職務（包括學習）	主要工作及活動※
1909年—1911年	肄業於貴州通省公立中學堂（即後来之南明中学）	求学，在校内与[illegible]组织伦理研究会，在校外参加[illegible]（陆军小学生）的革命活动（宣传推翻满清）
1912年1月至12月	在湖南辰州北伐黔軍司令部任書記官	搜集[illegible]事实，作反清宣传。
1913年—14年6月	在上海参加国民党議院政治促進会機關報（填报）	任編輯与校對等工作
1914—15年8月	在湘西黔陽[illegible]小学任教员	教課（國文、歷史、地理、[illegible]各课）
1915—16年7月	在山西省靈邱縣署[illegible]到上海	[illegible]省親，到上海[illegible]
1916—17年7月	在南京高师理化科一年级肄業	求学。
1917—18年	在湘西洪江旅外黔人子弟小学任教员	教课（国文历史）
1918—1921年	在南京高等师範教育科肄業	求学，参加少年中国学会，创办黔[illegible]常[illegible]教育[illegible]
1921—1923年	在南京高师附中任教员兼成员 又在東南大学继續進修（金陵大学[illegible]社会心理）	[illegible]理学校教育推廣工作[illegible]
1923—1924年	在美国入芝加哥大学研究院，当研究生。	研究教育调查与统计，编製课程，中学学校，教学法等课。
1924—25年	在成都任高等师範教務主任兼教授	任教育概论及教育史等课 並在華西協和大学兼课
1925—26年	在福建厦门任集美学校师範部教務主任	主管教務工作并[illegible]教育史等课
1926—27年	在上海吴淞暨南大学任教授兼初中部主任	管理華僑子弟補習。
1927—28年	在江蘇任無錫中学校長	主管校務
1928—29年12月	在廣西教育厅任講学委员	在地方教育行政人员训練所授教育行政课
1929—1930年3月	在南京國民党中央党部训練部任党義教育科主任，党義教师[illegible]委员，党义教学[illegible]委员会委员	[illegible]
1930年4月—11月	在日本東京任駐日留学生監督	主管留日学生学籍，[illegible]，调查留日学生在学情况，介绍学生入学等
1930年4月—7月	在開封任河南省地方行政人员训練所教授兼教務主任	担任教育行政，教育思潮[illegible]等课
1931年8月—1933年7月	在厦门大学任教育学院教授	担任教育概論、教育史等课程
1933年8月—1934年7月	湖北省教育学院教授兼教務主任	担任教育概論、教育研究，教育调查与统计等课
1934年10月—1934.12月	在安徽[illegible]縣任縣長	接前任移交[illegible]，[illegible]
1935年8月—1936年7月	湖北省教育学院教授（曾兼武汉日报編輯三个月）	担任教育概論、教育史等课。

※『主要工作及活動』包括職務範圍以内的主要工作（如教什麽課程、研究什麽問題、作些什麽事等）及業務範圍以外的各種重要活動。填寫時要具体、扼要。

图1 王克仁简历

1913 年，王克仁参加癸丑革命活动，后离开上海到湘西洪江。其间，他随父亲奔走南北，阅尽困苦，接受了一些社会生活的实际教育，并深感学识不足，立志"学贯中西"。

1914 年，王克仁随父亲在黔阳县女子小学教书，半年后离去。不久又随父亲到山西省大同府投靠做山西灵丘县县长的叔外祖父陈柱臣，在该处住了半年便南下到上海补习英文，预备升学。

1915 年，黄炎培等创立南京高等师范学校。王克仁自述："当时中国教育的实施，自从清变法维新以来，全系仿效日本，这时人已多觉醒。适遇陶行知等新自美国专攻教育归来，并任南高专教育科主任，中国教育界从此就盛有乐美亲美的倾向，南高师也就形成传播美国式教育的一个重心了。"之后，王克仁由当时河南工程学校校长许肇南保送，考入国文部，以后改入理化部。

1916 年，王克仁因家事牵扯休学一年，其间在湖南沅江水利局做书记。

1917 年，王克仁与父亲在洪江贵州会馆开办黔南小学，并担任教师。

图 2　王克仁夫妇合影

1918 年初，王克仁投考官费留学日本，未被录取，后得省长公署发给旅费回南京高师继续求学。因理科无一年级，改入教育科，科主任是陶行知。毕业后在东南大学南京高师附属中学做社会学科教员，负责编辑《中等教育》月刊。在南京高师附属中学工作期间，王克仁受学校辅助赴美求学，一遂多年留美志愿，于 1923 年 9 月，偕同学邰爽秋赴美国芝加哥大学研究院留学，后获硕士学位。

1924 年学成回国后，王克仁与第二任妻子结婚。妻家有两个姨妹，二姨妹黄季马与邰爽秋结为夫妻，三姨妹黄东生与张廷休（原国立贵州大学校长）结为夫妻。自此，王克仁同邰爽秋、张廷休成为连襟关系。婚后，王克仁携新婚妻子至成都，任成都高等师范学校教授兼教务主任。第二年春，辞去南京高等师范学校职务，任成都市公所教育科科长，并主编市政日报，同时又在协会大学兼课。1925 年 9 月任集美学校教务主任，第二年 7 月辞职返回上海，任上海暨南大学初中部主任。其间，曾任江苏教育厂督学及交通部名义视察员，继而又参加筹备改组南洋公学为第一交大的工作。

1927 年 8 月，王克仁出任江苏省立无锡中学校长，并兼上海第一交通大学校务名义监察员，为期半年。

1928 年夏，王克仁受广西教育厂之聘赴桂林"暑期讲习所"讲学，被聘为专门委员

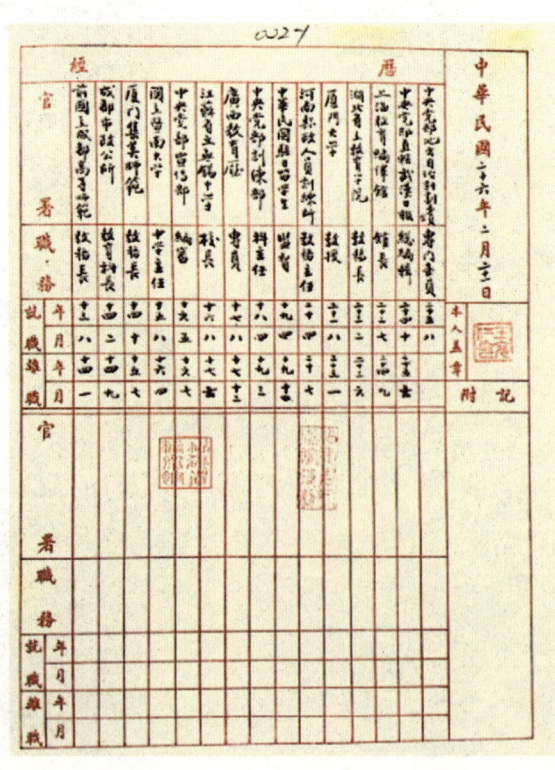

图 3 福建大学档案馆保存的王克仁简历

兼代校务处处长（即管理学校校务），同时在地方教育行政人员讲习所做教员，年底辞职返回南京，在南京考试院编审处做编审，次年春调中央党部训练部任党义教育科主任兼中央党部党义教师核定委员会委员、中央派遣党员留学管理委员会常务委员。

1930年受教育部部长蒋梦麟之聘，王克仁任驻日留学生监督。在之后的5年（1932年—1936年）时间里，王克仁先后任河南开封地方行政人员训练所教务主任，厦门大学教育学院教授，湖北教育学院教务主任、教授，《武汉日报》总编辑，安徽省政府委代理泾县县长兼教育局局长、保安队队长，滇黔绥靖公署参议等职。

1937年初，王克仁任福州省立师范学校教务主任兼福建省府名义参议。暑假，返南京。8月13日上海战事爆发，当即参加上海地方协会后援委员会工作。上海战事后，偕眷属取道苏北转赴汉口回到四川。

1938年5月，王克仁受聘成都中央第三军分校教官，主讲民族发展史。一个月后，王克仁因学校改组离开，接任四川省教育厅设计委员会副主任委员，并代表教育厅参加当时在重庆举行的教育学会年会。其后，应湖南师范学院（蓝田师范学院）之聘任教授兼出版组名义主任。但因该院拟迁贵州，遂被派往贵阳设办事处做迁移准备。

1939年秋季，王克仁受聘重庆大学教授兼训导长、沙磁区国民党委员会委员、重庆

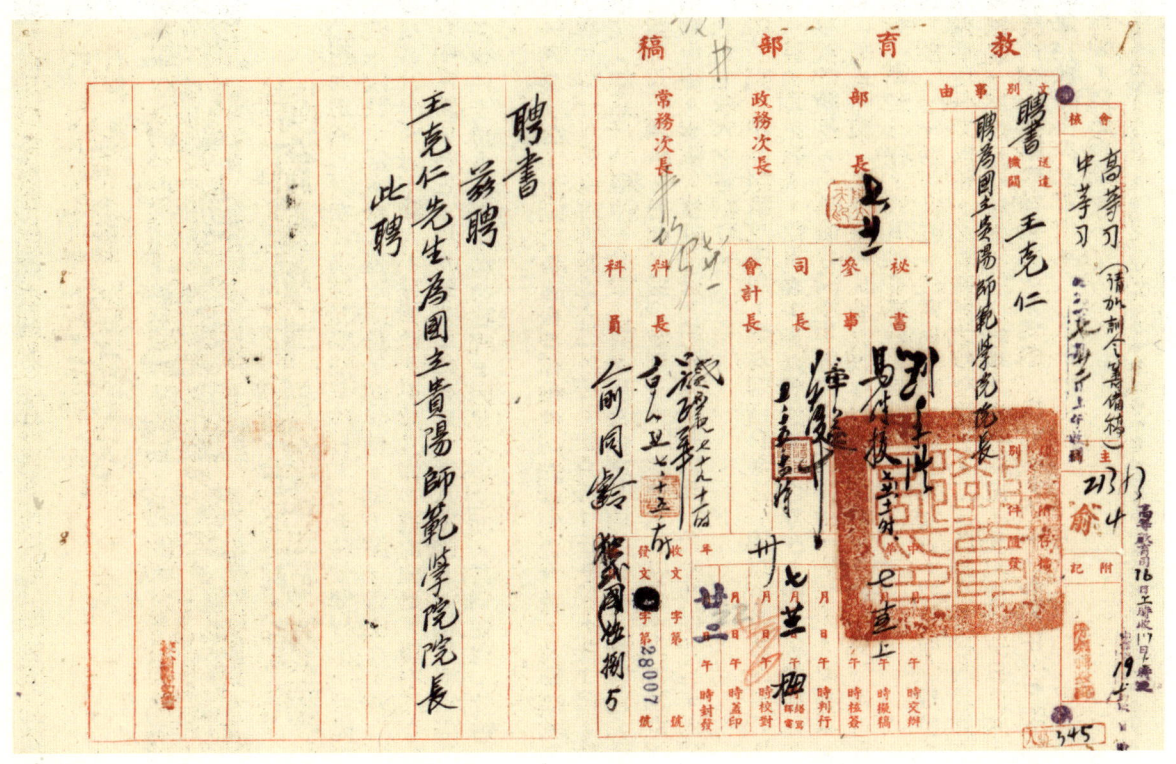

图4 王克仁被聘为国立贵阳师范学院院长的聘书

大学区分部执行委员会委员。1941年，教育部部长陈立夫公布贵州农工学院筹备委员会五人，叶秀峰为主任委员，其余成员有欧元怀、王克仁、商文立、虞振镛。同年4月，教育部聘王克仁为学校训育委员会委员，主任刘季洪。

1941年6月24日，为培植西南师资之需要，国民党政府行政会议通过设立国立贵阳师范学院。7月16日，教育部聘时任重庆大学教授的王克仁为首任院长，同时将大夏大学教育学院全部学生拨归国立贵阳师范学院。7月22日，教育部颁布《筹设国立贵阳师范学院办法》训令，决定校名为"国立贵阳师范学院"，院址设于贵阳附近，暂设教育、国文、数学、英语四个系和史地、理化两个专修科，开办费30万元，经常费31.2万元。

图5 《贵州日报》刊登的国立贵阳师范学院开学报道

王克仁受命后，即在重庆着手筹备相关事宜，并于 8 月 1 日抵筑。8 月 14 日考生开始报名，9 月 4 日举行招生考试，10 月 20 日开学，23 日开始新生训练，24 日举行开学典礼。10 月 25 日《贵州日报》刊登了题为《贵州师资前途福音 贵阳师范学院开学——陈部长、吴主席等恳切致训》一文，完整报道了国立贵阳师范学院开学的全过程。

《贵州师资前途福音 贵阳师范学院开学——陈部长、吴主席等恳切致训》原文如下：

新近创办之国立贵阳师范学院，昨日上午十时，举行第一次开学典礼，由该院王院长克仁主持，到陈部长、顾次长、吴主席、黄主委及省党部、省政府委员共计来宾五十余人。行礼后，王院长报告筹备经过，谓奉部令将大夏大学教育学系归并办理，现新旧主已到者有 180 余人，籍贯本省居其大部，外省籍仅 40 余人。至于校舍整理，因得省府之助，甚为顺利，故短期内得已开学。

次由教部陈部长训话，先说明教部在贵州办理师范学院之意旨及师范教育之重要，并勖学生以：一、要有远大眼光；二、要克己自励；三、要有学不厌，教不倦，如严父，如慈母的精神。末举蒋委员长办理黄埔学校之经过为例，惟其有严如父、慈如母之精神，乃如以父母统率子女，能使人人效死。又言周寄梅先生办理清华中学，对学生管理甚严，同时又爱护备至，故学生都怕他同时又都爱他。如此，教育方可办好。

次由吴主席致词，谓师范学院学生，应有师道自尊之心与以创造将来自任。师范学院学生将来即须教人，故实在并非如普通学校之学生，而实系学做"先生"。师范学院的教授不是教普通学生，而是教"先生"的先生，应称为"太先生"。"先生"与"太先生"，应有自别于普通学校之学生与先生，应特别敦品励行，刻苦求学，为其他各学院之模范。

末顾次长致训：一、黔省教育经当局年来之重视与努力，经费增加数倍，将来师范学院学生毕业以后，必有甚好之服务机会。二、教书是读书的最好方法，不随时读书，不能应付教书。三、科学上之发明家，大都从研究室出来，不是在工厂里得到。从事学校教育，亦为研究良好机会之一，并举中外发明家及科学权威家由教师出身之实例。

11 月 3 日学院开始正式上课。

　　在筹建贵阳师范学院的过程中，在物资、设备、师资等极为缺乏的条件下，王克仁院长忙于邀请各方人士、学者出主意、想办法，经过多方努力，克服重重困难，白手起家、艰苦创业，为国立贵阳师范学院和贵州高等教育事业的发展做出了突出贡献。办学初期，王克仁顶着各方压力，制定"以养成优良健全之中等学校师资为目的"的办学方针，严格设定教学计划和学科专业，组建各类教学实验机构，招贤纳士，吸引各方优秀人才，如欧元怀、李震田、熊铭青、谌志远、马宗荣、王裕凯、李锐夫、郝新吾、向义、王学孟、黄国华等。同时制定完善第一部《国立贵阳师范学院组织大纲》，对学院组织机构、教学管理、系科设置、训导等进行了详细规定。

　　学校成立之初，办学十分艰难，对外要协调驻军关系，对内要协调教师和学生，还常遭师生的误解。如王克仁在后来的相关材料中写道："1943年春，三青团开会，我并未参加，因我并非三青团员，黄宇人竟亦将我宣布为三青团干事之一，我曾正式通知不愿担任，后来才补了他人。我同三青团无关系，所以师院的三青团员都是和我反对的。闹风潮就是三青团支使他们发动的。我和贵州省的三青团仅被约去作过一次讲演，写过几十万字的一篇文章谈青年的两大问题，一是婚姻，二是学业，如此而已。还有一事，我开办师院招生后，取录的学生中有十几名（女的最多），黄宇人来函要求开除，我决不承认，与黄意见极深。其支（指）①使师院三青团员起风潮，大概这是一个重要原因。所以当时三青团员在院很嚣张。我已决心辞职，此实重大原因。"

　　鉴于诸多原因，王克仁心灰意冷，决心辞职，于1942年6月26日向教育部写了一封辞职信，详细述说了办学的艰辛与无助。辞职信原文如下：

　　　　立公部座钧鉴：窃（仁）猥以菲才，重承大命，来主贵阳师院院务倏已一年。此一年间，寻院舍，则见怨于驻军；聘教师，则遭忌于邻人；收容学生，则暗伏后娘，总有异心之诮；慎重公物，则亦有院长不免贪客之嫌。种种困难，诚有非笔墨所能尽述者也。所幸一年以还，教师既尝尽心于教，学生亦很尽力于学。虽无可取之成绩，却鲜恶劣之现象。凡属社会有识之士，无不深感钧长振兴文教，泽及边省之德，为不可没也。顾一载既终，院基已立。为国家大业计，则应让贤；为自身康宁计，则宜息肩。窃思去岁创院之初，各方亦多有属望之人。拟恳钧座乘此学年结束之秋，再作教业更新之谋。对于贵阳师院院长

一职，另觅才德兼备之人，实为万幸。如觉古人荐贤自代之举非不可法，则如马君宗荣历任部曹，并获参政，今在本院教授，学养具深。又如尹君石公，江苏名宿，执教故都，自来师院主任国学，朝夕讲讨，学子翕服。若获择一以代，则师院之前途，深信必能有所光大也。谨此上陈，敬颂 公安！

1943 年，王克仁辞去贵阳师范学院院长一职后到贵州大学任教授，但每天仅在贵州大学教三个小时的书。

1945 年 4 月—1949 年 12 月，王克仁先后任开阳县县长、省府名义顾问、独山第二行政督察专员兼区保安司令及四川省立教育学院教育系主任、女子师院教授、南林学院教务主任等职。

20 世纪 50 年代初，王克仁重返贵阳师院，任教育系教授，教授"世界教育史"和"教育学"课程。他凭借自己渊博的学识，联系实际地进行教授，为当时的教育教学做出了较大的贡献。

1978 年，王克仁已是年过八旬的老人，疾病缠身，但他仍惦记贵州省的教育事业，在致学院有关同志的信中仍满怀意愿，要求在有生之年，再为教育事业尽自己的余力。

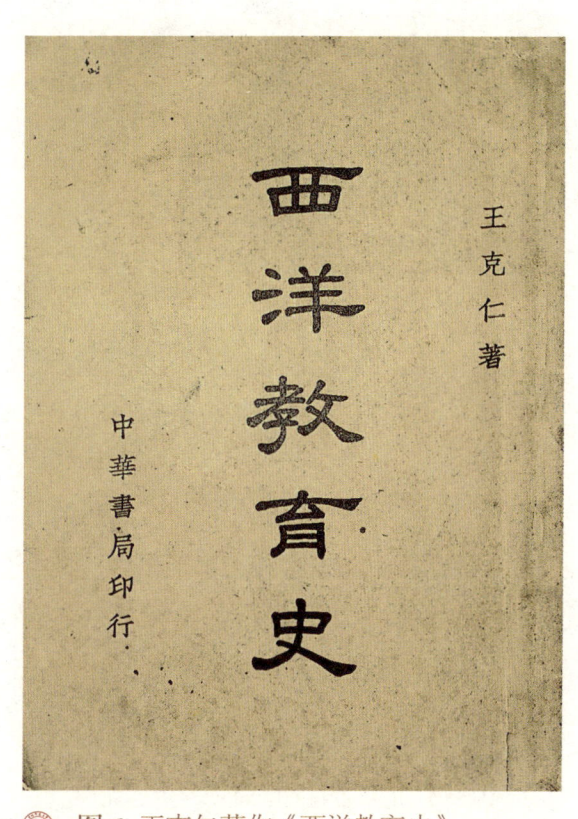

图 6 王克仁著作《西洋教育史》

王克仁不仅热爱教育事业，而且特别喜爱师范教育。他在《我们为何要重视师范教育》一文中说："我们提倡师范教育，要望造就一些人才出来，肯到中小学校，担任儿童和青年的教师，可以说是要为生民活命，要为国家培力，要为世界谋幸福，要为天地施化育。"在长期的教育工作中，他治学严谨，学识渊博，具有系统、全面、坚实的教育理论基础知识。王克仁早年著有《西洋教育史》等著作，这在当时缺乏相关教育资料的情况下，为人们了解和研究外国教育做出了一定的贡献。

（撰稿人：姜萍）

程秋月

程秋月，1926 年生，安徽太平甘棠人。祖父是中医，父亲经商，母亲是典型的贤妻良母。父母年近半百才生下程月秋，因而对其寄予厚望。

程秋月小学毕业时因成绩优异，被保送到安徽女中读书。1942 年考上安徽联中读高中。由于与继母关系不太融洽，加之有继续升学愿望，1944 年（高三上学期），程秋月看到报纸上招知识青年从军的消息，遂报名参加青年军 208 师救护队，为二等列兵。她在相关材料中这样描述："中学快毕业了，战争的烽火仍然紧张燃烧，想到以后升大学根本不可能，眼看着毕业就要失业的命运就要落到头上……知识青年从军，我认为

参加革命前后的经历		
何时起至何时止	何地何部门任何职务	证明人及其地址
1933年—1937年	安徽太平甘棠小学读书	谢修蓉（甘棠镇寸冬街）
1937—1942年	安徽皖中初中读书	洪金莲（安徽太平口）
1942.8—1945年5月	安徽联中高中读书	陆梭黄（安徽太平甘棠）
1945.6—1945.12	青年军208师考二等兵	汪冰芸（北京中旦静花胡同）
1946.2—1946.11	兹湖简师教书	程自瞻（安徽太平镇自堂）
1946.11—1947.1	去南京没有工作	焦旺（安徽南章小学校）
1947.7—1948.9	安徽墓顺市私立方平小学教书	汪九松（安徽教育厅）
1948.9—1950.1	江苏苏州江苏教育学院读书	陆声静（贵阳师院中文系）
1950.2—1951.9	江苏苏南苏州师范学院（院系调整改江苏师范学院后改苏南青年学院）读书	陆声静（本院）
1951.9—1956.4	北京金白黄治工作	陆声静（本院）
1956.4—1963.12	去贵阳师院做资料工作	陆声静（本院）

—3—

图 1 程秋月简历

这是我唯一摆脱命运的好机会……于是下决心跑到校长那里去要求报名。"时逢抗战高潮，程秋月以一片赤诚爱国的心参加了抗日队伍。

抗战胜利后，程秋月退伍，先后在龙游简师、芜湖太平小学任教师。

1948年9月，程秋月先后被保送入苏南文化教育学院工农系、无锡文教学院（现江苏师范学院）教育系学习。

1951年，程秋月毕业后分配到北京新华印刷出版工会全国委员会筹委会工作。1953年9月，新闻出版工会筹委会撤销，程秋月调到全国总工会干校工资研究班工作，后在全国总工会工资部做科员。

1956年，程秋月响应中央号召支援边远地区，到贵阳师范学院教育课教研室做资料员，是贵阳师范学院第一个资料员。她在有关材料中写道："通过几年对资料工作的实践，以及有关业务理论的学习，使我深刻认识到资料工作绝不是收收发发、借借还还等事务性工作，而是一门很严谨的应用科学。不仅有严谨的系统理论，而且有实际的工作技巧。更主要的是（它）提高了（我）对资料工作在教学科研上作用的认识。"

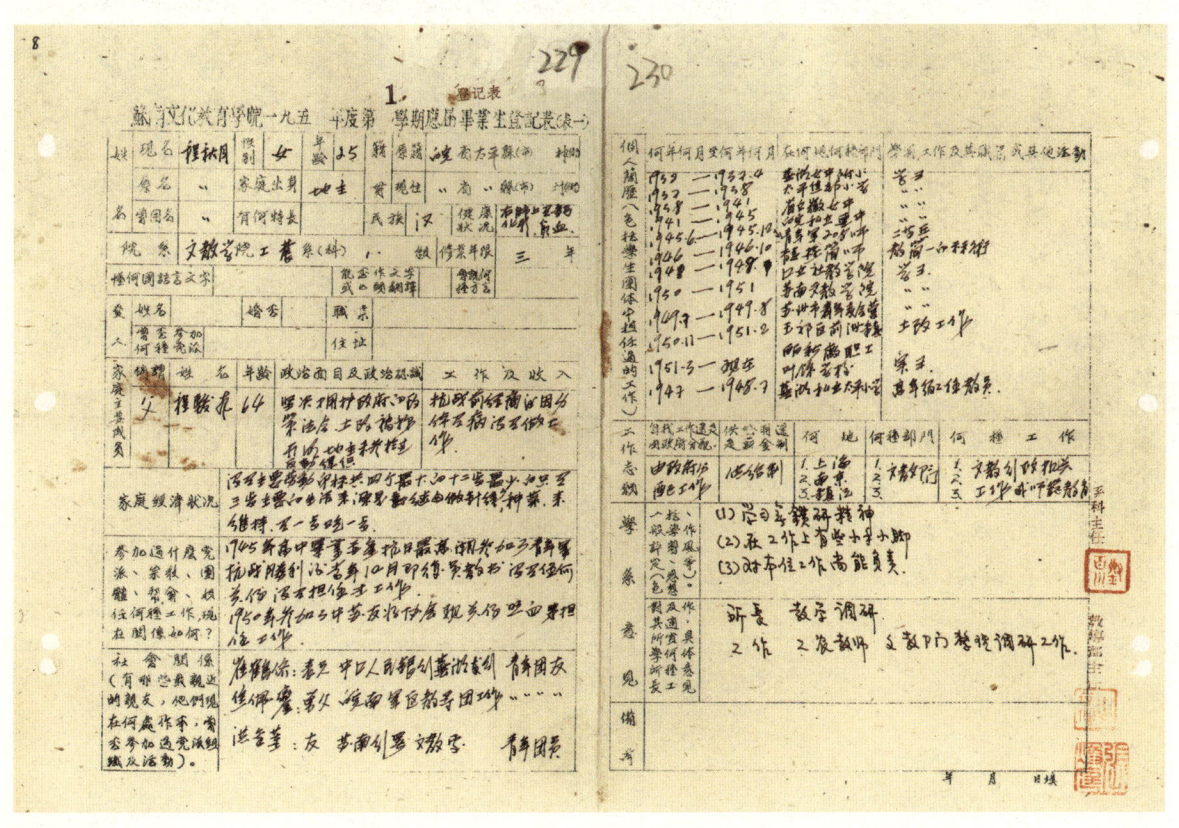

图 2 程秋月的苏南文化教育学院毕业生登记表

　　程秋月从事资料工作三十多年，热爱图书资料工作，具有全面丰富的实践经验，熟悉和掌握资料室的各项业务工作，为资料室建设做了大量具体工作。参与编制主题（专题）资料目录牵引卡片和专题资料多种，负责经典著作"共运史""政治经济学""哲学"等课题的资料分析、编写卡片工作。程秋月在教育学、政治学和图书馆学方面有系统的理论知识及研究能力，参与编写、翻印、编审《遵义会议》《毛选五卷名词解释》《实践是检验真理的唯一标准》等政治、教育专业有关索引和学习资料，为教学、科研服务方面做出较大的贡献。1987 年，程秋月被评为副研究馆员。

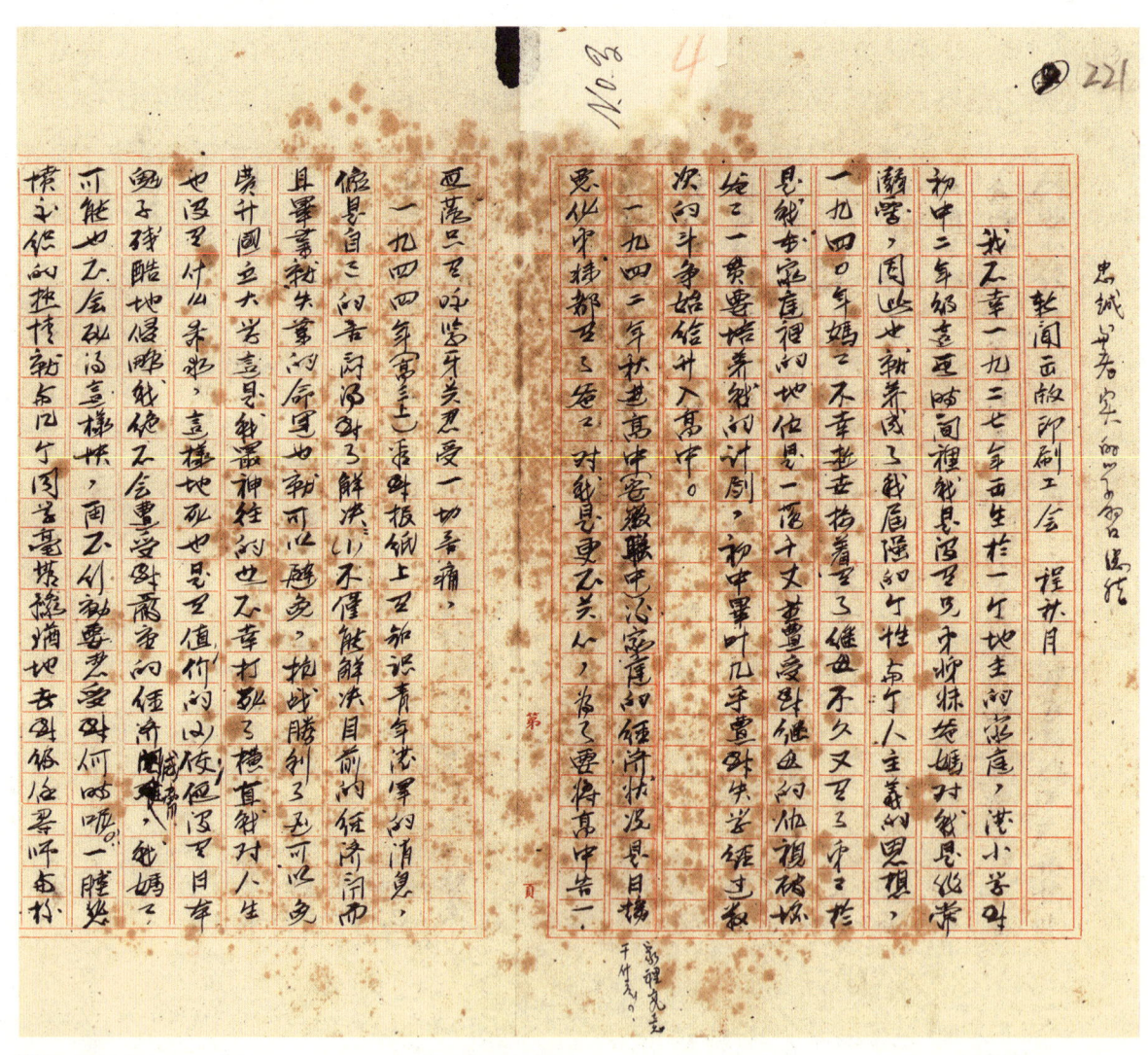

图 3 程秋月自传

（撰稿人：姜萍）

向光涟

向光涟，1918 年生于湖南麻阳黄土坡一个三世同堂的大家庭。4 岁时随父母离开家乡迁往长沙，先后在长沙私立周南附小、周南女中读书。

向光涟的父亲是位严肃、刚正不阿的教育工作者，将近四十年的教育生涯中，做过老师，也当过校长。此外，还做过文教厅科长、教育部督学及文史馆委员。母亲出身贫农家庭，具有勤勉的品质及淳朴的作风，深得戚友称道。

倔强、高傲、不苟言笑的父亲继承了祖父重男轻女的封建思想，认为女孩子是社会的消费品、家庭的累赘。在向光涟的一份材料中这样描述道："我的家庭简单，经济也不困难。但自从母亲去世以后，家庭与我就没有太多关系。家庭对于我是桎梏而不是温暖，从来我就宁可居留同学家中而不愿回家。我不想向父亲要求经济援助，他也从不肯给我或多或少的援助。总之，无论精神方面或是经济方面，我的家庭决不是我的依靠，也不是我的后路。"

向光涟在小学时期已经是长沙私立周南小学的"高材生"，常"遵照老师的指派代表本级参加校内外各种活动，并圆满完成小学阶段的学习"。因此，父亲改变了送她上学识识字罢了的态度，决定让其继续上中学和大学。在重男轻女的家庭中，"地位是大大地提高了"。她的自传中也写道："我虽是独生女，在家里一直表现着怯弱、成熟和忧郁，我能够由周南附小、周南中学升入湖南大学，完成学校教育全部课程，主要是因

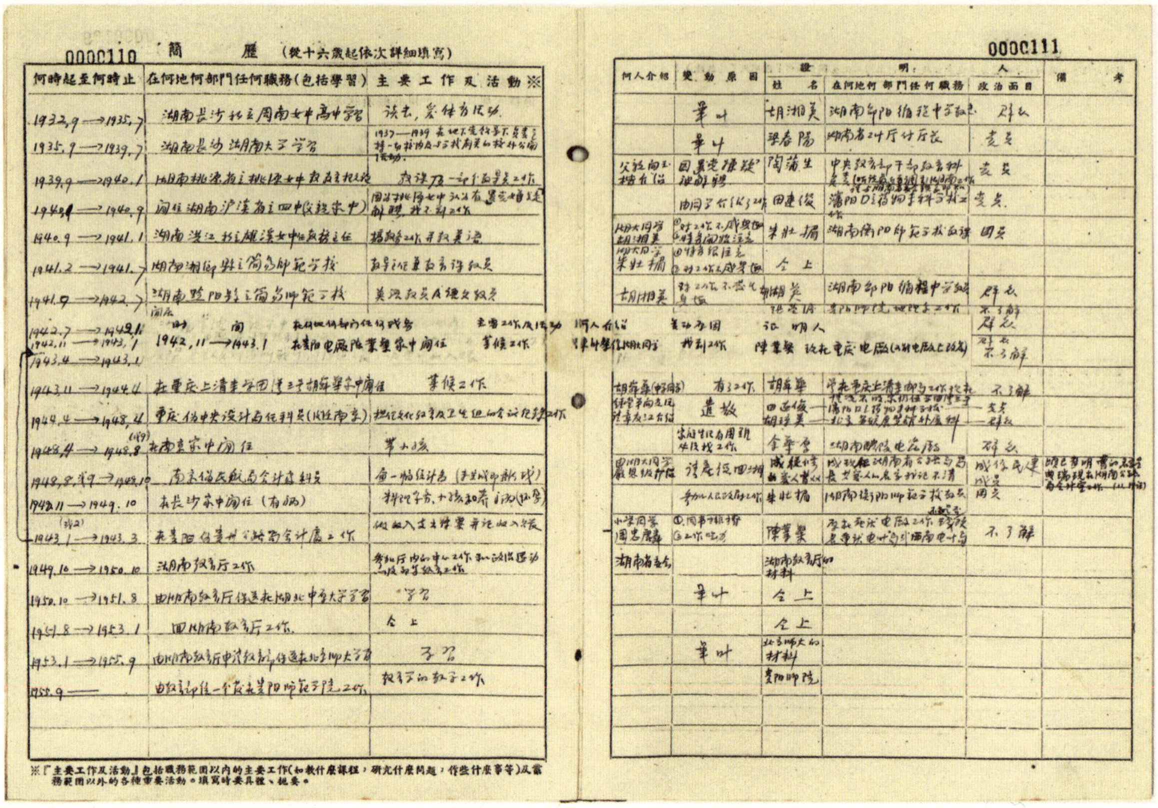
0000110 簡 歷 (從十六歲起依次詳細填寫)

何時起至何時止	在何地何部門任何職務(包括學習)	主要工作及活動※

※「主要工作及活動」包括職務範圍以内的主要工作(如教什麼課程，研究什麼問題，作些什麼事等)及當務範圍以外的各種重要活動。填寫時要具體、扼要。

0000111

何人介紹	變動原因	證明人：姓名	證明人：在何地何部門任何職務	證明人：政治面目	備考

图 1 向光涟简历

为在各级学校中，我的成绩、分数都是班上前十名。”因此，向光涟沉默寡言、深居简出，自小学直到大学毕业，始终都为父亲保持着“体面”，常获得“品学兼优”的成绩评语。

1935 年，向光涟投考清华大学未被录取，后考入湖南大学教育系。1938 年，湖南大学西迁辰谿，学校展期开学，向光涟被父亲坚决留在家里。这期间，向光涟的堂弟和一位留校的同学经常寄一些革命理论书籍给其“消遣”，于是“恍发现我几年前苦闷的出路和真理的所在了，明白时常回旋在脑子的问题，就是当时许许多多青年共同发现的问题，从而热忱地接受了更深入、更积极的革命思想”，直至大学毕业，都为着这个理想而工作、而奋斗。

西迁之前，湖南大学已建立了中共党支部，直接领导抗日救亡民族先锋队，还公开成立了党的外围组织——“明日社”。湖大迁辰后，“明日社”得到进一步的发展，人数达四五十人，向光涟是负责人之一。在中共湖大地下党支部的领导下，在民族先锋队的具体组织下，湖大抗日救亡活动搞得有声有色，在辰溪营造了浓烈的抗日气氛。

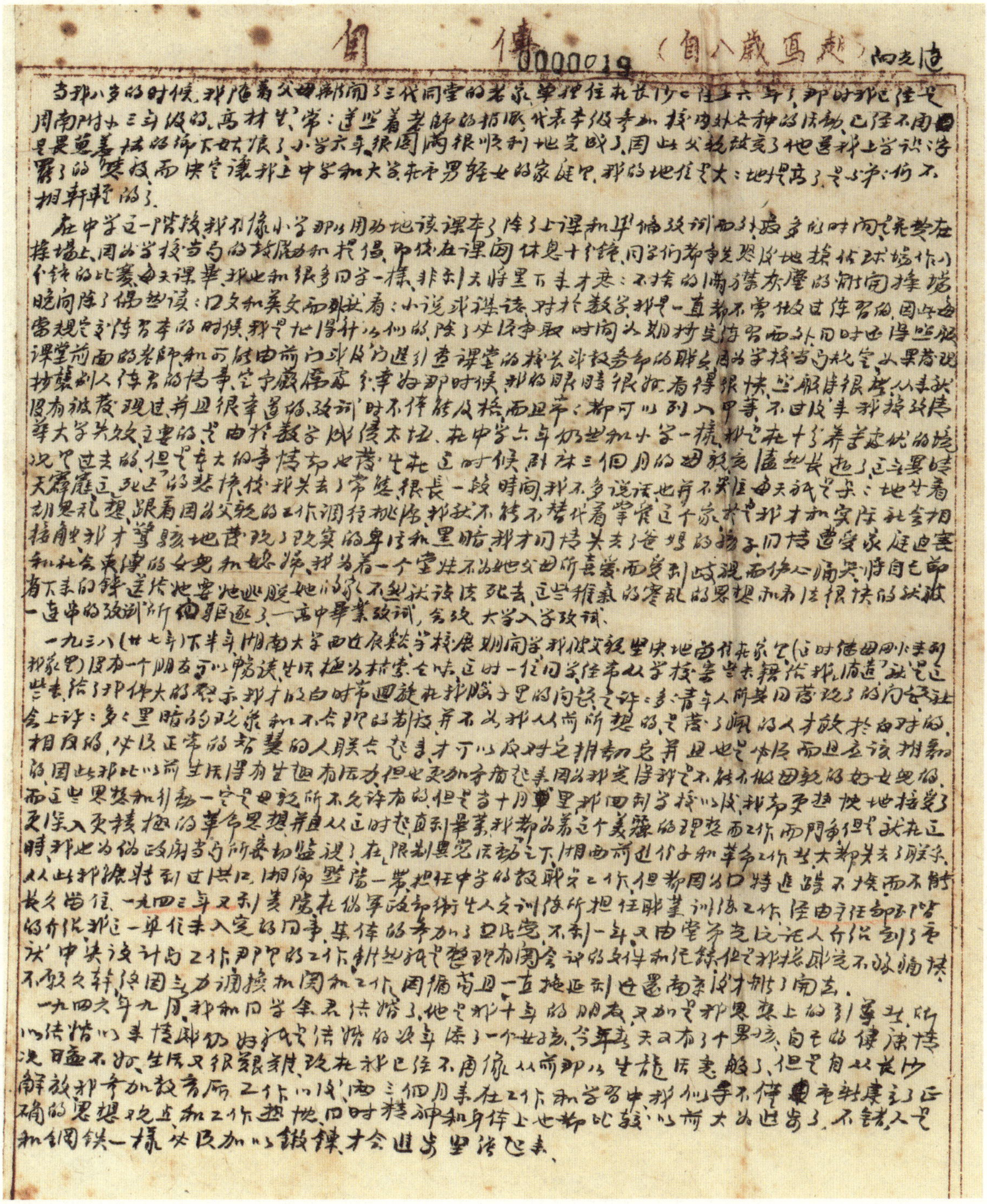

自　传　（自八岁写起）　向光涟

000001g

图 2　向光涟自传

1939 年，向光涟大学毕业后，因父亲的关系，被介绍到湖南省桃源县省立桃源女中工作。不久后离开桃源女中，回到故乡麻阳。1940 年，向光涟说服父亲，来到湖南洪江，担任私立雄溪女中教务主任。之后，又先后在湘乡县立简易师范学校、黔阳县立简易师范学校做教员。

1943 年，向光涟先后在贵州省贵阳公路局会计处、卫生员训练所骨科中心职业训练级任科员、代理组长。1943 年至 1948 年，向光涟在重庆中央设计局秘书处任科员，后离开设计局到交通部工作，又到南京民航局会计处任科员。

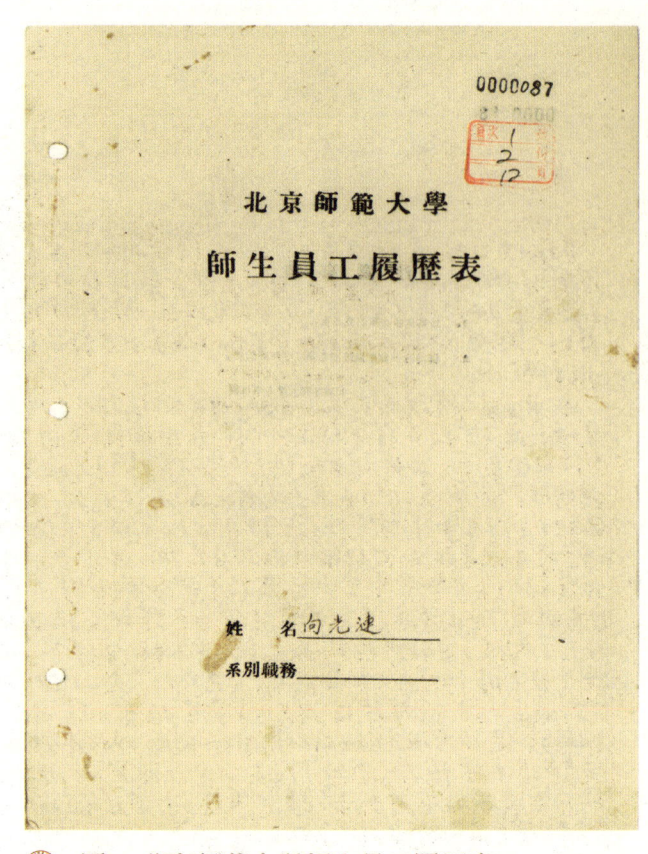

图 3 北京师范大学师生员工履历表

（撰稿人：姜萍）

杨世谟

杨世谟，1914 年生于贵阳一个旧官僚家庭。

父亲杨节之，四川酉阳县龙潭镇人，出身商人家庭。杨节之 1 岁时，父母双亡，由伯叔抚养成人，历任中小学教员、县知事等职。母亲是续弦，出身于裁缝家庭。

1920 年杨世谟毕业于贵阳时敏小学，1925 年进入贵州省立第一中学。

1929 年毕业后先后任三穗县公安局书记、贵州省政府缮写室缮写员、重庆运输第二仓库中士库目。

1937 年杨世谟失业在家，无人事关系，谋事不易，"意图受训后可能籍（借）此机会得到工作"，故投考贵州省军事救护人员训练班，"所学课程有人生解剖学、救护学、传染病学、药物学、及外科、内科概要等"。训练班毕业后，参加由抗日动员会委员会将受训人员组成的战地工作团。杨世谟在一份报告写道："我被编入战地救护团，由刘延平任团长，于 1938 年 5 月由贵阳出发，经长沙、武汉到达江西南昌九战区集团司令薛岳部后，与安徽战地服务团合并，均被分往前线，做战地救护工作。年底，薛岳调任长沙第九战区司令长官，全部人员随部队来到长沙，后将服务团改为第九战区精忠战地服务团。" 1939 年至 1941 年间，杨世谟调任第二救护班中尉会计员。为此，第九战区司令长官薛岳分别为杨世谟颁发了"本部第二救护班同中尉会计员""本部第二救护班同上尉救护员"及"努力工作严守纪律"服务证明书。

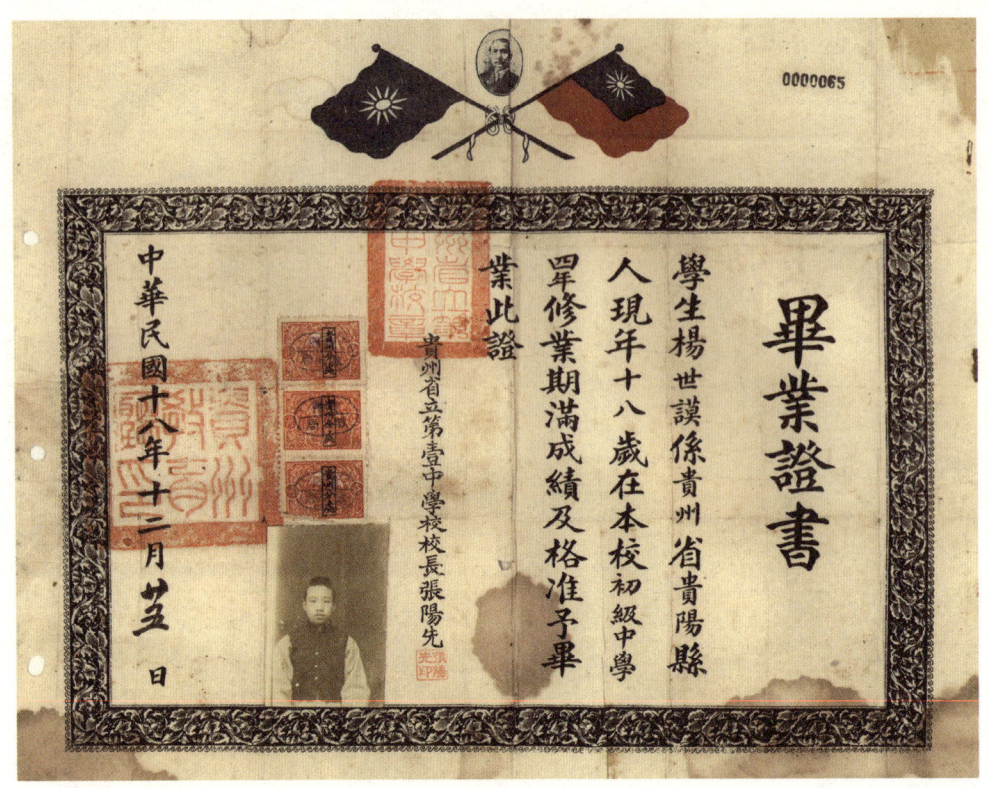

图 1 杨世谟贵州省立第一中学毕业证书

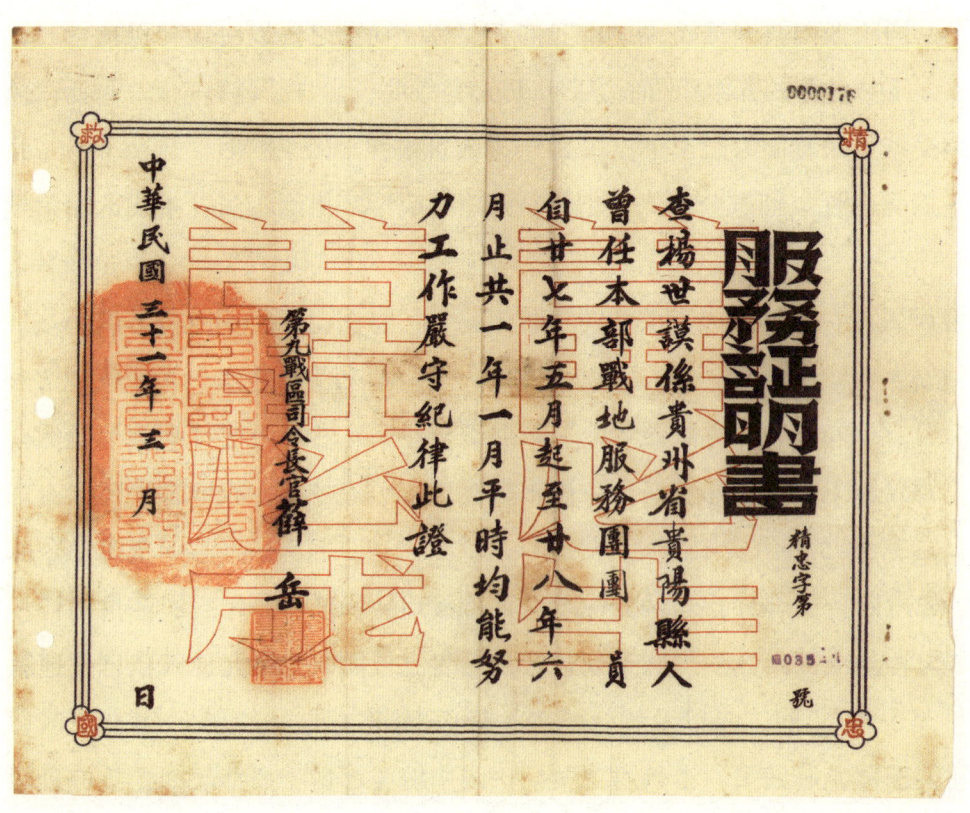

图 2 由九战区战地服务团颁发给杨世谟的"努力工作严守纪律"服务证明书

1942 年，杨世谟被介绍在贵州省抗日动员委员会主办贵阳市征属消费合作社做事务工作。后与人合资经营"煤巴"生意，因亏本停业。1943 年 3 月，任贵州省党部调查室第三科缮写员。因泄密嫌疑被捕入狱两月，释放后被开除。

1943 年 9 月，杨世谟经人介绍到国立贵阳师范学院工作，连续被国立贵阳师范学院济泮林、曾景、萧文灿三位院长聘为出纳组组员、代主任、主任等。1949 年后，任贵阳师范学院院务处财务科出纳、会计等职。

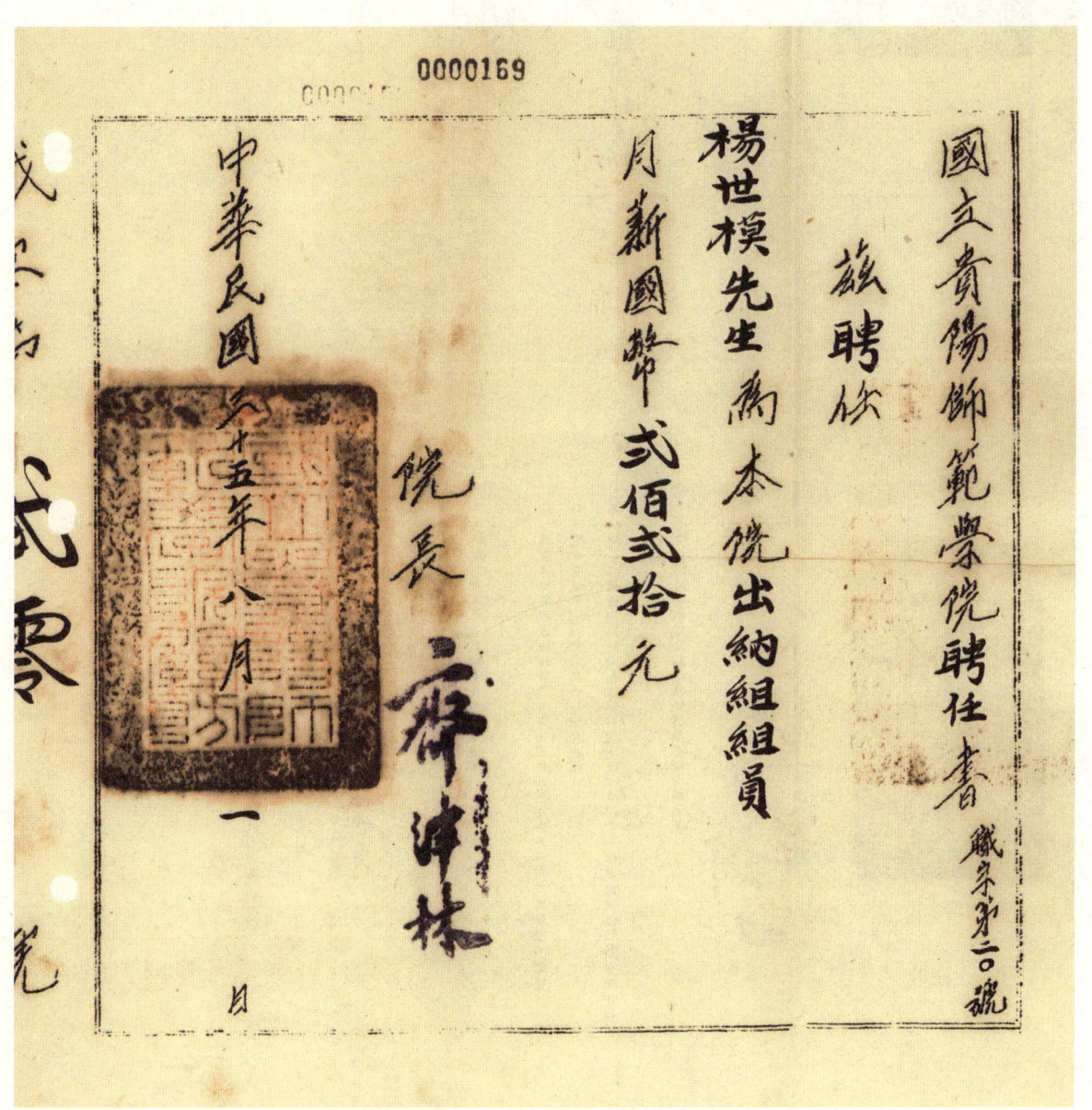

图 3 齐泮林院长聘杨世谟为国立贵阳师范学院出纳组组员的聘任书

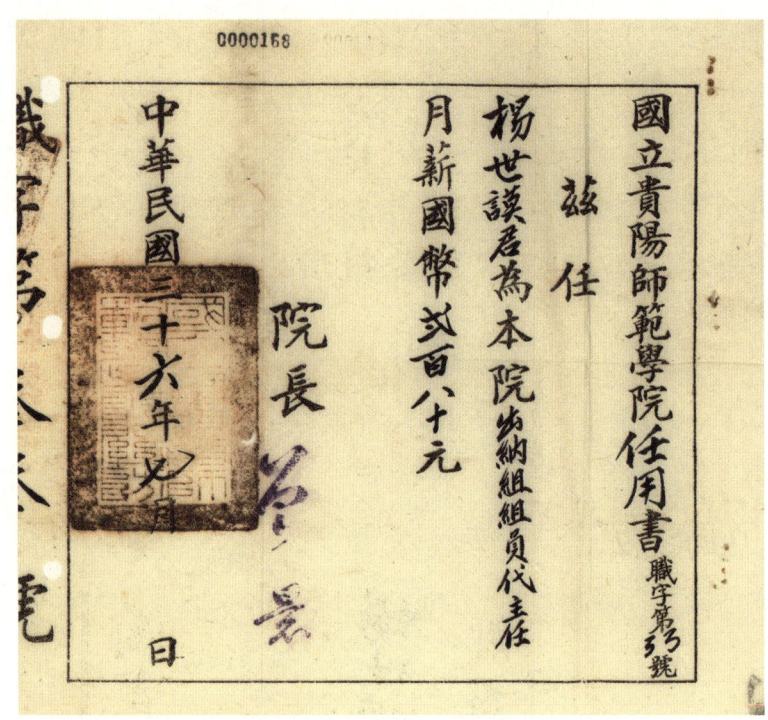

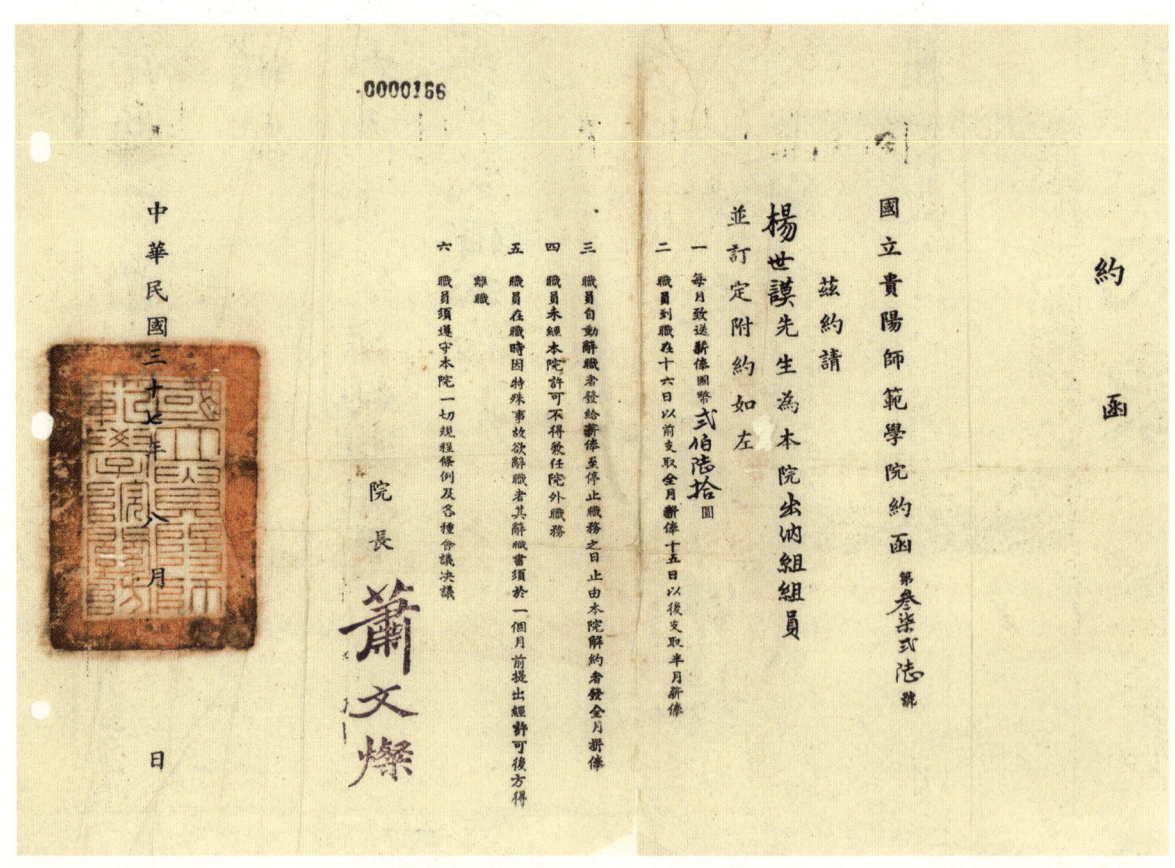

图 4 曾景院长聘杨世谟为国立贵阳师范学院出纳组组员代主任的任用书

图 5 萧文灿院长聘杨世谟为国立贵阳师范学院出纳组组员的约函

（撰稿人：姜萍）

刘家藏

刘家藏，1919年12月生于湖南东安。由于家境原因，9岁才开始进入本乡妙龙初级小学读书，13岁进白沙高级小学，15岁时在父母包办下结婚。1935年春，又在本乡读私塾。

因家境不好，刘家藏读书的同时还在家种田。1938年，为躲避兵役，祖父和父母又送刘家藏到白沙小学补习，以便升学。但由于家庭经济困难，不能继续升学，只能依旧一边在家种田，一边自修，直到1939年秋，才又投考湖南零陵永郡联立萍洲初级中学。两年后因家庭经济困难，几乎辍学，后经亲友集资协助（俗称"摇会"），才勉强读完三年，1942年卒业。

刘家藏在自传中写道："初中卒业后回到家乡，因没有地位、没有权势的亲友为之引援作背景，找不到工作，我的家庭也不能供让我升学。在当时，毕业就是失业，是一般青年最痛苦的事。"刘家藏自知不能再仰赖和依靠家庭，然又想继续升学。适湖南省立第七师范学校招生，遂又投考师范学校。由于校址在道县，他上学期间的部分旅费是靠岳父母资助的。

1945年8月，刘家藏家乡沦陷，全家逃入深山避难，饱受风霜山瘴之气，贫病交加，至抗战胜利后方复学，1946年6月卒业。

毕业后，刘家藏先后在家乡湖南东安县白沙、澄江高小任教导主任、教师，并于

簡　　　歷　（從十六歲起依次詳細填寫）

何時起至何時止	在何地何部門任何職務（包括學習）	主要工作及活動※
1928年—1935年7月	在東安、家鄉妙就初小学、伯沙高小学、学習	学習
1935年7月—1938年2月	在家種田、多家中主要劳动者	種田
1936年3月—6月	又在家鄉伯沙高小学校学習 準備升学	学習
1938年7月—1939年7月	在家種田	種田
1939年8月—1942年6月	在湖南零陵、永郡縣立蘋洲私假中学校	学習
1942年7月—1944年7月	在湖南道縣、湖南省立第七師範学校	学習
1944年8月—1945年9月	家鄉遭日寇淪陷、在家避难、同時種田	種田
1945年10月—1946年6月	在湖南道縣、湖南省立第七師範学校	学習
1946年3月—1947年12月	在家鄉、伯沙高小学校、任教導主任業校虎保育班、主要教学兼負責校虎管理-部分工	
1948年1月—6月	在家鄉、澄江高小学校、任教導主任	教学 教算術及教学上課程安排工作
1948年7月—1949年7月	在家鄉伯沙高小学校、任教導主任	教学 教算術、自然及教学課程表工
1949年7月—10月	在家鄉伯沙高小学校、任教員	教学 教語文自然等課程
1949年11月—12月	在家種田	種田
1950年1月	在東安小学教师講習班学習20天	学習
1950年2月—4月	在家鄉伯沙高小学校、当教師	教学 教語文自然等課程
1950年5月—9月	在家種田	種田
1950年10月—1951年10月	在桂林、廣西大学	学習
1951年10—1952年6月	廣西大学師生参加廣西欵康事宜土改第...隊、担任工改鄉小組秘書工作	
1952年6月—1953年7月	在桂林 廣西大学	学習
1953年8月—1955年8月	在上海、華東師範大学普通自然地理研究班	学習
1955年9月	貴陽、貴陽師範学院地理系、助教	教学 普通自然地理

※『主要工作及活動』包括職務範圍以內的主要工作（如教什麼課程，研究什麼問題，作些什麼事等）及黨務範圍以外的各種重要活動。填寫時要具體、扼要。

图1　刘家藏简历

1950 年参加县小学教师讲习班进修学习。

刘家藏中学时代就对学习地理感兴趣。1950 年，他考取广西大学史地系地理学组。由于学习勤奋、成绩优秀，刘家藏提前毕业并被选送上海华东师范大学普通自然地理研究生班学习，为其以后从事高等学校的教学和科研工作打下了坚实的基础。

1955 年毕业后，刘家藏任贵阳师范学院地理系教师。工作之余，他系统地自学高等数学、物理学等，为本专业的教学和科研奠定了数理基础。

刘家藏认真教学、刻苦钻研，曾担任“地球概论”“普通自然地理”“地质学”“水文学”“地貌学”“气象气候学”等课程的教学工作。曾编写《普通自然地理》《气象气候学》等教材，所编教材有较强的科学性和系统性。此外，先后完成《怎样预防霜冻》（贵州人民出版社 1956 年版）、《日食与月食》《黔东南自然地理》《贵州省农业气候》《贵州最大的岩溶湖—草海》等科研论文和调查报告。1981 年，刘家藏被评为副教授。

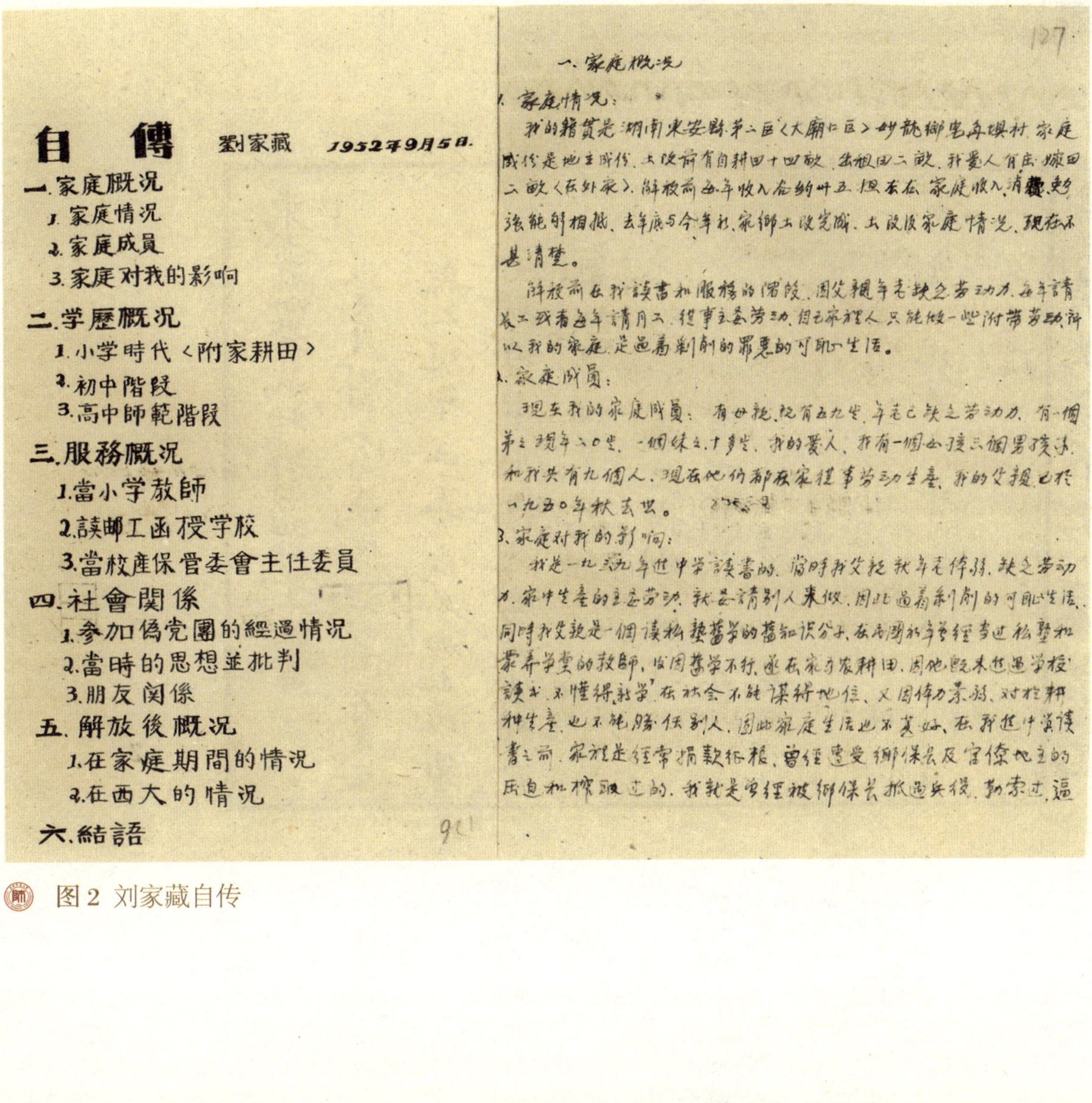
自傳　劉家藏　1952年9月5日

一、家庭概況
1. 家庭情況
2. 家庭成員
3. 家庭对我的影响
二、学歷概況
1. 小学時代〈附家耕田〉
2. 初中階段
3. 高中師範階段
三、服務概況
1. 當小学教師
2. 讀郵工函授学校
3. 當校產保管委會主任委員
四、社會関係
1. 參加偽党團的經過情況
2. 當時的思想並批判
3. 朋友関係
五、解放後概況
1. 在家庭期間的情況
2. 在西大的情況
六、結語

一、家庭概況
1. 家庭情況：
我的籍貫是湖南東安縣第二區〈大廟口區〉蚣龍鄉黄角壩村。家庭成份是地主成份。土改前有自耕田十四畝，出租田二畝，我愛人有嫁田二畝〈在外家〉。解放前每年收入合約卅五担左右，家庭收入、消費、勉強能夠相抵。去年底与今年初，家鄉土改完成，土改後家庭情況，現在不甚清楚。
解放前在我讀書和服務的階段，因父親年老缺乏勞動力，每年請長工或者每年請月工，從事主要勞動，自己家裡人只能做一些附帶勞動，所以我的家庭，是過着剝削的罪惡的可恥生活。
2. 家庭成員：
現在我的家庭成員：有母親，現有五九歲，年老已缺乏勞動力，有一個弟弟現年二〇歲，一個妹妹十多歲，我的愛人，我有一個女孩三個男孩子，和我共有九個人，現在他們都在家從事勞動生產，我的父親已於一九五〇年秋去世。
3. 家庭对我的影响：
我是一九三九年進中学讀書的，當時我父親就年老体弱，缺乏勞動力，家中生產的主要勞動，就要請別人來做，因此過着剝削的可恥生活。同時我父親是一個讀私塾舊学的舊知识分子，在民國初年曾经当过私塾和蒙养学堂的教師，后因舊学不行，遂在家务农耕田，因他既未进過学校讀书，不懂得新学，在社会不能谋得地位，又因体力柔弱，对於耕种生產也不能勝任别人，因此家庭生活也不算好，在我進中学讀書之前，家裡是经常捐款征粮，曾经遭受鄉保长及官僚地主的压迫和榨取过的，我就是曾经被鄉保长抓過兵役，勒索过，逼

图 2 刘家藏自传

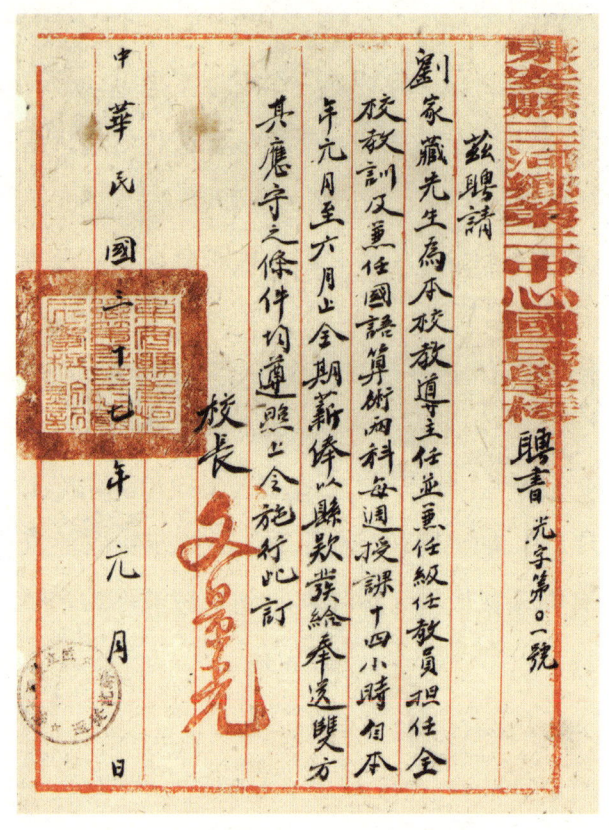

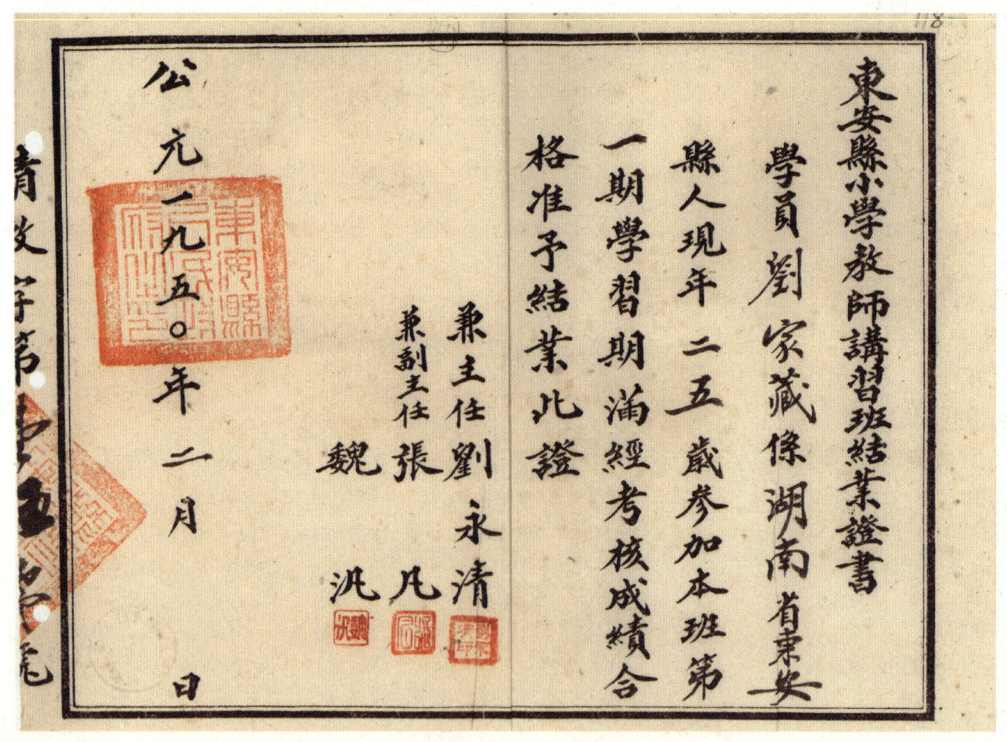

图 3 刘家藏被聘为东安县三河乡第二中心国民学校教导主任的聘书

图 4 刘家藏东安县小学教师讲习班结业证书

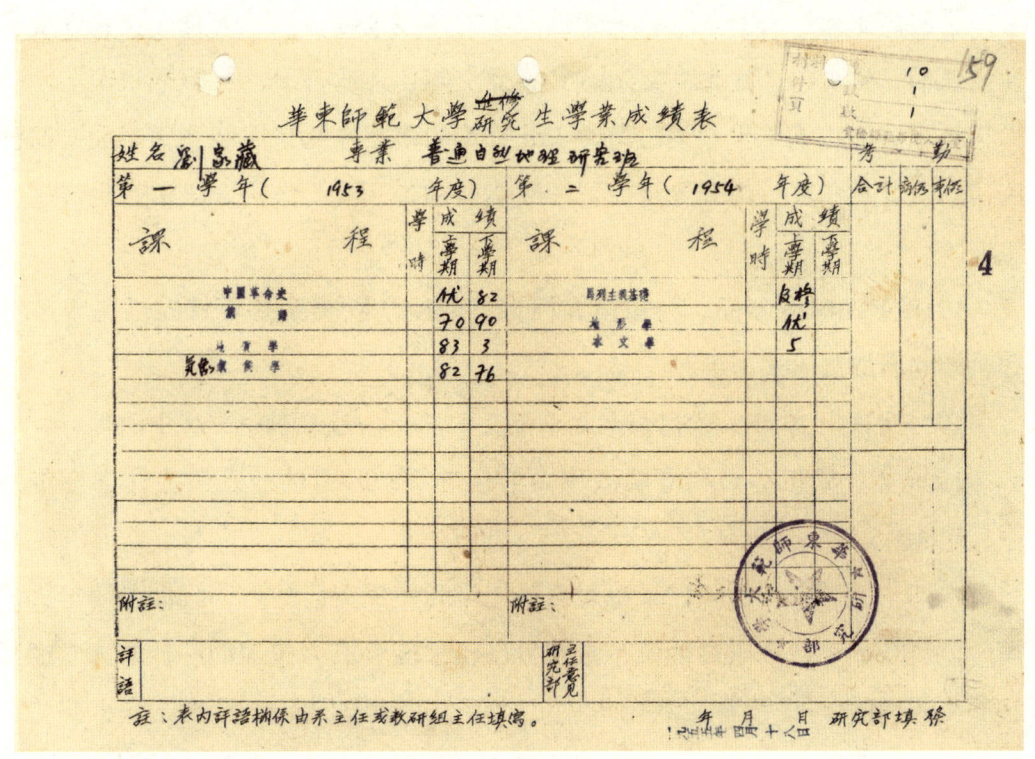

图 5 刘家藏华东师范大学毕业生登记表

图 6 刘家藏华东师范大学研究生学业成绩表

（撰稿人：姜萍）

梁祖荫

梁祖荫，河南宜阳人，生于1908年，卒于2009年。

梁祖荫出生在河南宜阳一个家境殷实的地主家庭，从小衣食无忧，学业顺利，但其性情孤僻，鲜少与人往来。父亲感其不爱交际，不适官道，希望梁祖荫能学一门专业技术，将来可靠技术维生。梁祖荫曾于北京读私塾。在北京期间，父亲朋友的孩子或在外国留学，或在清华、南开等校为留学欧美做准备，受此影响，梁祖荫也产生出国留学的想法。

1918年—1926年间，梁祖荫在河南开封留学欧美预备学校先后完成小学及初中课程，期间因战乱休学一年。

1926年—1929年，梁祖荫在北京汇文中学及今是中学完成高中课程。

1929年，梁祖荫顺利考取清华大学化学系，后因神经衰弱症休学一年，转入外文系，于1935年毕业。

在清华大学求学期间，梁祖荫羡慕能流利使用英语的人，且仰慕清华大学教授的渊博学问、自由生活和崇高地位，希望自己将来能够成为像他们一样的大学老师。因此，1935年梁祖荫与季羡林、乔冠华、王竹溪、迟镜海同行，取道苏联、波兰、德国、比利时赴英国爱丁堡大学留学。初到英国的梁祖荫并不习惯国外的学制和教学方法，经过一段时间的努力，渐渐适应了海外生活，更发现国外的学制和教学方法有许多优点，如讨论时间多于授课时间。特别是在地理专业的学习上，梁祖荫十分认同"地理环境决定论"，而国内地理界认为"地理与环境互不相关"。他的老师曾在他的试卷上批文：你真正抓住了地理学的精髓。1939 年是梁祖荫在英国的最后一年，家中接济不上，爱丁堡大学补助包括其在内的华人学生每人二三十英镑，并赠送回国船票一张。

毕业后的梁祖荫经香港、越南至昆明，1939 年冬季，应友人李洪模之约到滇北调查铅矿，遂居住在云南昆明。但因觉矿业前途渺茫且用非所学，梁祖荫终在赵九章（梁初中和清华大学同学，中国著名大气科学家、地球物理学家和空间物理学家、中国动力气象学的创始人、"东方红一号"卫星总设计师、中国人造卫星事业的倡导者和奠基人之一、中国现代地球物理科学的开拓者）的劝说下，于 1940 年开始在昆明西南联合大学任外语系讲师讲授英文课程。

1941 年，梁祖荫因不愿教英文便辞职赴重庆，经友人推荐到重庆北碚复旦大学史地系讲授"经济地理""欧洲地理""地形学""气候学"课程。同年，梁父病故，梁祖荫回河南老家，经郭芳五介绍至前河南大学文学院讲授"中国地理""世界地理""经济地理""地质学"课程。

1948 年，梁祖荫接受西北大学聘请，至西北大学任地理系教授，讲授"欧洲地理"及"地质学"课程。

1949 年，梁祖荫担忧战事爆发，且有研究贵州地理情况的想法，遂经张英骏介绍，至国立贵阳师范学院任史地系教授，讲授"世界自然地理""中国自然地理""地理教学法"课程。1953 年高等院校院系调整，在康健院长的领导下，梁祖荫开始组建地理系，成为贵阳师范学院地理系的主要创始人，也是国内最早的一批高等师范院校地理系主任。在担任贵州师范学院史地系主任期间，梁祖荫开展了一系列教学实践工作，安排教师购置所有课程的仪器设备、教学工具、野外实习用品、图书资料，带学生到贵阳六中开展地理教育实习，带队到安顺地区、黔南地区进行野外实习。梁祖荫带领全系师生到阿哈水库工地参加修筑公路的劳动，接受并完成库区测量任务，并相继在花溪、青岩、惠水、长顺、龙里、乌当、永乐堡、开阳、息烽及昆明等地设立了一系列野外实习基地，建设了气象观测场。

在梁祖荫的主持下，贵阳师范学院地理系展现出蓬勃的朝气，地理系师生参加了许多国家、贵州省的重点科研项目，开展了黔东南的森林测量调查、贵州地质地貌调查、植被调查、土壤调查、糖料调查与糖厂布局、贵州岩溶研究、贵州亚热带地貌调查、贵州热带作物研究、草场调查、气候调查、农业地理调查、农业区划、国土规划与区域规

000093

名	梁祖荫	性 别	男	民族	汉	家庭出身	官仔.地主	本人成份	教员
名	梁祖荫	文化程度	英国留学	出生年月	1908年8月			入党时间	1956年3月
用名	.	参加工作时间	1949年11月	籍贯	河南省宜阳县				

自　傳

一. 幼年阶段（1922年以前）

我生于1908年旧历8月12日. 祖父梁凤城曾任私塾及洛阳中学堂教师. 死于1908年. 父亲梁海亭前清秀才, 清末河南高等学堂毕业. 他和河南的反动分子胡石青. 军阀刘镇华, 刘茂恩有很好的私人关系. 在北洋军阀时代曾任国会议员, 财政厅长等职, 于1941年夏患脑冲血去去. 十岁前我在河南宜阳县与朝沟居住, 家中约有土地一百余亩, 由催农耕种. 十岁以后, 我离开家乡跟着父母到北京去, 在私塾和小学读书. 家中的土地由伯父梁文博和堂兄梁祖钦等经营. 所以我的出身家是官仔和地主. 我幼时丰衣足食, 无愁无忧, 因而性情孤僻, 很少和人来往, 对于别人的疾苦很少关怀. 由于我的性情孤僻, 不爱讲话, 不爱交际, 我的父亲认为我不宜于做官而宜于学习一种专门技术, 将来靠技术吃饭. 他还希望将来用他剥削人民所获得的金钱供给我出国留学, 以便取得个留学生的照牌作为日后寻找职业的本钱. 为了出国留学打好基础, 所以我留学前所进的学校几乎都是或多或少和帝国主义有关系的.

二. 求学阶段（1922年至1939年）

我求学简历和证明人如下:

1922年8月——1926年7月在河南开封河南留学欧美预备学校（后改为中州大学附中）肄业.

证明人: 王北辰, 成都四川财经学院教授. 住四川成都四川财经学院.

图 1 梁祖荫自传

划、人口地理研究、旅游地理与旅游规划研究、贵州地理、贵州百科全书、城乡规划、岩溶区水电勘测、水电站环境评价、地下水的开发与利用等区域性地理研究工作，得到政府部门的充分肯定。

1985 年，梁祖荫从贵州师范大学离休。离休后的梁祖荫仍以孜孜不倦的精神投入指导研究生的工作，且完成和出版了译著《北美洲自然经济政治地图集》（［英］D·K·亚当斯等合编，梁祖荫译，贵州师大学报编辑部 1989 年版）、《人文地理学导论》（［英］I·霍普斯金著，梁祖荫译，贵州人民出版社 1992 年版）。

图 2 梁祖荫翻译的著作《人文地理学导论》

梁祖荫是一名真正的求知者，中国地理学会曾评价他"从事地理工作五十周年，为我国地理科学事业做出突出贡献"。流年似水，半个多世纪过去了，他诲人不倦的形象，深深地铭刻在同行、同事和学生们的心里。

（撰稿人：黄清云）

黄国华

黄国华，字宝初，号公晋，祖籍台湾，生于1894年10月24日，卒于1985年3月。

黄国华出生于台湾省新竹县关西镇深坑乡的一个农民家庭，小学毕业后随舅父前往日本谋生。在日本期间，黄半工半读念完中学。1916年，他考入日本东京大学农学部攻读蚕桑专业。以优异成绩毕业后，黄经朋友介绍认识了当时正在日本考察实业的贵州省财政厅厅长熊述之，遂接受熊的邀请到贵阳任教。

1919年，黄国华到贵州省立农林学校担任植物学、动物学教员，同时兼任贵州省立垦殖局顾问。其间，他在垦殖局所辖地区图云关一带绿化荒山。

1921年9月，黄国华返回广州，考取广东省教育厅留法勤工俭学名额，公费赴法留学，就读于法国国立孟伯里亚大学生物系，1924年获蚕桑学硕士学位。同年，又顺利考取德国柏林中央科学研究院，1926年获森林学博士学位。

博士毕业后，黄国华受聘于国立东南大学，任农学院教授，讲授动物学、植物学专业的课程。课堂上，黄国华经常给学生们展示从德法两国带回来的各种风景画和英美杂志上剪下来的图片，并将其在国外的见识讲给学生们听，鼓励学生出国留学。

据其儿子黄威廉（原贵州师范大学地理系教授）回忆：黄国华在教书期间，深感"科学救国"在当时难有作为，遂想去日本学习军事。

1928年1月，黄国华经广东省公派留学日本，在日本工兵学校学习，肄业。回国后，先后担任南京四路要塞司令部教官、南京工兵学校教官。

1930 年 8 月，黄国华任国立中山大学农学院系主任兼教授，讲授植物学、动物学、遗传学专业的课程。1934 年 8 月，其任南京中央大学农学院教授，被调到南京五洲公园（即今南京玄武湖公园），从事植物分类学、植物生理形态和植物培养等方面的研究工作。

七七事变后，时局动荡，黄国华携家人逃难，从南京经长沙辗转再次来到贵阳。1937 年至 1941 年，黄国华任

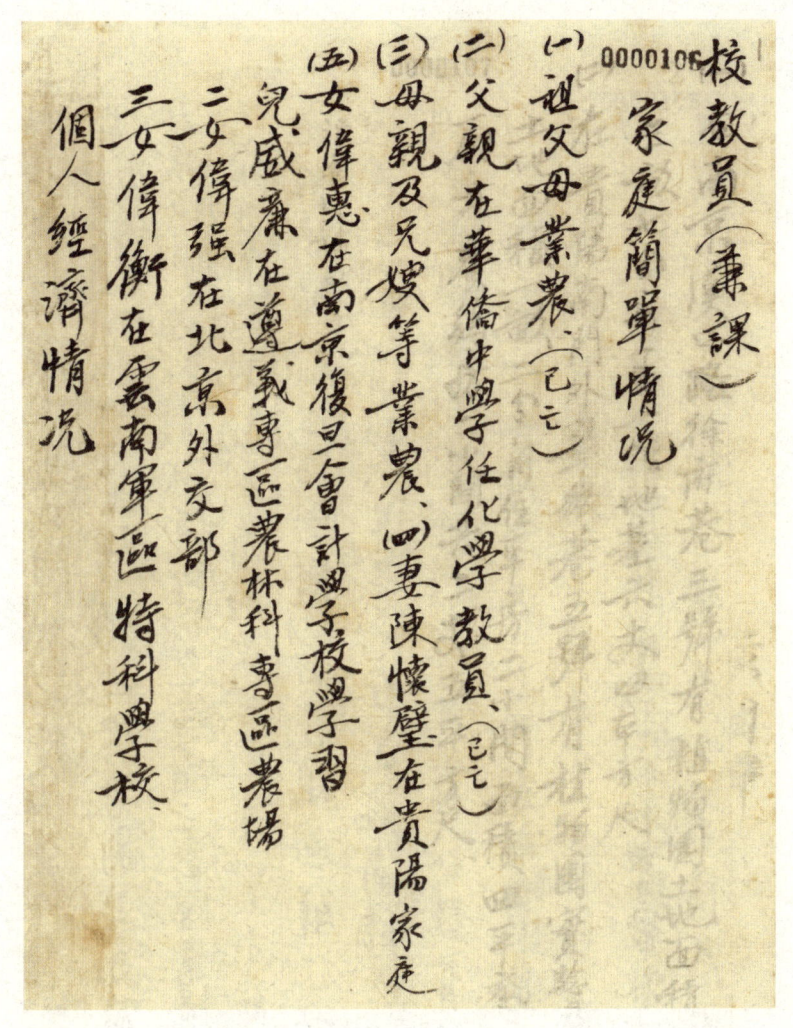

图 1 黄国华家庭情况简介

贵阳国立中央大学附属实验中学（后改名为贵阳国立十四中学）生物学、植物学、动物学教员。1941 年 8 月起，黄国华担任国立贵阳师范学院教授兼导师，讲授"普通生物学""人体解剖学""生理学""卫生学"等课程，部分课程曾用英文教学。

1953 年，贵阳师范学院由雪涯路搬迁到照壁山下（今贵阳市宝山北路 116 号），据《康健访谈录》（西南师范大学出版社 1996 年版）记载：新的校址急需校园布置、环境绿化，院长康健同志随即组成绿化委员会，统一制定校园绿化蓝图，黄国华担任副主任，具体负责校园绿化各项工作。他亲自指导并参与各类花草树木的种植、养护，带领全院师生自己动手美化校园，并亲自为各种树木设立"名称标牌"。经过数年的不懈努力，终于将荒芜的校园建成一座错落有致、绿树成荫、花香四溢的乐园，为全院师生创造了一个清新、幽静的教学、科研、学习、生活的环境。

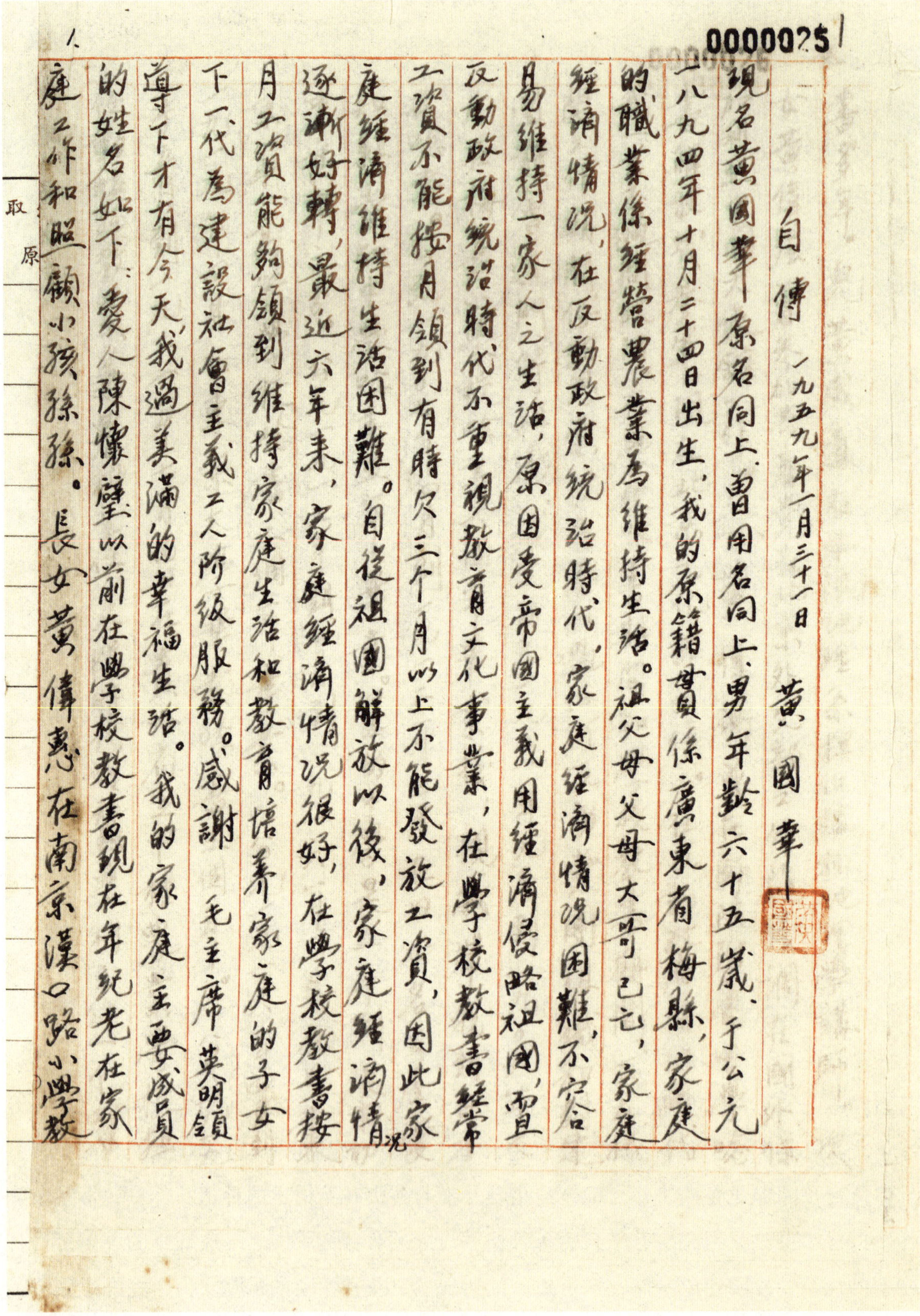

0000025

自傳　　一九五九年一月三十一日　黃國華

現名黃國華　原名同上，曾用名同上，男，年齡六十五歲，于公元一八九四年十月二十四日出生，我的原籍貫係廣東省梅縣，家庭的職業係經營農業為維持生活。祖父母父母大哥已亡，家庭經濟情況，在反動政府統治時代，家庭經濟情況困難，不容易維持一家人之生活，原因受帝國主義用經濟侵略祖國，暨反動政府統治時代不重視教育文化事業，在學校教書經常工資不能按月領到有時欠三個月以上不能發放工資，因此家庭經濟維持生活困難。自從祖國解放以後，家庭經濟情況逐漸好轉，最近六年來，家庭經濟情況很好，在學校教書按月工資能夠領到維持家庭生活和教育培養家庭的子女下一代為建設社會主義工人階級服務。感謝毛主席英明領導下才有今天我過美滿的幸福生活。我的家庭主要成員的姓名如下：愛人陳懷璧以前在學校教書現在年紀老在家庭工作和照顧小孩孫孫。長女黃偉蕙在南京漢口路小學教

图 2　黄国华自传

黄国华精通日、德、法、英四国语言，学识渊博，投身教育事业六十余年，主要著作有《解剖生理学》（国立东南大学出版处 1929 年版）、《普通植物学》《普通生物学》（国立东南大学图书馆 1930 年版）；主要成果有"植物、胡桃科新品种发现"（1930 年）、"幼蚕雌雄发明"（1926 年 4 月于德国柏林科学研究院）、"制造国华茶发酵法的发明"（1934 年 3 月于广州中山大学农学院）。

（撰稿人：陈晓燕）

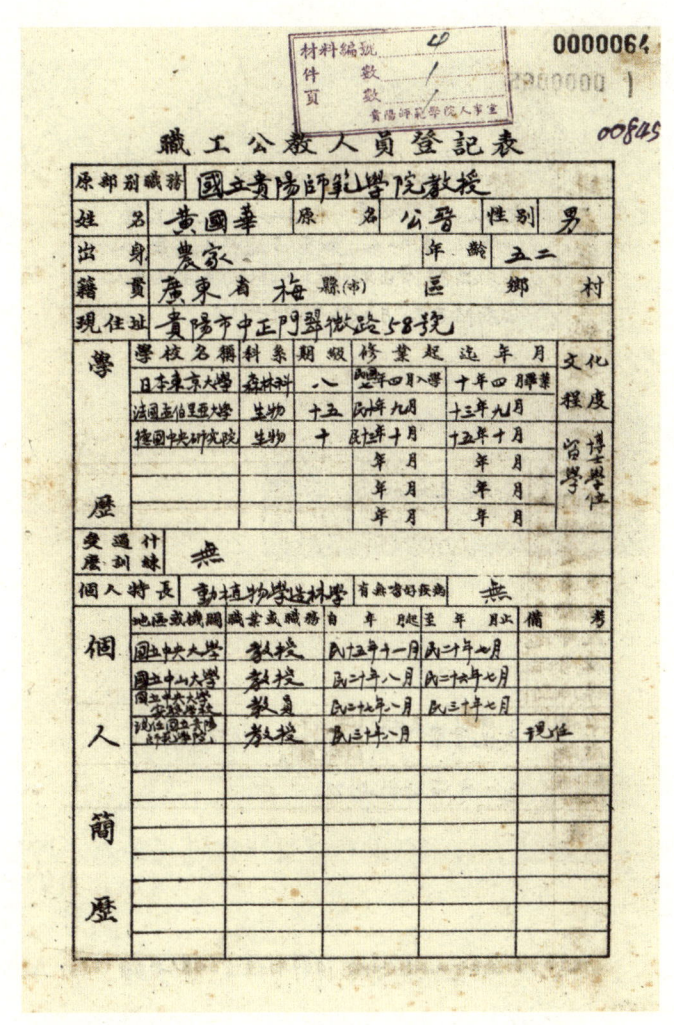

图 3 黄国华职工公教人员登记表

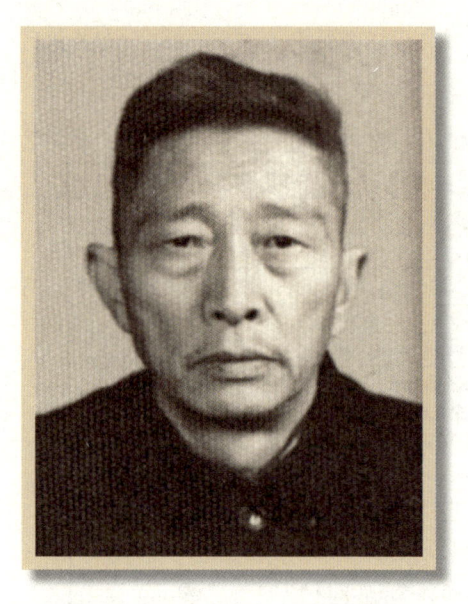

王燕玉

　　王燕玉，曾用名世朴，贵州省遵义县人，1923年9月出生，2000年9月1日病逝于贵阳。

　　王燕玉出生在贵州省遵义县新舟镇禹门乡龙渊村的一个地主家庭，后来家道中落，全家仅靠祖遗薄田辛苦度日。父亲王圻曾去北京读书，但因经济问题没有毕业，回乡后在私塾、小学教书贴补家用。母亲李珊是一名家庭主妇，王燕玉在其自传中评价母亲为"代表中国社会的母爱的最伟大者"。王燕玉幼年时其父亲漂泊在外，一切教养完全来自于他的母亲，母亲一生劳苦，无私奉献。王燕玉是家里独子，自幼爱好文学，初中时的唯一爱好是阅读新文艺作品，几乎通读过五四前后的作家作品。

　　1945年8月，王燕玉考取国立贵州大学中国语文学系。大学期间，他曾与张廷休、钱堃新、李独清、湛湛溪等共同发起"花溪诗社"，并作诗《赋花溪诗社成立》和《赋东坡生日》。

　　1949年，王燕玉毕业回到遵义，应邀担任遵义私立豫章中学文史专任教员。1950年其赴贵阳参加全省中学教师训练班，结业后分配到遵义市第四中学，担任史地教研组组长。1963年，为培养和提高全省中学教师教学水平，贵州省教育厅在贵阳创办贵州函授学院，王燕玉调任贵州函授学院函授语文组负责人，后全家迁至贵阳。

　　1971年贵州函授学院被撤销，王燕玉调任贵阳师范学院附属中学语文教师。1973年

8月，贵阳师范学院历史系急需教师，王燕玉调入历史系，担任"中国历史文献"课教师。1981年，王燕玉晋升副教授，1986年晋升教授，1988年退休。

在学校执教期间，王燕玉编著了大量专业书籍和教材，主要著作包括：《贵州史专题考》（贵州人民出版社1980年版）、《贵州明清文学家》（贵州人民出版社1981年版）、《方志综论稿》（贵州省地方志编辑委员会1984年版）、《通鉴黔事辑证》（贵州地方志编委1985年版）、《中国历史要籍介论》（贵州师范大学学报编辑部1995年版）、《中国文献学综说》（贵州人民出版社1997年版）。《王燕玉传》（王勺著）对其著作给予了很高的评价，认为《贵州史专题考》是贵州史地研究的重要成果，《中国历史要籍介论》是高校历史系的主要教材，《中国文献学综说》则是王燕玉对中国历史文献研究、中国古文字学研究的最大贡献。

《王燕玉传》中还写道："王燕玉把一生的精力都投入教育事业中，为国家培养了大批专业人才。尤其是在贵州师范大学任教期间，先后为本科生、研究生开设过'中国历史文选''中国古代文献学''中国古代史'等课程，授课严谨、审慎，又不失风趣、生动，深受学生喜爱。"

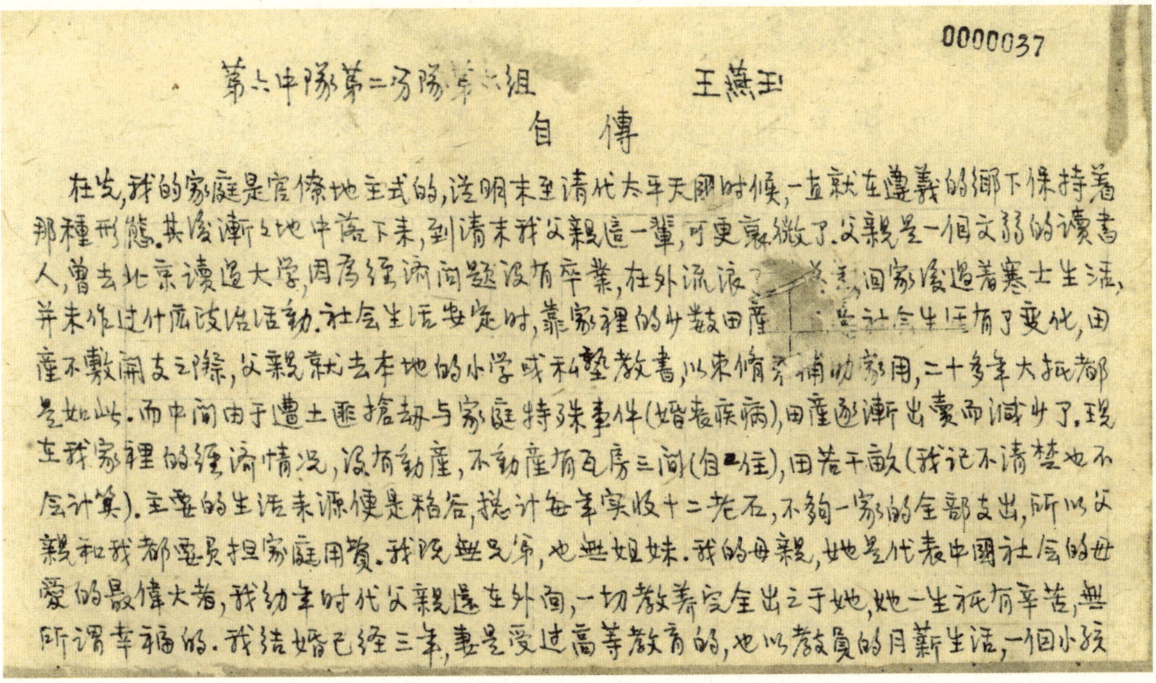

图1 王燕玉自传

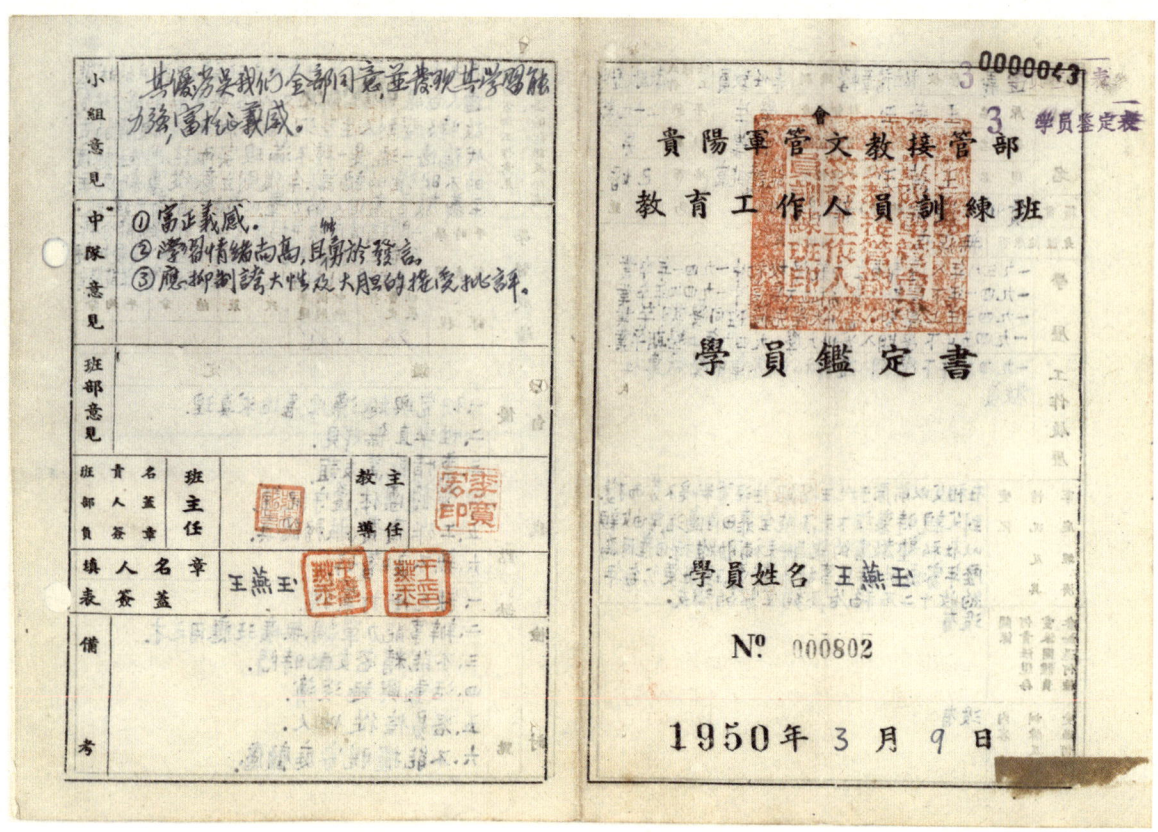

图2 王燕玉1950年贵州省教育工作人员训练班学员鉴定书

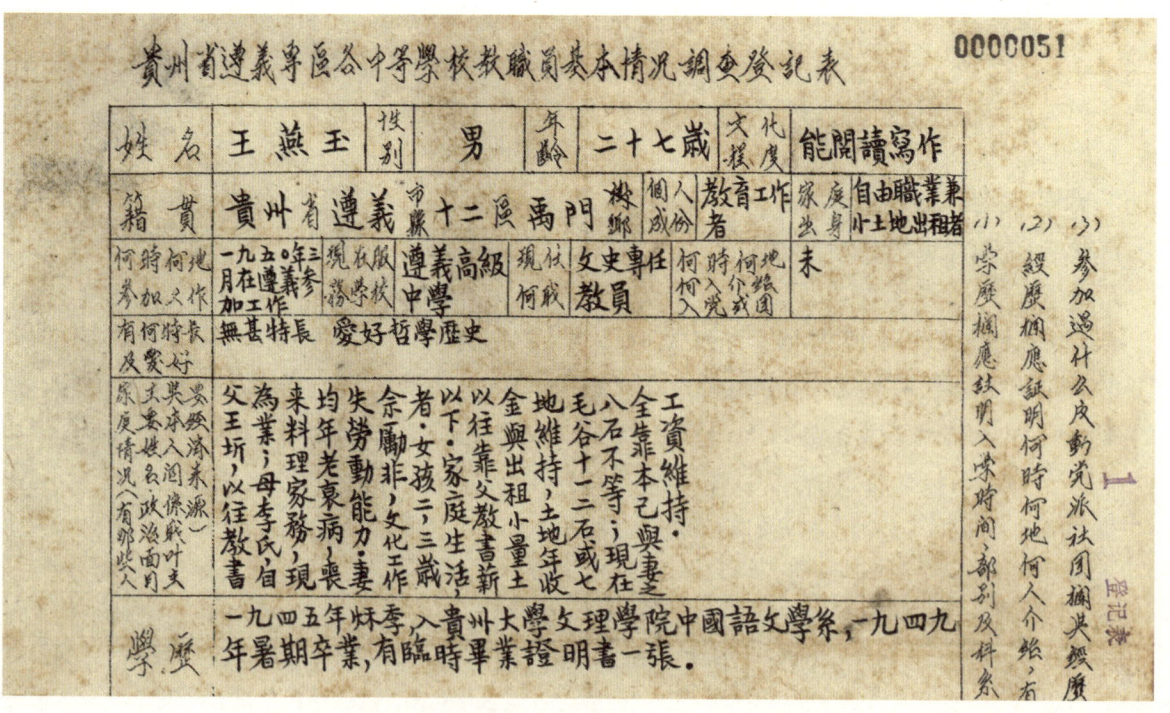

图3 王燕玉的贵州省遵义专区各中等学校教职员基本情况调查登记表

0000017　　　　　0000016

姓名	现　名	王燕玉 (高中以后)	性别	男	民族	汉	
	原　名	王世楷 (小学阶段)	出生 年月	1924, 10.11.	家庭 出身	小土地出 租兼营业自 由职业	
	曾用名	王景明 (初中阶段)	籍贯	贵州省 遵义县	本人 成分	自由职业	

身体健康状况		贫血，气管炎。

文化 程度	学　历	伪贵州大学中国语文学系毕业
	现有文化程度	大学

家庭状况	过去和现在 家庭的经济 状况	解放前有土地出租，年收谷约12石，不够一家开支，由父亲作公教人员的薪金来补足。解放后土改中，分得面积10.8石谷的土地，1956年将土地归还农民，全靠我和爱人的工资维持家用，另有自住瓦房3间。
	过去和现在 家庭主要成 员的姓名、 职业和政治 态度	父亲名圻，字绍昌，早年教小学，中年做过伪政府的职员，晚年教私塾，现衰丧失劳动力闲居，一生没参加过任何政治党派或其他团体。母亲名□爱，字珊，一贯料理家务。爱人佘琦，字励非，一贯教书，参加中国民主同盟。

何 时 何 地 参 加 工 作	1950年3月在遵义参加工作，即担任遵义中学教员。

是不是共产党党 员，何时何地何 人介绍，转正年 月	不是

是不是共产主义 青年团团员，何 时何地何人介绍	不是

图 4　王燕玉简历

（撰稿人：陈晓燕）

向 义

向义，字知方，别号六碑，贵阳人。1892年2月3日出生，1970年4月在贵阳病逝。

1910年，向义毕业于贵州优级师范学堂。次年，其考入部办京师法政学堂"政治经济正科"，后因武昌起义爆发，学堂解散，肄业。

1916年，在优级师范学堂同学王文华（时任贵州第一师司令部师长）的邀请下，向义担任贵州第一师司令部秘书一年。离职后，当时贵州省省长刘显世委任其为贵州省第一区省视学员（当时全省分为四区，每区约20个县），并兼任贵阳私立南明中学（即今贵阳市第一中学）教员。

1927年，向义担任贵州省政府秘书。其间，先后兼任贵州省立女子师范学校、贵州省立师范学校教员。

1933年，当时的贵州省主席王家烈委任向义兼任贵阳征收局局长。

1935年后向义弃政从教，专任贵州省立师范学校教员。

1941年国立贵阳师范学院成立，向义被聘为中文系讲师兼院长秘书，1942年晋升副教授，1946年晋升教授。其间，他兼任贵阳市文献征集委员会副主任委员，筹备修纂贵阳市志，后因黔南事变，日寇侵入独山一带，省政府迁移，此会解散。

向义执教师大中文系近30年，桃李遍黔中，即使晚年身体欠佳，仍坚持抱病教学，直至去世。向义一生严谨治学、笔耕不辍，著述颇丰。在《贵州文化出版名人传略》一

000005

参 加 工 作 前 的 经 历

起 止 年 月	地 区 和 部 门	职 务
1912.8.—1914.7.	贵阳私立贵州公学分校（即后来的志道小学）	充当教员（该校创办人之一） 证明人 贾功台 现任贵州文史馆馆员
1914.8.—1917.2.	贵州私立南明中学校	充当教员 证明人 张彭年 现任贵州省政协委员
1918.3.—1922.7.	贵州省公署	贵州省视学员 证明人 桂百铸 现任贵州文史馆副馆长
1923.8.—1926.7.	贵州第一中学	教员 证明人 周润初 现任本院数学系教授
1927.8.—1933.7.	贵州省政府	秘书 证明人 王家烈 现任贵州省政协副主席
1930.8.—1932.7.	贵州省立女子师范学校	教员（兼任） 证明人 张云龙 现任贵阳一中教员
1933.8.—1940.7.	贵州省立师范学校	教员 证明人 王延功 现任贵阳六中教员
1933.3.—1934.4.	贵阳徵收局	局长（兼任） 证明人 王家烈 现任贵州省政协副主席
1941.8.—1942.7.	贵阳师范学院中文系	讲师兼秘书 证明人 韦增辉 现任本院体育科副教授
1942.8.—1946.7.	本院中文系	副教授 证明人 韦增辉

图1 向义简历

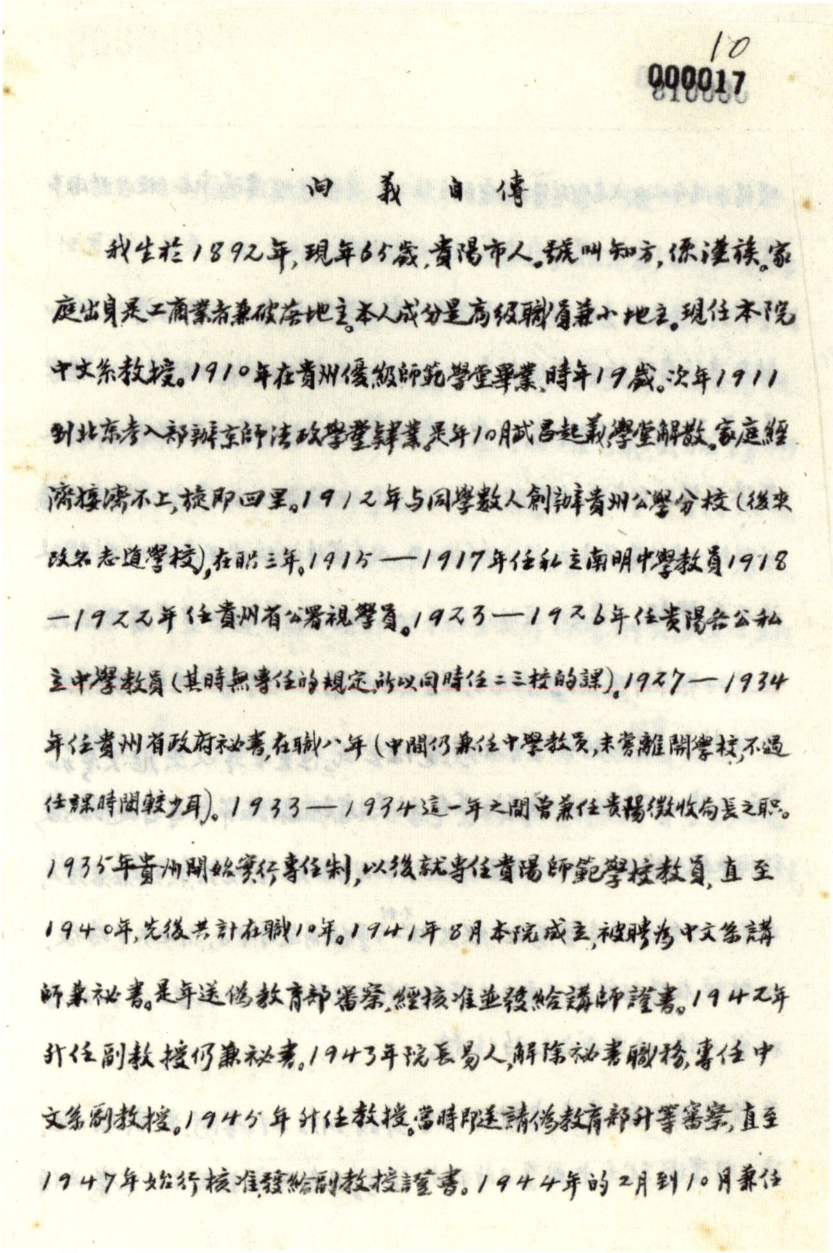
10
000017

向義自傳

我生於1892年，現年65歲，貴陽市人。號州知方，係漢族。家
庭出身是工商業兼破落地主。本人成分是高級職員兼小地主。現任本院
中文系教授。1910年在貴州優級師範學堂畢業，時年19歲。次年1911
到北京考入新辦京師法政學堂肄業。是年10月武昌起義，學堂解散。家庭經
濟接濟不上，旋即回里。1912年与同學數人創辦貴州公學分校（後來
改名志道學校），在职三年。1915—1917年任私立南明中學教員1918
—1922年任貴州省公署視學員。1923—1926年任貴陽各公私
立中學教員（其時無專任的規定，所以同時任二三校的課）。1927—1934
年任貴州省政府秘書，在職八年（中間仍兼任中學教员，未嘗離開學校，不過
任課時間較少耳）。1933—1934這一年之間曾兼任貴陽徵收局長之职。
1935年貴州開始實行專任制，以後就專任貴陽師範學校教員，直至
1940年，先後共計在職10年。1941年8月本院成立，被聘為中文系講
師兼秘書。是年送偽教育部審察，經核准並發給講師證書。1942年
升任副教授仍兼秘書。1943年院長易人，解除秘書職務，專任中
文系副教授。1945年升任教授。當時即送請偽教育部升等審察，直至
1947年始行核准發給副教授證書。1944年的2月到10月兼任

图2 向义自传（一）

书中，向义被称为“现代文字学家——专心于教育，对中国文字学、声韵学、训诂学很有研究”。《石鼓丛考》一书是向义最著名的文字学著作，耗费10年心血著成，从多方面分述石鼓文的来历，后附关于石鼓文的诗文45万余字。该书曾获闻一多和故宫博物院院长马衡等国内专家赞誉。

向义还善于撰写楹联。1923年，由贵阳文通书局出版的《六碑龛贵山联语》是向义最著名的楹联著述。江西大学龚联寿教授（楹联学界权威）在他主编的《联话丛编》

中收入了该书，且对向义深表敬仰，称他"在联语方面的成就，在近现代学者中，当属仅见"。向义在楹联方面的个人创作也很丰富，诸多手稿虽已遗失，但仍整理成《六碑堪联剩》一书，内容涉及贵州名胜古迹、场馆、人物题赠、寿挽等多个方面，许多联作闻名于世。贵州人民出版社 2003 年出版了《黔联璀璨》，该书系统地收录了向义在楹联方面的著作，并首次推出《清联三百首》，这是向义在楹联学方面的一大贡献，将"清联"与"唐诗""宋词""元曲"相并论，在理论和作品方面给予鉴证。

向义是土生土长的贵州人，无论是文字学还是楹联学的研究，他始终立足于生养他的这片土地，努力挖掘、悉心钻研，为世人留下了宝贵的文化财富。

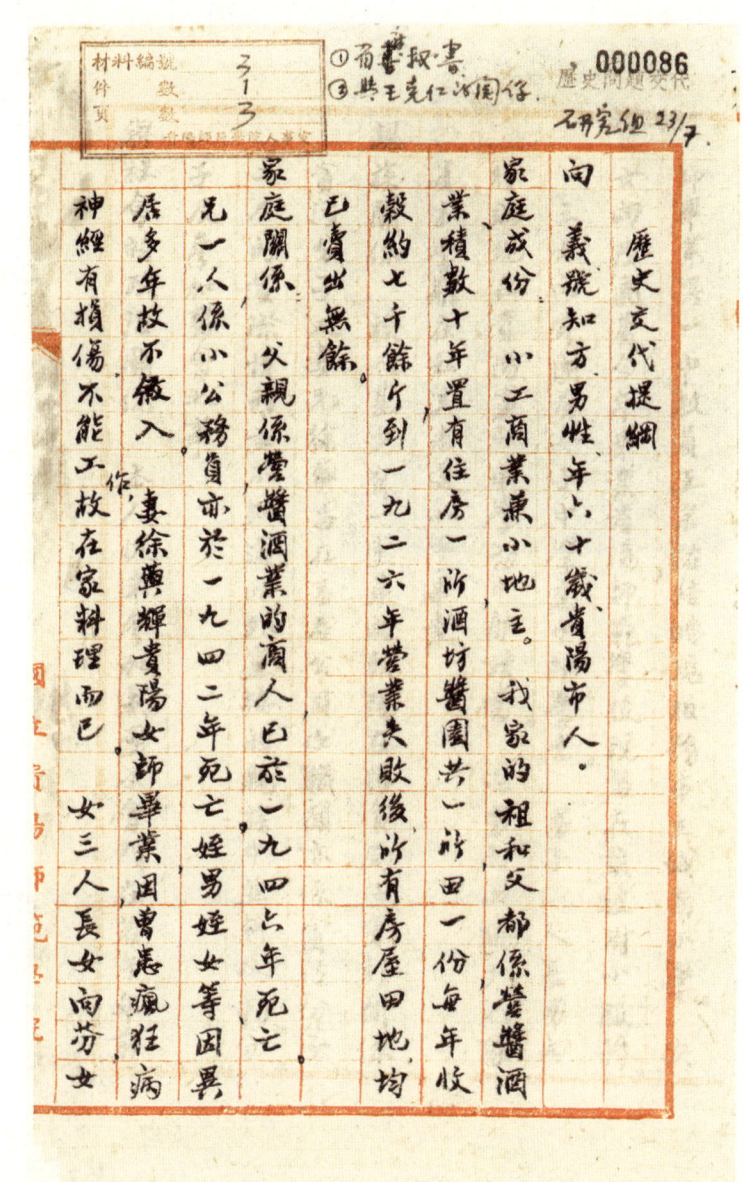

图 3 向义自传（二）

（撰稿人：陈晓燕）

项英杰

项英杰，湖北省大冶县人，1914年2月2日出生，1998年9月15日病逝。

项英杰出生于一个商人家庭，是家中独子。项父继承祖业做了一名"牙行"商人，依靠从农民手中收购棉花、大麻等再倒卖给外埠商人赚钱，勉强维持生计。项英杰10岁时，父亲牙行生意倒闭，欠下债务，家境逐渐窘迫，不得不结束私塾教育去做学徒。在做学徒的一年半时间里，他受尽折磨和屈辱，萌生了"走出这个小天地，另外找过（个）大天地"的念头，决心靠读书改变命运。为此，项英杰的父母四处借钱，先后送其到武汉、汉口、武昌等地读初中、高中。

1935年8月，项英杰顺利考入国立武汉大学历史系，1939年8月毕业，获文学学士学位。大学期间，项英杰曾负责校内"历史学会"工作，编辑过一期《历史学报》，主要收录的是历史系师生的学术论文。当时的武汉大学校长王星拱将他推荐给《武汉日报》，他还主持创办了《史地双周刊》（刊名由王星拱亲自题写），该刊物创办一年多，于抗战前夕停刊。

大学毕业后，王星拱推荐项英杰担任国民党洛阳第一战区司令长官部秘书。1940年，项英杰与当时在重庆国立编译馆工作的武大同学孙毓秀结婚，随后离开洛阳，投身教育界。他先后担任重庆国立十四中、重庆女子师范、江津国立九中、重庆市立女中教员。其间，他还担任过三民主义丛书编纂委员会助理编纂，参与编写中华民国史料。

000010

自传　　　　　　　项英杰

(一)家庭、私塾、自学、进小学，1914～1929

我的乳名元，谱名兆泉。在族中以后，名英杰，从未改名。

我生在湖北省大冶县城，公历是1914年3月(夏历甲寅年二月二日)，上无兄姊，下无弟妹，双亲只我一人。

我出生以后，我的家庭经济，逐渐由过得下去到过得紧窘。

我父名玉臣，读名隆轻。水淮视世是一个牙行商人，店名项锦顺，有一张清军留下来的"部帖"，凭此作经纪买卖。每天清早挑着秤到县城北门外收买农民小贩的棉花大麻，四两半斤，积成大捆，下午卖给贩卖牙行的外埠商人。牙行周转的资金，也是从外埠商人手中挪来的。这种无本求利的生意，在大冶叫做"打得罗"。每天下午，除糠见米，供应衣食是过得去的。

我的祖父，早死了，我的父亲是二祖父扶养的。二祖父是牙行商人，老来补得一名衙吏，在县衙门喜是表，上午在家，下午去班。他是从清末继续到民国初年的。大约我出生后几年就死了。

大约我十岁前后，我的家庭境遇，逐渐困难，棉麻的牙行生意倒了，父亲负有债务，由于家底穷，困难更苦。家中改营小坐商，卖香烛草纸棕绳草鞋等日用杂物，有时也卖广货磁器等，大概是那挣暢销卖那样。这种生意，有时好，有时坏。家庭生活很不稳定。

图1　项英杰自传

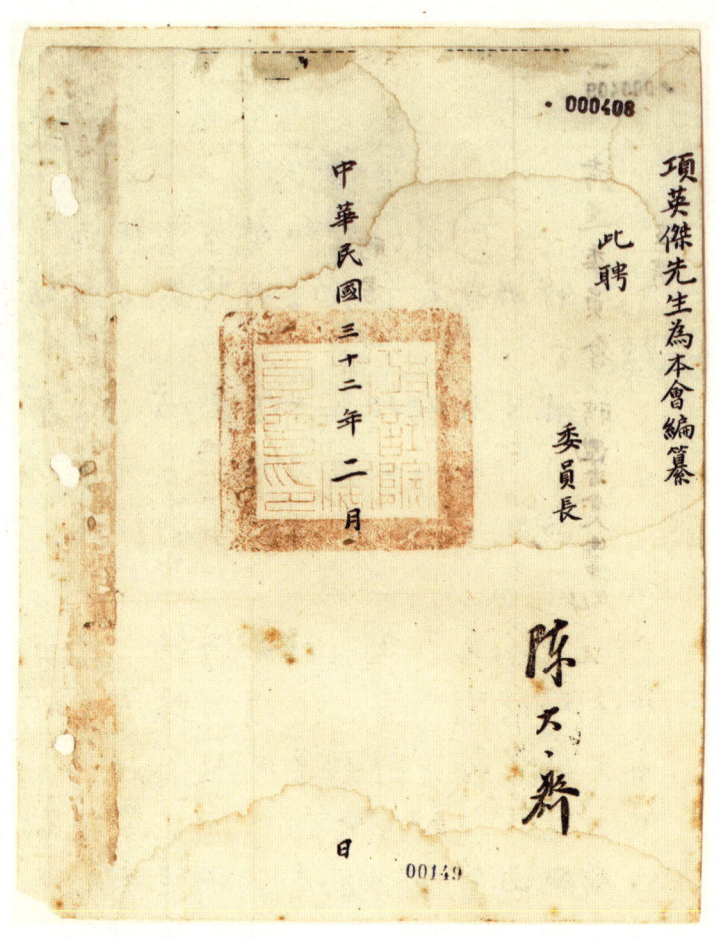

图 2 项英杰国民党考选委员会编纂聘书

1943 年至 1944 年，项英杰先后任国民党中央组织部总干事、国民党考选委员会编纂，编写考选法规、考选制度及考试题目。

1944 年 9 月起，项英杰先后任北碚国立国术体育师范专科学校讲师、国立湖北师范学院史地系副教授。其间，他曾兼任两湖考铨处科长。

1949 年 9 月，项英杰经姚公书先生介绍到贵州大学教书，任历史系教授。

1953 年 9 月，因全国高校院系调整，项英杰被调到贵阳师范学院，任历史系教授，讲授"世界古代史""世界近代史""亚洲史"等，1994 年退休，享受正厅级待遇。

项英杰在师大讲坛辛勤耕耘四十余载，为师大历史系的发展做出了不可磨灭的贡献。在整个教学生涯中，他始终坚持教书和育人相结合，培养了大批优秀的人才，包括 7 名中亚史硕士研究生，其中有的人已成为高校教学及科研骨干。

教书育人的同时，项英杰坚持学术研究，主持完成了贵州省哲学社会科学"七五"规划重点课题"中亚史研究"，在此课题的支持下，他主持创办了大型学术刊物《中亚史丛刊》

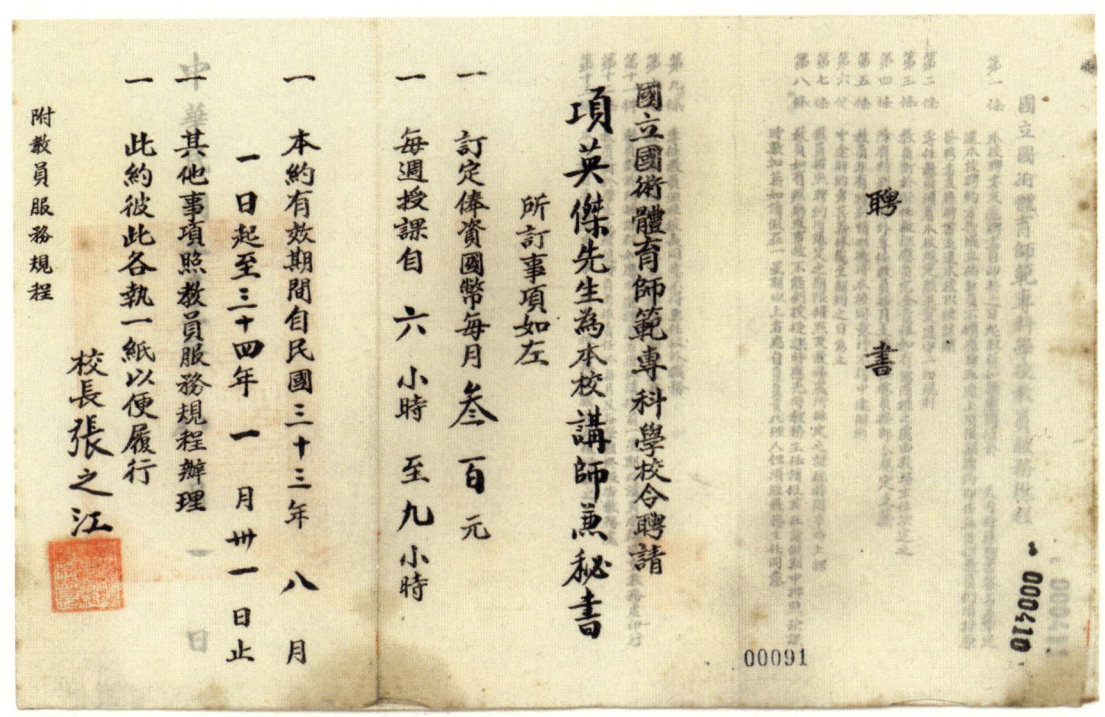

图 3 项英杰国立国术体育师范专科学校聘书

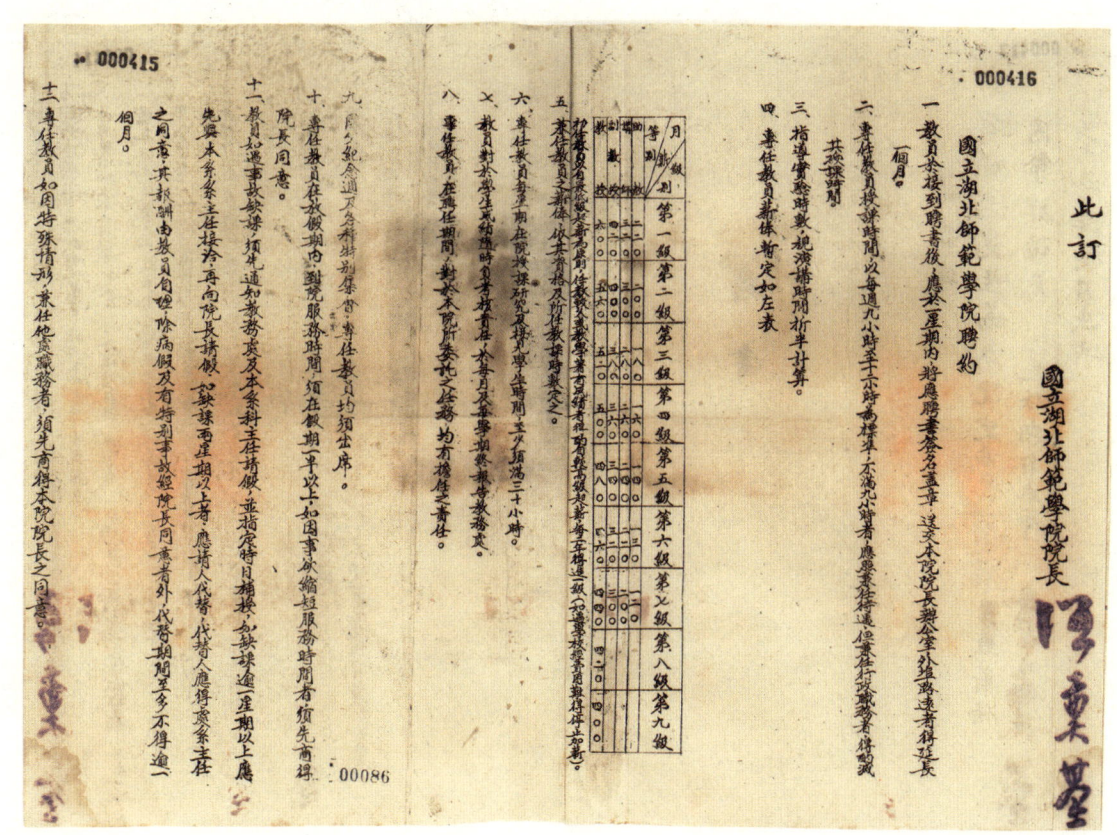

图 4 项英杰国立湖北师范学院聘约

（共出版 7 期，共计 240 万字）。20 世纪 90 年代，项英杰年逾古稀，视力严重退化，但仍坚持主持完成了国家哲学社会科学"八五"规划重点课题"中亚史研究"，其成果《中亚：马背上的文化》（浙江人民出版社 1993 年版）被列入"世界文化"丛书，再版三次，1997 年获贵州省第三次哲学社会科学优秀成果一等奖。该书是国内第一部全面梳理亚欧游牧文化的专著，它以阿尔泰语系的匈奴人、突厥人、蒙古人和印欧语系的哥特人、塞种人为代表，勾勒了亚欧游牧文化的总体面貌，探讨了亚欧游牧文化的特质和兴衰的原因。他的研究成果填补了国内学界在中亚史研究领域的空白，开创了中亚史研究的新局面和新方向。

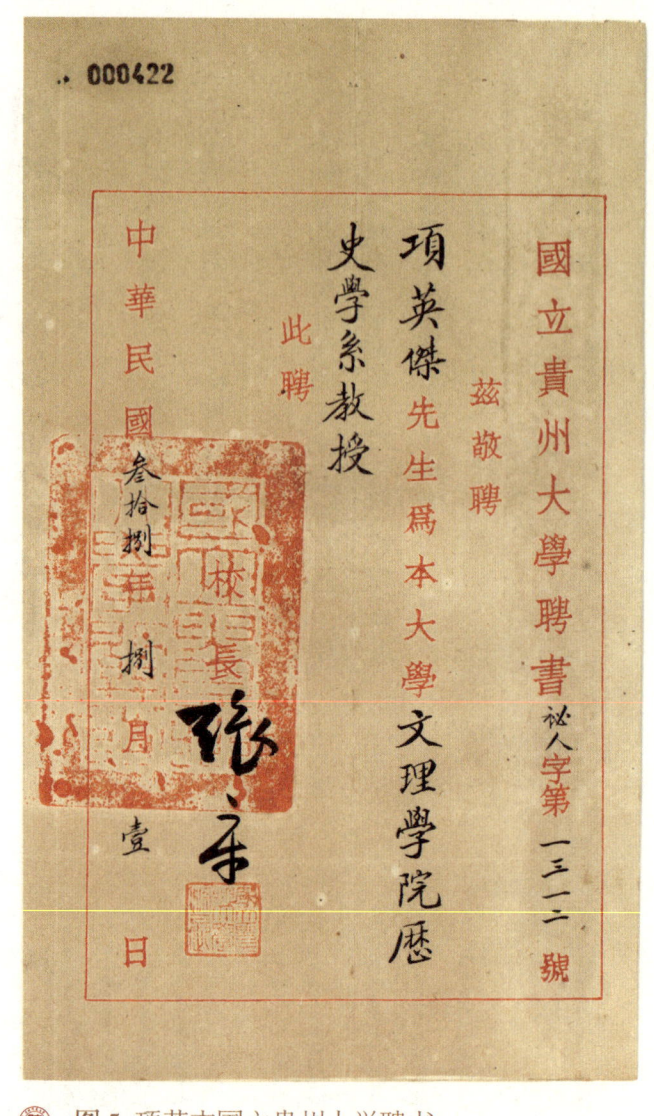

图 5　项英杰国立贵州大学聘书

项英杰不但在中亚史研究方面造诣颇深，还对巴蜀文化、湖湘文化和楚文化都有涉猎，早年就发表了"巴蜀源考"等 10 余篇学术论文。他还主持编写了全国高校历史专业教材《世界古代史》。

项英杰精通英语和俄语，一生撰述、翻译、主编的学术论著有 550 余万字，为后人留下了一笔宝贵的文化遗产。

（撰稿人：陈晓燕）

张英骏

张英骏，河南省荥阳人，1914年10月出生，2000年4月15日病逝。

1925年，张英骏毕业于河南开封省立第一师范附小，后考入河南开封省立第一中学，1928年毕业。初中毕业后，张英骏继续就读于河南开封省立第一高中，1931年毕业。

1932年，张英骏考入清华大学理学院地学系，1936年毕业，获理学学士学位，同年9月任杭州市私立蕙兰中学地理教员。1937年9月，其兄张伯声（时任西北联合大学教授）介绍张英骏到私立武昌东湖中学担任地理教员。其间，其因组织学生成立抗日宣传队而与校长多次发生冲突被解聘。

1938年9月，张英骏由清华同学冯镜（时任洛阳私立复旦中学教务主任）推荐，担任洛阳私立复旦中学英文教员。洛阳被日军占领后，时局动荡，老母亲担心其安全，劝其离开洛阳。当时西北联合大学已迁到陕西城固，张英骏的母亲及兄长张伯声都在城固。

1939年1月，张英骏辞职赴陕。到城固后，张伯声推荐其任西北联大讲师，但张英骏却一心想回洛阳参加抗日。张伯声劝他说："你要抗日，我可以介绍你到化学兵队去做教官，母亲绝不希望你重返洛阳。"为了让老母亲放心，1939年6月，张英骏赴四川泸州担任军政部化学兵队干部训练班教官，后因厌恶军队的腐败作风而辞职。

1943年，张英骏担任国立东方语文专科学校副教授，讲授"世界地理"课。后来该

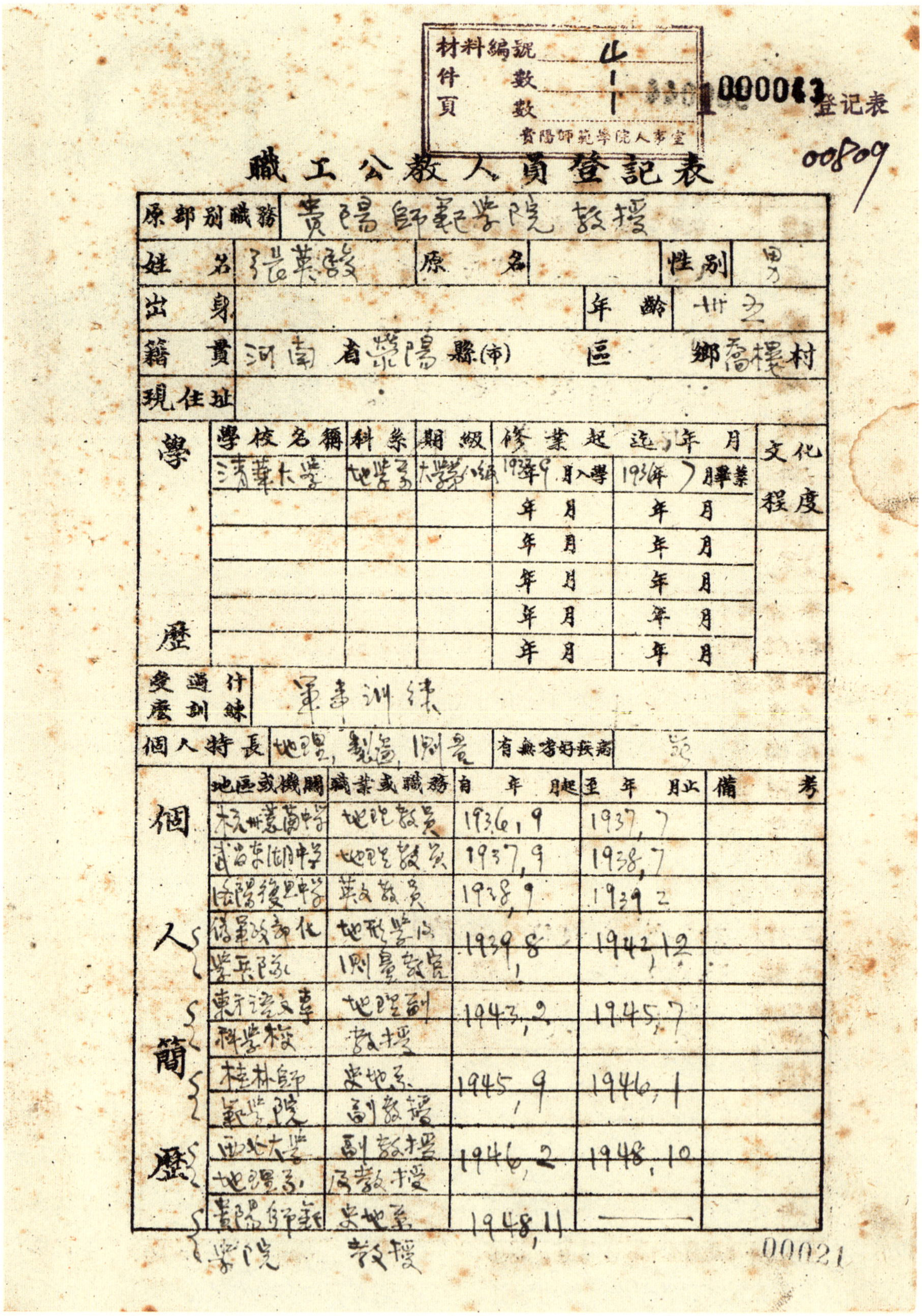

材料编號 ‖‖ 000011 登记表
件　数
頁　数 贵阳师范学院人事室 00809

职工公教人员登记表

原部别职务	贵阳师范学院 教授				
姓　名	张英骏	原　名		性　别	男
出　身				年　龄	卅五
籍　贯	河南省荥阳县(市)		区	乡	乔楼村
现住址					

学历	学校名稱	科系	期级	修业起迄年月		文化程度
	清華大學	地学系	大学本科	1936年9月入学	1936年7月毕业	
				年　月	年　月	
				年　月	年　月	
				年　月	年　月	
				年　月	年　月	
歷				年　月	年　月	

受过什么训练	軍事訓練
个人特长	地理、製圖、測量　　有無嗜好疾病　無

	地区或机关	职业或职务	自年月起	至年月止	备考
個	北京蒙藏學校	地理教員	1936,9	1937,7	
	河南淮陽中學	地理教員	1937,9	1938,7	
	信陽後里中學	英文教員	1938,9	1939,2	
人	陝甘教育化	地形調查	1939,8	1942,12	
	兵工署	測量教官			
	東方語文專	地理副	1943,2	1945,7	
簡	科學校	教授			
	桂林師	史地系	1945,9	1946,1	
	範學院	副教授			
	西北大學	副教授	1946,2	1948,10	
歷	地理系	及教授			
	貴陽師範	史地系	1948,11	——	
	學院	教授			

00021

图 1　张英骏职工公教人员登记表

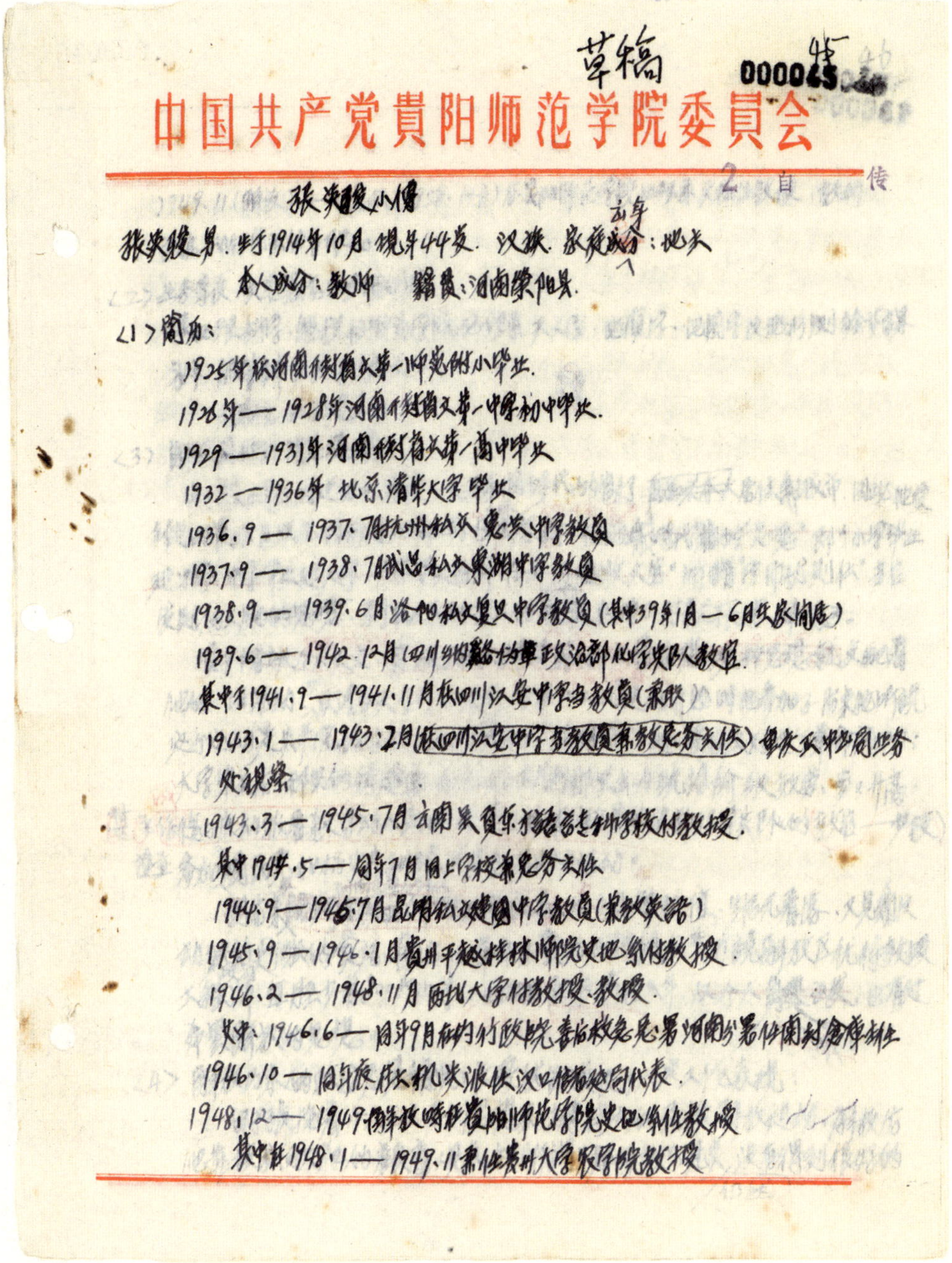
草稿

中国共产党貴阳师范学院委員会

2 自传

张英骏小傳

张英骏男．生于1914年10月 現年44岁．汉族．家庭出身：地主

本人成分：教师　籍貫：河南滎阳县．

〈1〉簡历：

1925年於河南省立第一师范附小毕业．

1926年——1928年河南省立第一中学初中毕业．

1929——1931年河南省立第一高中毕业

1932——1936年 北京清华大学毕业

1936.9——1937.7月杭州私立惠兴中学教員

1937.9——1938.7月武昌私立东湖中学教員

1938.9——1939.6月洛阳私立复兴中学教員（其中39年1月—6月失业閒居）

1939.6——1942.12月四川綿阳 ……政治部化学兵队教官．

其中于1941.9——1941.11月於四川江安中学当教員（兼职）

1943.1——1943.2月（於四川江安中学当教員兼教务主任）重庆兵工署业务处视察

1943.3——1945.7月 云南…东方语言专科学校副教授．

其中1944.5——同年7月同上学校兼教务主任

1944.9——1945.7月昆明私立建国中学教員（兼教英语）

1945.9——1946.1月貴州平越桂林师院史地系副教授．

1946.2——1948.11月 西北大学副教授、教授．

其中：1946.6——同年9月在行政院善后救济总署河南分署任……

1946.10——同年底任…汉口……代表．

1948.12——1949…貴阳师范学院史地系任教授

其中在1948.1——1949.11兼任貴州大学农学院教授

图 2 张英骏自传

校改组并迁往重庆，张英骏及大部分教师被解聘。1945 年 9 月，张英骏在原国立东方语文专科学校校长汪樊祖的推荐下，担任国立桂林师范学院史地系副教授。抗战胜利后，张英骏想回北方发展，遂辞职赴陕。1946 年 2 月，张英骏担任国立西北大学地质地理系副教授，1948 年 8 月升教授，1948 年 11 月辞职。随后其应聘到国立贵阳师范学院担任史地系教授。

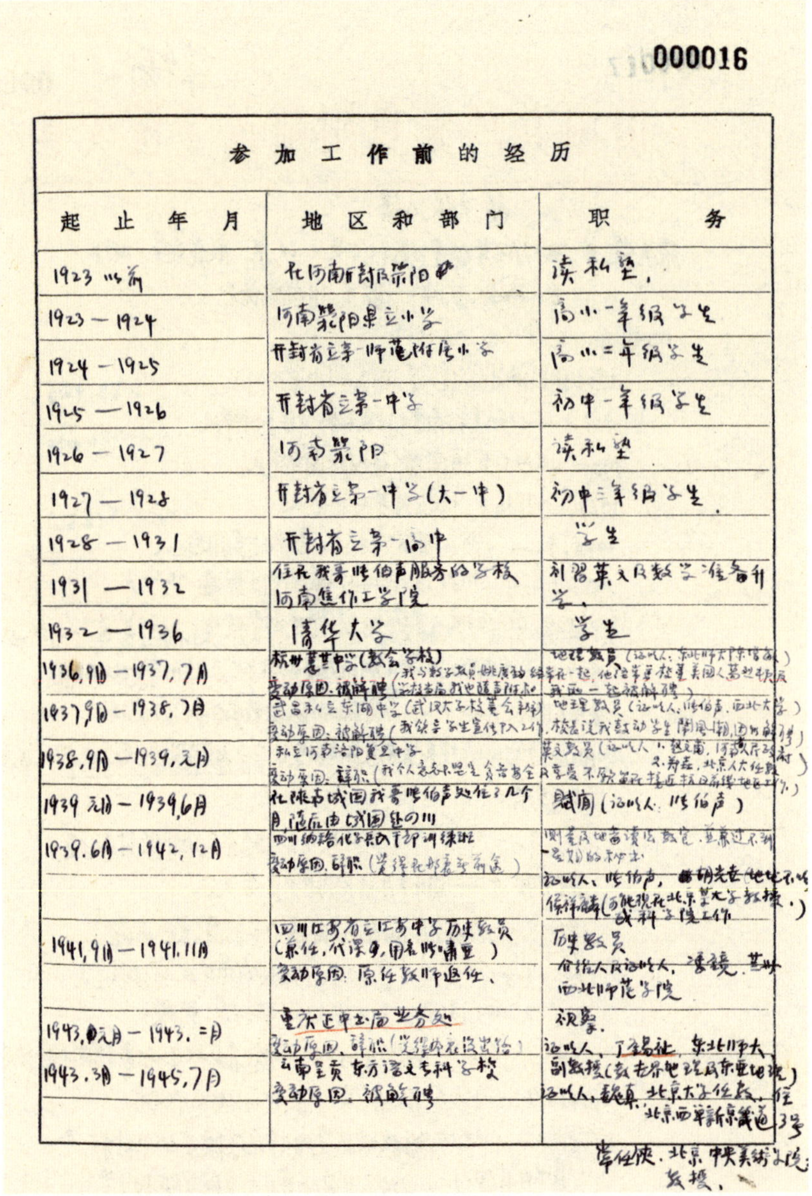

000016

参加工作前的经历

起止年月	地区和部门	职务
1923以前	在河南开封及荥阳	读私塾，
1923—1924	河南荥阳县立小学	高小一年级学生
1924—1925	开封省立第一师范附属小学	高小二年级学生
1925—1926	开封省立第一中学	初中一年级学生
1926—1927	河南荥阳	读私塾
1927—1928	开封省立第一中学（大一中）	初中三年级学生．
1928—1931	开封省立第一高中	学生
1931—1932	住在我哥哥张伯声服务的学校 河南焦作工学院	补习英文及数学准备升学．
1932—1936	清华大学	学生
1936，9月—1937，7月	杭州蕙兰中学（教会学校） 变动原因，被解聘（我与数学教员姚[illegible]在一起，他[illegible]美国人[illegible]反学校当局我也随声附和	地理教员（证明人：东北师大[illegible]）我两一起被解聘）
1937，9月—1938，7月	武昌私立东湖中学（武汉大学校董会主办） 变动原因：被解聘（我领导学生宣传队工作，校长说我鼓动学生闹风潮，因此解聘）	地理教员（证明人：张伯声，西北大学）
1938，9月—1939，元月	私立河南洛阳[illegible]中学 变动原因：辞职（我个人表示不愿意负责安全[illegible]不[illegible]接近抗日前线地区工作）	英文教员（证明人：[illegible]，[illegible]，北京人大任教）
1939元月—1939，6月	在陕西城固我哥哥张伯声处住了几个月，随后由城固到四川	赋闲（证明人：张伯声）
1939.6月—1942，12月	四川[illegible]化学系[illegible]训练班 变动原因，辞职（觉得在那里没有前途）	[illegible] 证明人：张伯声，[illegible]（[illegible]） 侯祥麟（可能现在北京某大学教授，或科学院工作）
1941，9月—1941，11月	四川江安省立江安中学历史教员（原任，代课事，因为张[illegible]） 变动原因：原任教师返任、	历史教员 介绍人及证明人，凌[illegible]，兰州西北师范学院
1943，元月—1943，二月	重庆正中书局业务处 变动原因，辞职（觉得没有发展前途）	视察． 证明人，丁[illegible]，东北师大
1943.3月—1945，7月	云南呈贡东方语文专科学校 变动原因，被解聘	副教授（教世界地理及东亚地理） 证明人，[illegible]，北京大学任教，住北京西单新[illegible]3号

[illegible]，北京中央美术学院，教授，

图3 张英骏简历

张英骏教授一生致力于喀斯特地貌及洞穴学研究，先后培养了13名喀斯特硕士研究生，同时承担了大量重要的研究课题：1980年任《中国1:100万地貌图》编委会顾问，参与编制了贵阳地貌图；1982年主持研究“黄果树瀑布成因”课题；1983年主持编制《贵州省1:50万地貌图》；1985年主编我国第一部岩溶洞穴专著《应用岩溶学与洞穴学》，并指导“安顺、平坝喀斯特旅游资源调查与评价”的研究；1986年与人合著《中英洞穴“八五”计划报告——贵州西部喀斯特地貌》；1990年主持“贵州河成石灰华”项目。

　　张英骏教授是我国现代科学洞穴研究领域的先驱，率先系统引进了西方洞穴新理论，1979 年即把德文版《喀斯特水文学与自然洞穴学》译成中文，供研究生及研究和生产部门学习参考，推动了我国岩溶水文与洞穴研究，特别是溶蚀形态和沉积形态以及洞穴的水文成因分类、洞穴矿物的研究。

　　在教学科研之余，郑君华仍然坚持文学创作。孕育三十载，笔耕十年完成 118 万字长篇小说《芙蓉风》（重庆出版社 1999 年版）。此书一经出版就引起广泛关注。贵州师范大学和贵州作协为此书联合召开了研讨会。《文艺报》曾辟专版进行讨论，著名评论家曾镇南在此次讨论中发表了《几摩红楼，别是一楼》的评论文章，对此书给予了极高的评价。2001 年，《芙蓉风》获贵州省政府首届文艺奖二等奖。

（撰稿人：陈晓燕）

郑君华

郑君华，1945 年 5 月出生于广西省平南县城厢区乌江乡田寮村，2003 年 10 月 22 日病逝于贵阳。

郑君华出生在农民家庭，自幼家境贫寒。据其自传回忆，每到年底，家里就要靠借粮度日。郑君华出生之前，郑家祖祖辈辈务农，没有一个识字的。

1952 年 9 月，郑君华开始在村里读小学，先后就读于涩塘小学、平田小学。1958 年 9 月，郑君华考入平南县中学，顺利完成初中、高中学业，1964 年 6 月高中毕业。中学时代，郑君华爱好阅读、写作、绘画，积极参加校级、县级语文写作竞赛，先后三次获奖；参加过县里的业余美术学习班，闲暇时喜欢写写画画。其在中学学期评语中多次被老师称赞"学习积极、语文成绩很好、劳动积极"，第三学期曾被评为优秀学生。在其自传及高中毕业生登记表的教师评语中都曾提到，郑君华利用假期写成一部近 40 万字的长篇小说，虽没有发表，但足以看出他对文学的热爱。

1964 年，郑君华考入北京大学中文系，毕业后分配到贵州人民广播电台任编辑。1978 年 9 月考入中国社科院文学系攻读硕士学位。1981 年毕业后分配到贵州师范大学（原贵阳师范学院）中文系工作，历任讲师、副研究员、研究员，曾担任贵州师范大学文学院文学研究所所长。

郑君华长期从事中国古代文化和中国古典文学、文献的教学研究工作，先后为本科生、研究生、留学生讲授"先秦文学""大学语文""古代散文和诗词曲赋写作""修辞学""中国文化史"等课程，指导数十名本科生、研究生完成毕业论文。

郑君华学术功底深厚，著述丰硕。著有《先秦散文纲要》（与谭家健合著，山西人民出版社 1987 年版，台湾明文书局 1990 年增订版）、《墨子选译》（与谭家健合著，上海古籍出版社 1990 年版）、《中国改革史》（华夏出版社 1991 年版）、《老子新本》（与葛实如合著，中国文史出版社 1994 年版）、《先秦文学史》（与褚斌杰、谭家健等 7 人合著，人民文学出版社 1998 年版）5 部学术著作。其中《中国改革史》由当时的国家发展战略研究中心副主任吴明瑜先生作序。郑君华先后在《文学遗产》《中国哲学》《文学评论》等刊物上发表学术论文 60 余篇，全部著述约 400 万字。

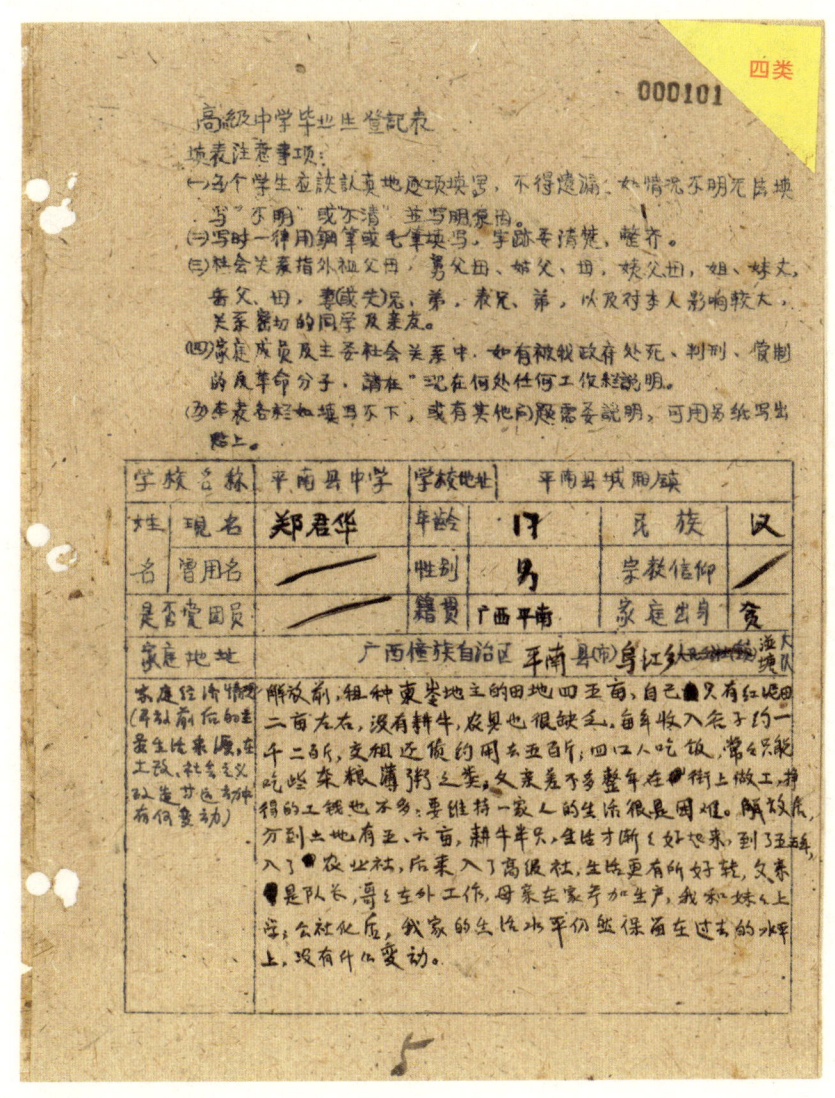

图 1 郑君华高中毕业生登记表

000051

北京大学

学生自传

姓　名：郑君华
系　别：中文
专　业：文学
年　级：壹
学　号：6407099

一九六四年九月十八日

图2 郑君华北京大学学生自传（一）

一、本人概况：

000052

郑君华，男，一九四五年五月生，学生，贫农，汉族，籍贯广西平南，详细的家庭地址：广西平南县城厢区乌江乡田寮村。未入党、团，未结婚。

二、家庭及社会关系情况：

1. 家庭经济情况：

解放前，我家有水田约2亩，都是些红泥瘦田，此外租种东岭地主郑启初（花名"启初九"）水田两、三亩（有时租一、二亩，每年租种数量不定），有两间房子，没牛马，水车、犁、耙都很破旧。我们用自己的农具耕田，租牛犁田，每年可收稻谷一千五百斤（连杂粮），租去一交，便只剩七、八百斤了。口粮不够，父亲便到城里打工，刨烟、孵鸭子，挣工钱回来。生活很坏，很久也不得吃一顿干饭，年年都要借一、两担粮食。没有钱做衣服，穿得很褴褛。一件棉袄子，哥哥穿了，到我穿；我穿了，到妹妹穿，现在这些破衣服还放在家里的一个圆框内。说起读书，更是没有可说，子子孙孙，没有一个识字的。

解放后，土改的时候，我们分到半条牛（两家合分一条），分到一些农具和家具，分到田3亩，房子增加到四间（两间小的）。五四年我家加入互助组。五六年成立高级社时，就加入高级社。父亲在高级社里做队长，他和母亲下田劳动，哥哥和我读书。五八年后，哥哥中专毕业，成了医生，家庭生活有部分由他帮助解决。我家生活逐渐有所好转。主要的生活来源仍然是农业。六一年以来，我的家乡先后受到水灾、旱灾的严重威胁，每年都受灾，我们乡便有些人家缺粮了。今年早稻遭旱灾严重，五、六月里又有水灾，所以早稻每个劳动日只分六两三钱粮食。但是，国家和政府给了我们灾区很多援助。我家也领

P 1

图3 郑君华北京大学学生自传（二）

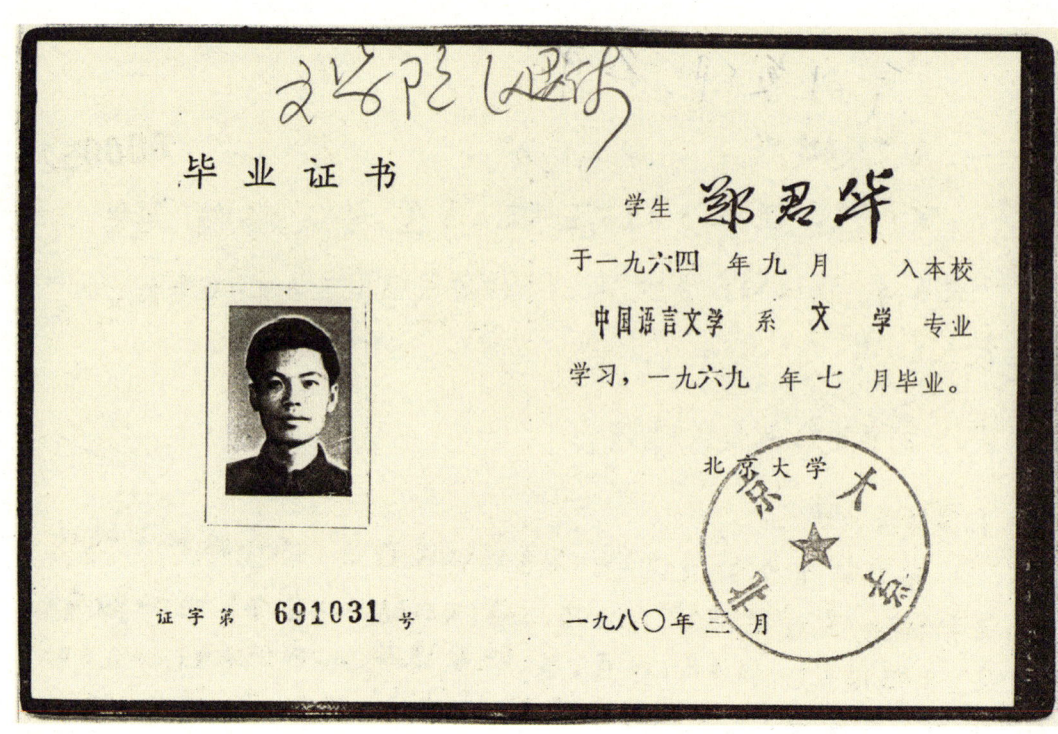

🔖 图4 郑君华北京大学毕业证书

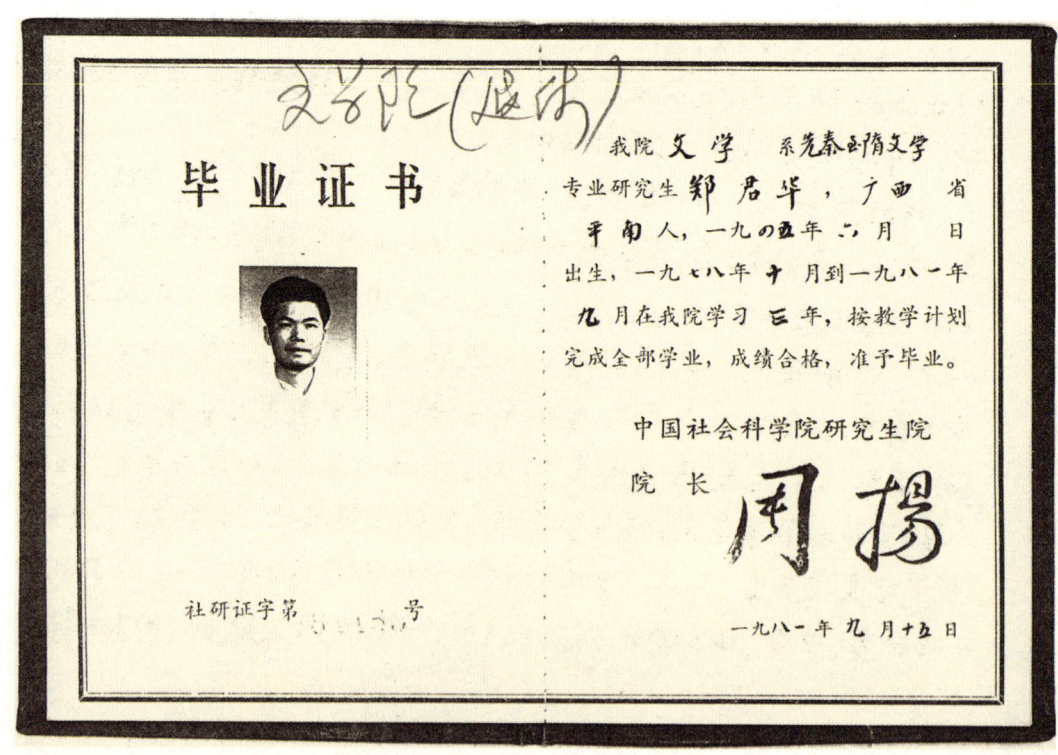

🔖 图5 郑君华中国社会科学院研究生院毕业证书

姓　名	郑君华	性别	男	民族	汉族
曾用名	郑父、西山	出生日期		1945.5.19	
籍　贯	广西平南	学　历		研究生	
出生地	广西平南	学　位		文学硕士	
单位职务	研究员				

身份证号码	520103450519121	工资情况	职务工资	档　次	工资额
			级别工资	级　别	工资额
健康状况	患有肝癌				

何年何月何处参加工作	1969.9. 贵阳
何年何月何人介绍加入中国共产党，何时转正	无
何年何月加入中国共产主义青年团	1966.3.
何年何月何人介绍加入何民主党派，任何职务	1988 庞之颃介绍加入九三学社
何时经何机关审批任何专业技术职务或任职资格	1996.11. 省人事厅审批任研究员

— 1 —

图6　郑君华简历

（撰稿人：陈晓燕）

常少文

常少文，回族，1928 年 1 月 16 日出生于云南昆明，2007 年 1 月 18 日逝世。

常少文自小生活在回族聚居地，周围环境和家庭都充满着浓厚的宗教信仰氛围，全家靠父亲在云南邮政局上班维持生计。常少文的父亲常毓宽是当地回族人中少数的知识分子之一，性情孤高，爱好读书、摄影和集邮。闲暇之余，常父往往携家人一起到附近风景名胜区游玩、练习摄影、看电影、逛书店等。常少文的母亲王惠仙喜唱旧时流行歌曲，如《苏武牧羊》《秋香》《神仙妹妹》等，常给儿女讲述这些词曲的故事，鼓励他们要好学勤读，做有用之人。在宗教信仰及文化氛围浓厚的家庭中，常少文一方面浸淫在宗教信仰中，一方面又受外来电影、书报影响，使得不落窠臼、富于幻想、勇于挑战的种子便在幼时的常少文心中生根发芽。

1935—1941 年间，常少文先后就读于昆明忠爱小学、明德小学，与同龄少年一样，他怀揣着躁动不安的心，幻想要去过像鲁滨逊和泰山一样的荒岛丛林生活，或坐船去日本打日本人，为此其与儿时伙伴曾两次闹离家出走，后被父母找回，继而产生厌学心理，躲在家中不愿上学。厌学在家的常少文也不安分，他或观察硫磺、火药、石灰、铜矿、铁砂、马牙石、煤油、牛油等燃烧后的情况，或拆卸家中旧钟表旧器械探索其中的运作机理，时而也会拿起手中的笔写下希望快点长大如飞鸟般自由飞翔的诗句。

1941 年 3 月，13 岁的常少文考入昆明私立求实中学，因赶不上教学进度，再次产生

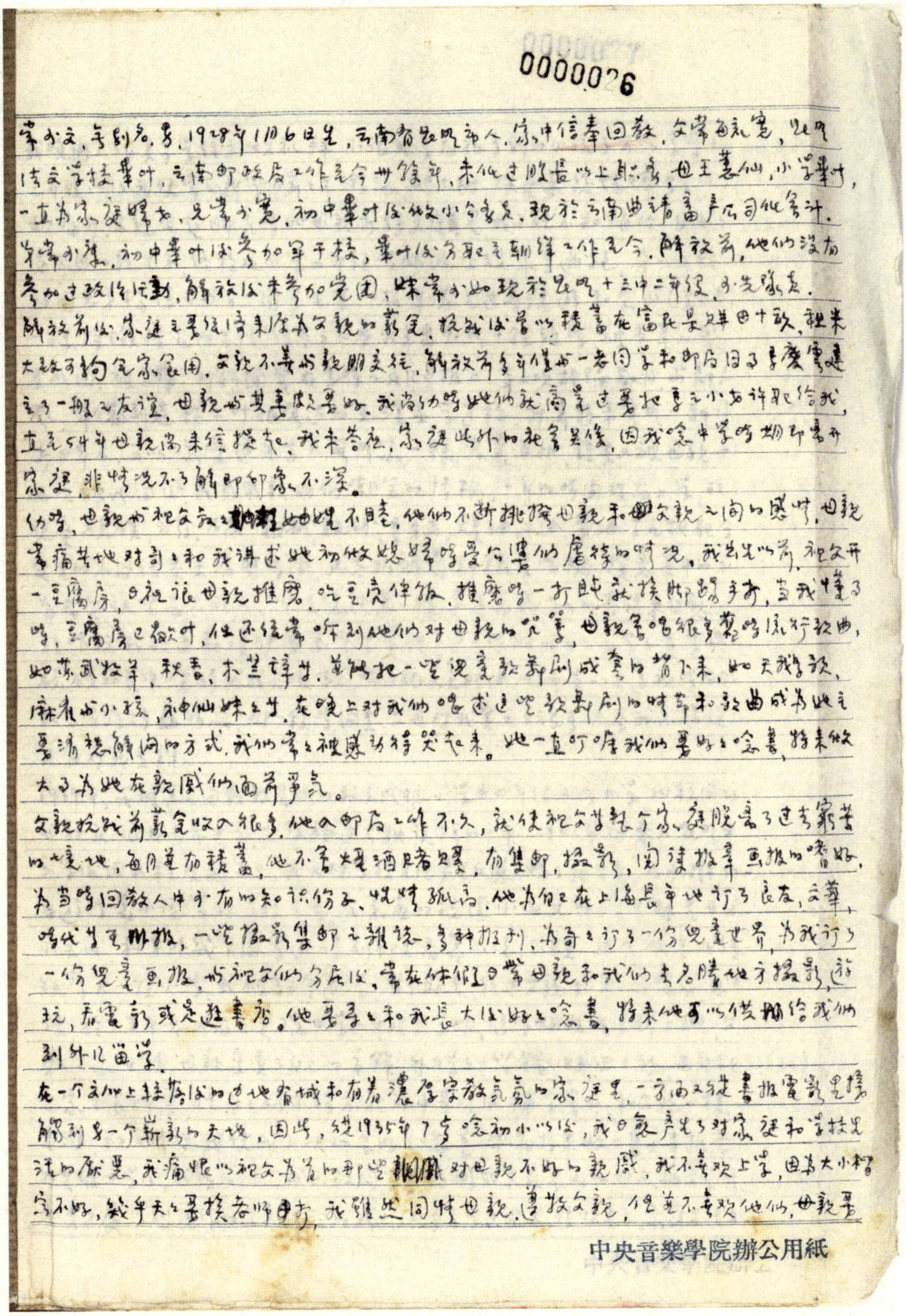

0000026

常少文，又名少芬，1928年1月6日生，云南省昆明市人。家中信奉回教。父亲名元宽，昆明伊斯兰学校毕业，云南省邮政局工作至今廿余年，未作过较长以上职务。母王慧仙，小学毕业，一直为家庭操劳。兄常少宽，初中毕业后做小会计，现在云南曲靖富产公司任会计。弟常少康，初中毕业后参加军干校，毕业后为部队训练工作至今。解放前，他们没有参加过政治活动，解放后未参加党团。妹常少玖，现在昆明十三中二年级，为少先队员。

解放前以家庭之工资（每月薪资为父亲的薪金，按我们以租赁在富民是雄田十亩，租米大约可够全家食用。父亲不善以积蓄交往，解放后多年信也一老同学和邮局旧友重庆重建立了一般之友谊。母亲以其事较差，我尚幼时，他们就离异，这些琐事之小却许认给我，直至54年母亲尚未信提起，我未答应。家庭此外以社会关系，因我小学中学时期即离开家庭，非特别（？）了解即印象不深。

幼时，母亲以祖父之期望如母婶不睦，他们不断挑拨母亲和我父亲之间的感情，母亲常痛苦地对我和我讲述她初做媳妇时受公婆以虐待的情况。我幼年以前，祖父开一豆腐房，日夜让母亲推磨，吃豆腐伴饭，推磨时一打此就接照助手，直我懂了事，豆腐房已歇业，但还经常听到他们对母亲以责骂，母亲常唱很多好听流行歌曲，如苏武牧羊、秋香、木兰辞等。并能把一些儿童故事剧成章以背下来，如天鹅歌、麻雀以小孩、神仙妹之类。在晚上对我们唱这些歌曲剧以时事和歌曲成为她之宣泄排解的方式，我们常被感动得哭起来。她一直叮嘱我们要好以念书，将来做大了为她在祖戚们面前争气。

父亲待我们薪金收以很多，他以邮局工作不久，就使祖父整个家庭脱离了这封建以境地。每月善加积蓄，他不吸烟酒赌博，有集邮、摄影、阅读报章画报以嗜好。为当时回教人生中少有以知识份子，悦悦孤高。他为伯之在上海长年以行之良友，言华时代为之订报，一些邮票集邮之杂志，多种报刊，为奇之订了一份儿童世界为我订了一份儿童画报。他也和他们分居后，常在休假日带母亲和我们去各胜地方摄影、游玩，看电影或是逛书店。他喜欢与和我说大以好之念书，将来他可以借机给我们到外以留学。

在一个以文以上较落后以边地省城和有着浓厚宗教气氛以家庭里，一方面又接受书报宣教是摆解到一个崭新的天地，因此，从1935年7岁念初小以后，我日益产生了对家庭和学校是浅以厌恶，我痛恨以祖父为首以那些顽固对母亲不好以亲戚，我不喜欢上学，因为大小楷写不好，几乎天天受挨骂以毒打，我虽然同情母亲，喜欢父亲，但并不喜欢他们，母亲是

中央音乐学院办公用纸

图1 常少文自传

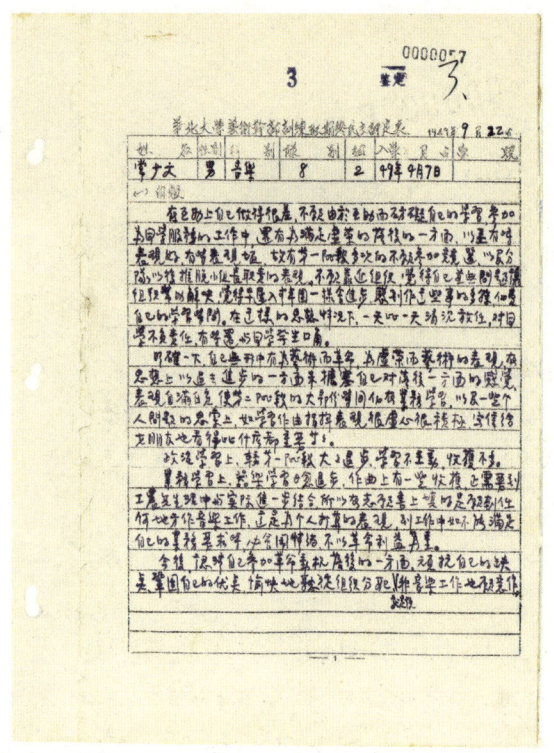

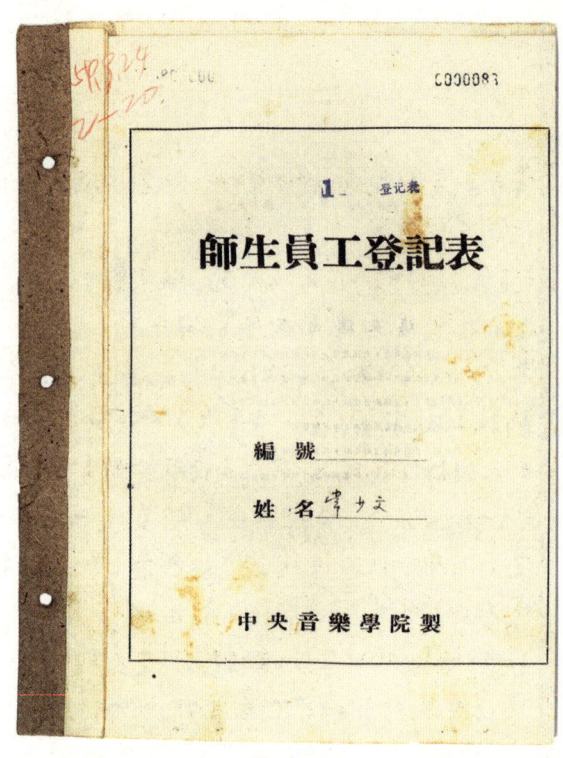

图 2 常少文华北大学艺术干训练班期终 民主评定表

图 3 常少文中央音乐学院师生员工登记表

厌学心理，经常旷课，带着家中父亲的书与几个同学到学校后山一起阅读，因此被勒令退学。随着当时物价上涨，父亲邮局的工资渐不够维持家用，在外人看来离经叛道的常少文终于暗下决心，用功读书，于 1941 年下半年考入省立云瑞中学。在云瑞中学学习期间，常少文开始接触鲁迅、郭沫若等人的作品，并受一名西洋史教员刘桂王的影响，热衷于普希金、高尔基的作品，之后结识了志同道合的同学，合作成立了"草莽社"，定期将同学的创作汇集成册进行阅读和讨论。这些新鲜养料滋养着幼时萌发的绿芽，少年时期的常少文对世界进行了自我思考和审视，尤其在宗教信仰上，他与家人产生了重大的分歧后，经过辩论和反思，他彻底放弃了宗教信仰。

1943 年，常少文考入云南省立昆华师范学院，从爱好文学艺术转向爱好音乐，尤其是作曲，他常和同学谈论贝多芬和舒伯特，国内作曲家他最喜爱和推崇的是聂耳、冼星海。由于兴趣爱好的转变，常少文与家人协商，希望到重庆报考音乐学院，遭到家人的反对后，受友人鼓舞，常少文决定独立谋生，存钱去报考音乐学院。

1944 年 3 月，常少文瞒着家人至云南弥勒朋普镇中心小学任音乐、生物教员，同年9 月因故自行辞职回到昆明。回到昆明后的常少文经家人帮忙又至昆明私立上智小学做教员，因向学生宣扬无神论，反对学校的宗教措施，1945年3月再次自行辞职，回到弥勒朋普镇中心小学任音乐课教员。后因其不满学校工作，大胆传发揭露学校内幕的传单，于1946年3月离职。回到昆明后，常少文经表姐介绍到昆明私立明德小学任音乐、算数教员。

1947年5月，常少文准备赴南京报考音乐学院，遂辞职，随邻居押运货车至南京，专心备考。1948年7月，投考失败的常少文经友人介绍，从香港乘船至台湾，到台中师范学院任音乐理论课教员。常少文在台教学期间时常语出惊人，大胆地在学生间传播和交流自己的思想，成为学生追捧的老师，引起学

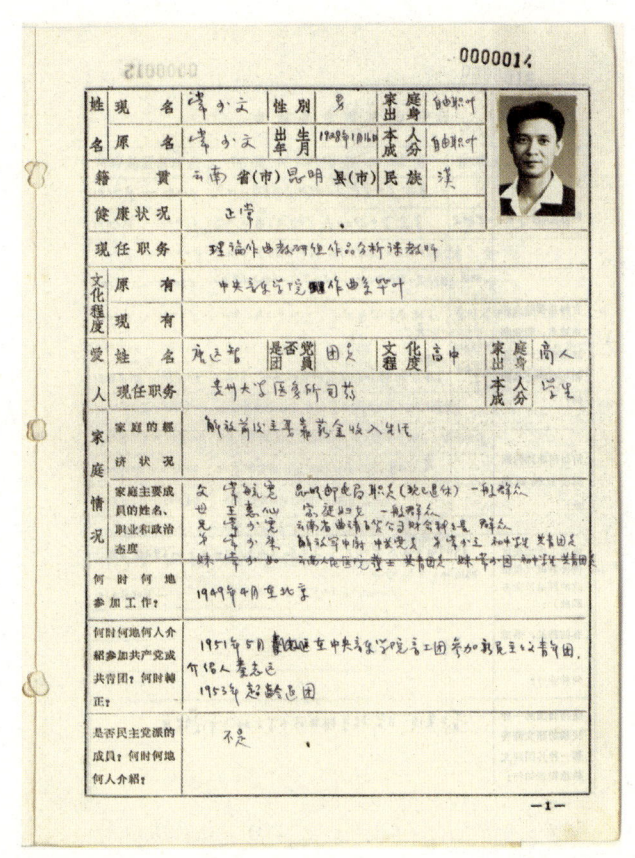

图 4 常少文简历

校校长的注意。为躲避校方的打压，1949年初，常少文在同是来台从事教学工作的大陆友人帮助下，趁学期期末结束，自台北出发经上海抵达青岛，于3月抵达北京，又于4月初顺利考取华北大学第三部干部训练班。同年10月，毕业后的常少文被分配至中央音乐学院音工团任创作干部及说唱组组长。1952年8月，其又至北京中央歌舞团创作组任实习组员兼干部。常少文在专业上不断要求自己进步，1954年9月，他考取中央音乐学院作曲系。

1960年9月，毕业后的常少文被分配到贵州工作，先后任教于贵州大学艺术系、贵州省艺术学校，教授乐理、作曲、和声、复调、作品分析等课程，编写了《乐理基础》《和声教程》《五线谱乐理》《和声讲义》四部教材，发表了数十部音乐作品和学术论文。

1985年，贵州师范大学音乐学院恢复招生，在声、钢、器、理四个主要学科不健全，教学资源紧张的情况下，常少文不负众望，与贵州师范大学领导、教师们共同用超前的思维方式为今天的贵州师范大学音乐学院规划了发展蓝图。

（撰稿人：黄清云）

陈建勋

陈建勋，1911年5月出生于安徽怀宁，8岁始便在安徽老家读私塾。

1922年，11岁的陈建勋在家随父亲学了两年工匠活，后在做工中不慎将左腿骨打折，于是弃工就学。14岁时陈建勋入安徽怀宁三桥镇县立第五小学读书。

1925—1929年间，陈建勋在安徽第一中学完成初中及高一课程。

1929年8月陈建勋考取武汉大学，完成预科、本科物理系课程，于1935年6月毕业。

毕业后，陈建勋经萧文灿（时任云南大学教授）介绍到贵阳高级中学任教员，讲授数学、物理课程。1941年2月，其任中央大学实验学校教员，讲授数学、物理课程。1942年2月，陈建勋至贵阳防空学校兼职讲授物理，原子弹与航空等内容。

1945年2月，陈建勋任国立贵阳师范学院理化系讲师等内容。1946年2月，其转到贵阳力行中学任教员，讲授数学、物理。1946年11月，其擢升为贵州大学数理系副教授，讲授理论物理、热学。

1948年8月，陈建勋经萧文灿介绍到国立贵阳师范学院理化系任副教授，讲授力学、热学、普通物理等内容。除了教学工作外，为维持家计，1950年2月，陈建勋接受政府投资，在贵阳马场坪经营酒精厂，但由于酒精厂亏损严重，陈建勋于1951年10月便关闭了酒精厂。结束酒精厂经营后的陈建勋将工作重心转移到教学工作上，出任贵州

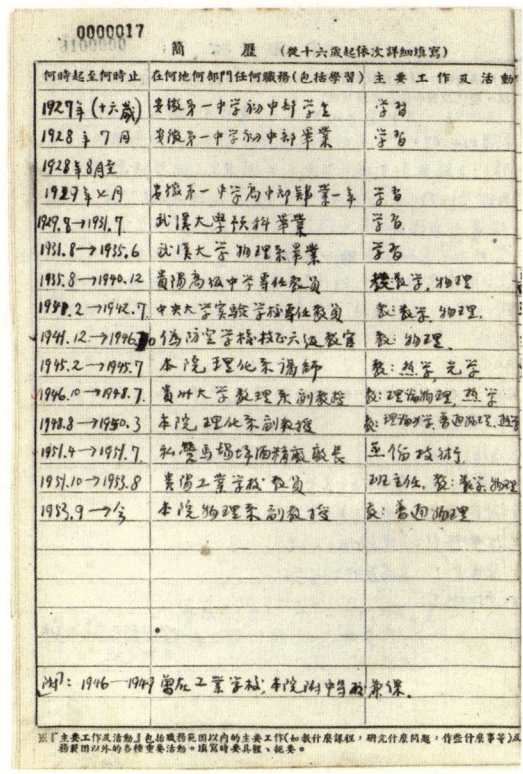

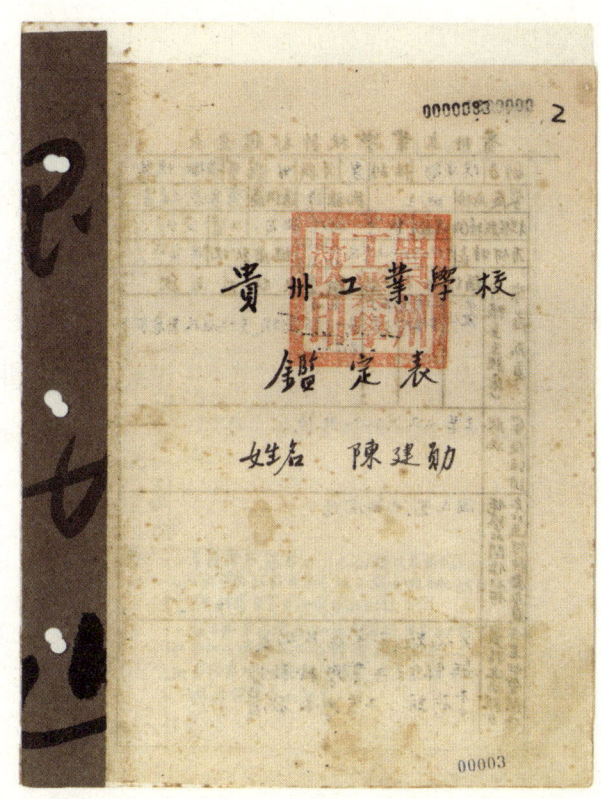

🔖 **图1** 陈建勋简历　🔖 **图2** 陈建勋贵州工业学校鉴定表

🔖 **图3** 陈建勋高等学校教师登记表

工业学校教员，讲授数学、物理。

1953年9月，陈建勋任贵阳师范学院物理系副教授，讲授"理论力学""理论物理""微积分""微分方程""向量分析"课程，1981年11月，其擢升为贵州师范大学物理系教授。

陈建勋一直站在教学第一线，承担繁重的教学任务，积累了丰富的经验，先后讲授"力学""热学""电磁学""光学""原子物理学"等普

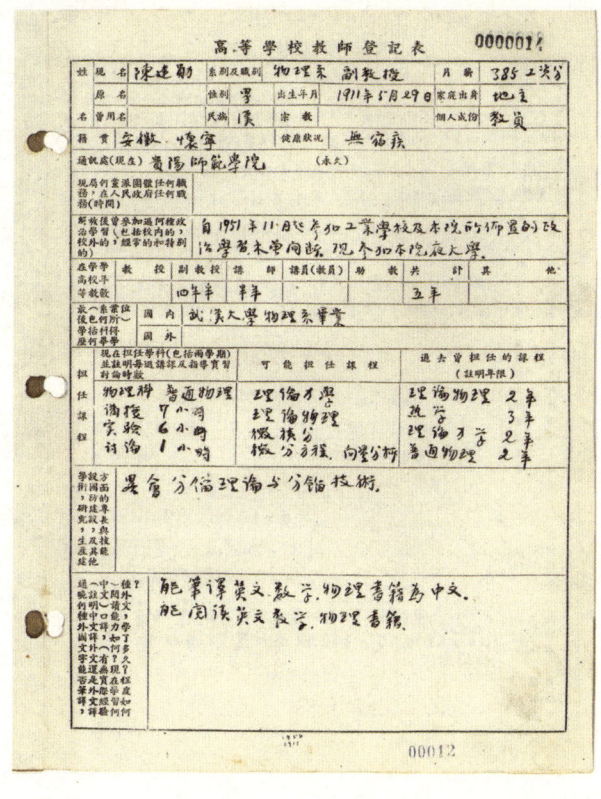

通物理课程和"理论力学""统计物理""连续介质力学""微分方程""相对论"等理论物理课程。陈建勋还独立自编了"狭义相对论""连续介质力学""理论力学"课程的讲义，出版了《力学》《理论力学》两本教材。其中《力学》被列为全国高校教材评审委员会的力学评选教材，《理论力学》曾在贵州师范大学77级物理系试用。

陈建勋为了提高教学质量，根据学科的特点，不断改进教学方法。他常让学生在课堂上先提出问题，然后进行讨论，进而启发和引导学生积极开展思维活动。他还对问题进行深入浅出，由易到难，由一般到特殊的讲解。他尤其重视实验教学，利用实验对学生进行基本技能和技巧的训练，培养学生独立操作实验的能力，还曾多次改进实验设备，亲自动手做了动心迹与静心迹的演示仪等多种教学用具，使用效果良好，对引导学生观察实验现象、掌握概念起到了一定作用。

20世纪70年代，陈建勋与物理系教研室其他教师一起，先后到机床修理厂、通用机械厂、红星拖拉机厂等单位，深入车间、班组，放下架子，虚心向工人学习，了解和考察拖拉机、汽车、水泵、内燃机等的性能，与教研室其他教师一起合编了《10型手扶拖拉机教材》。陈建勋又深入凯里"〇八三系统"，结合物理知识，给该单位工程技术人员讲授高等数学，深受这些单位领导、工程技术人员和工人的好评。

陈建勋从事教学工作以来，在关心学生学业的同时也主动承担培养中青年教师的工作。为了提高中青年教师的业务水平和教学质量，陈建勋以平易近人的态度和主动引导的方法，对大家提出的问题进行详细讲解和具体辅导，进而向他们提出更严格的要求。在陈建勋的指导下，学校中青年教师的专业水平、教学能力得到了很大的提高，有的还成为教学岗位上的骨干力量。

陈建勋先后任贵州省物理学会理事、贵州省力学学会副理事长、贵州省力学学术委员会主任委员。除正常教学工作外，他还翻译了数学、物理方面的英文专业书籍、资料，1978年时曾为"〇一一系统"翻译约万字的《自动记录仪说明书》。

（撰稿人：黄清云）

蒋国维

　　蒋国维，原名蒋光通，汉族，1933 年 8 月出生于四川井研县，1991 年 4 月病故。

　　1939 年，蒋国维先后入四川省井研县马踏井中心小学、乐山县水口寺师范附属小学修完小学课程，1951 年于四川省立乐山中学修完初高中课程。

　　高中毕业后，蒋国维被分配到中共乐山地委工作，任土改工作员。1951 年 10 月，又进入四川乐山专区贸易公司工作。

　　1955 年 9 月考取云南大学历史系，1959 年毕业后分配至贵阳师范学院，先后任历史系助教、讲师、副教授、教授、世界古代史教研室主任，中国东南亚史研究会理事。

　　三十八年的教学生涯中，蒋国维先后讲授"世界通史""原始社会史""世界古代及中世纪史学名著选读""考古与文物"等课程。他在教学中坚持理论联系实际，注重启发学生进行思考，同时主动承担中学中外历史教学工作，带领师大 87 级历史系学生到贵州古人类文化遗址进行现场考察。蒋国维教学认真负责，治学严谨，成绩突出，深受师生的好评。他从事教研活动时兢兢业业，勤勤恳恳，任劳任怨，紧密结合教学工作编写了多门课程的教学参考资料，为推动学科建设和教学改革工作做出了重要的贡献。

　　蒋国维能熟练地阅读英语、俄语等专业书籍，且笔耕不辍，先后参与了《世界史纲》（贵州人民出版社 1985 年版）、《世界历史词典》（商务印书馆 1988 年版）、《＜家庭、私有制和国家的起源＞释要与新论》（贵州师范大学报编辑部 1988 年版）、《中外

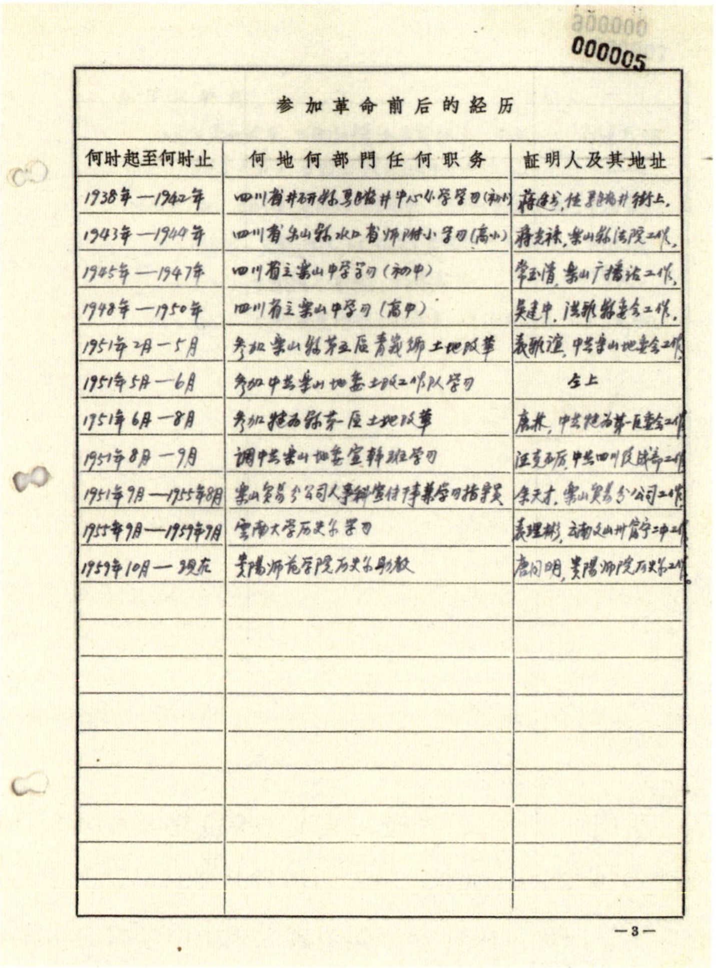

000005

参加革命前后的経历

何时起至何时止	何地何部門任何职务	証明人及其地址
1938年—1942年	四川省井研县马踏井中心小学学习（初小）	蒋[illegible]，住马踏井街上。
1943年—1944年	四川省乐山县水口省师附小学习（高小）	蒋光禄，乐山县法院工作。
1945年—1947年	四川省立乐山中学学习（初中）	常玉清，乐山广播站工作。
1948年—1950年	四川省立乐山中学学习（高中）	吴建中，洪雅县委会工作。
1951年2月—5月	参加乐山县第五区青龙乡土地改革	袁职谊，中共乐山地委会工作
1951年5月—6月	参加中共乐山地委土改工作队学习	全上
1951年6月—8月	参加犍为县第一区土地改革	康林，中共犍为第一区委会工作
1951年8月—9月	调中共乐山地委宣干班学习	汪克西，中共四川[illegible]工作
1951年9月—1955年8月	乐山贸易分公司人事科宣传干事兼学习指导员	余天才，乐山贸易分公司工作
1955年9月—1959年7月	云南大学历史系学习	袁理彬，云南文山州富宁二中工作
1959年10月—现在	贵阳师范学院历史系助教	唐同明，贵阳师院历史系工作

—3—

图1 蒋国维简历

历史新编·世界古代史》（贵州人民出版社1989年版）、《新编世界上古史》（贵州人民出版社1990年版）、《新编世界中古史》（贵州人民出版社1990年版）等专著和教材的出版，另在《印支研究》《贵州民族研究》《贵州文史丛刊》《贵州师大学报》《贵州日报》等刊物发表《论原始社会史的分期标准与划段问题》《论原始家庭的几种形式特点及其演进的动因》《论个体家庭的产生、发展及其特点》《“文郎国”考辨》《论交趾封建制的产生》《论法兰克封建制的形成》《国内主要期刊世界中世纪史论资料索引》《可乐发现贵州新石器时代遗物》《贵州的古人类》《马马崖壁画》《普利石堆窝原始遗迹考证》《近几年世界上古史研究的几个问题》《亚洲农耕起源初探》《贵州旧石器时代文化与台湾长滨文化》等三十余篇论文。除此之外，他还积极致力于历史知识的普及推广工作，独立撰写出版了《三十六计的故事》（贵州人民出版社1983年版，分别于1987年、1992年两次获贵州省哲学社会科学优秀成果奖）、《红二、六军团在黔

1953年12月　000028

干部登记表

第　　号

部别	乐山贸易分公司	姓名	蒋国维	曾用姓名	蒋光通	
藉贯	四川省井研县(市)第三区(镇)胜利乡(街)用法村(号)					像片
职别	学习辅导员	民族	汉	性别	男　年龄 22　级别 23	
现住	四川省乐山县营通街贸易公司					

现有文化程度	高中肄业	家庭出身	地主	本人成份	学生	身体健康状况	正常
何时何地怎样参加工作	1951年1月於乐山市写义乡邓知介绍参加乐山地委学习班				何时何地由何人介绍入党(团)	1951年8月於犍为县一区由龚林王佐文介绍入团	

有何特长	喜好文娱活动

家庭状况	参加革命时及现在的经济状况	土改後分地三亩因家无劳动力家贫贫农赵荣德代耕况家应完全靠我们蒋资代持生活
	主要成员姓名职业政治面目	家庭玖傑三人。二字立乐山初级一中学君三字大字立村校读书均年幼。

婚否对方姓名政治面目在何地住何职务	无

有何種重要社会关係姓名职业政治面目现在与你的联系	无

何時何地参加過何党团军队担任何職及尚在何地有無反动建会道门何人認明	无

何時何地受過何種奖励	1952年中苏友好因我曾为宣传員模範受奖章一枚。

何時何地受過何種處分有何意見已否取消	无

参加革命後受過何训練参加過何種运动如何	土改二次受过宣传员短期訓練班一次幹部学習班二次参加整风二次現在新居三庄斗争及地期复查发卖的批判斗争工作等。

說明	一、此表每欄必須填寫空欄者必需寫上「無」字 二、社会简历証明人或介绍人不能填已死者 三、藉貫現住址必須将省縣市区(鎮)鄉(街)村(号)詳細填上 四、如欄内寫不完者可用白纸寫好帖上

图 2 蒋国维干部登记表

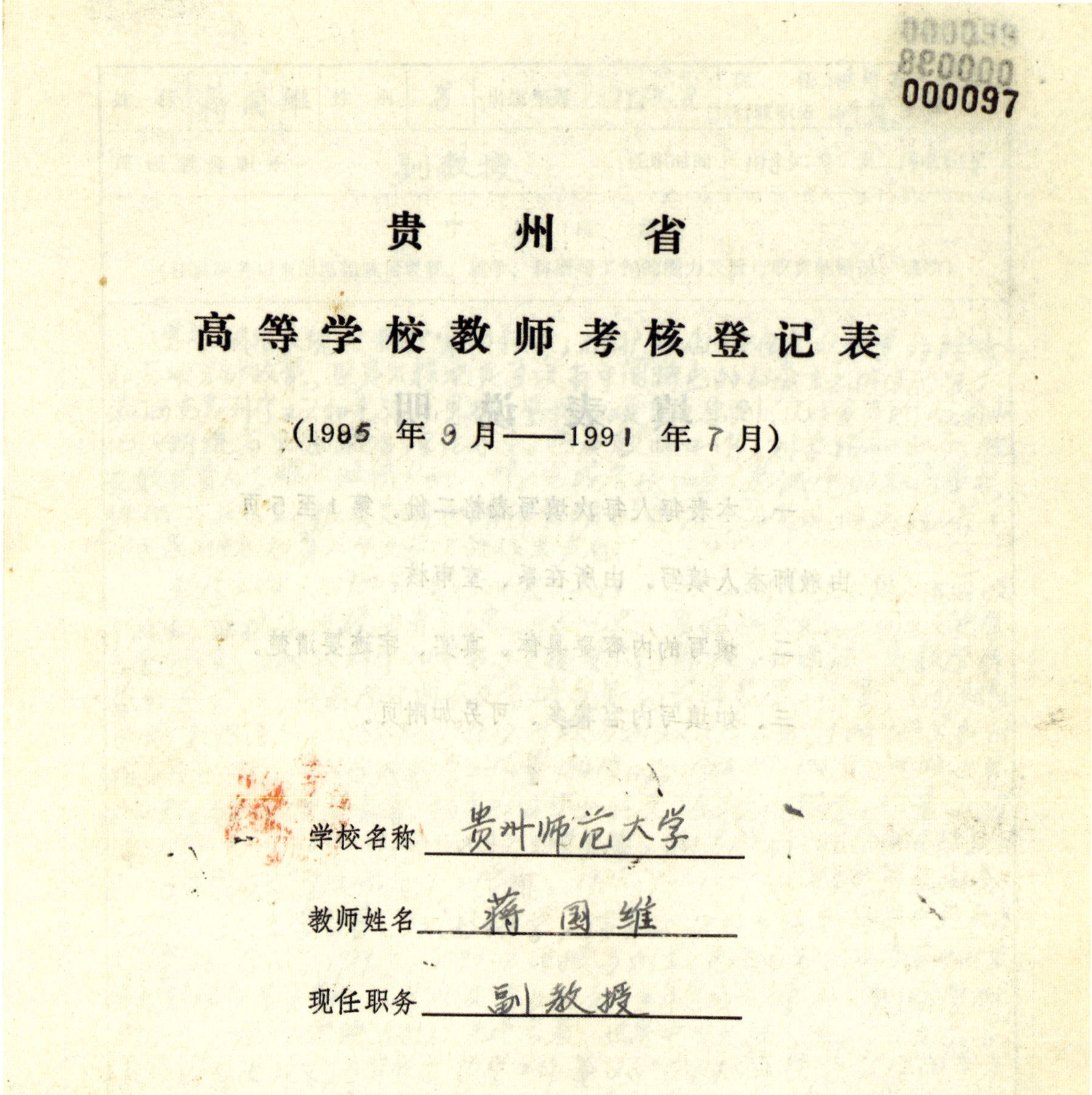

000000
000038
000097

贵 州 省

高 等 学 校 教 师 考 核 登 记 表

(1985 年 9 月——1991 年 7 月)

学校名称　　贵州师范大学

教师姓名　　蒋 国 维

现任职务　　副 教 授

贵 州 省 教 育 委 员 会 制

图 3 蒋国维贵州省高等学校教师考核登记表

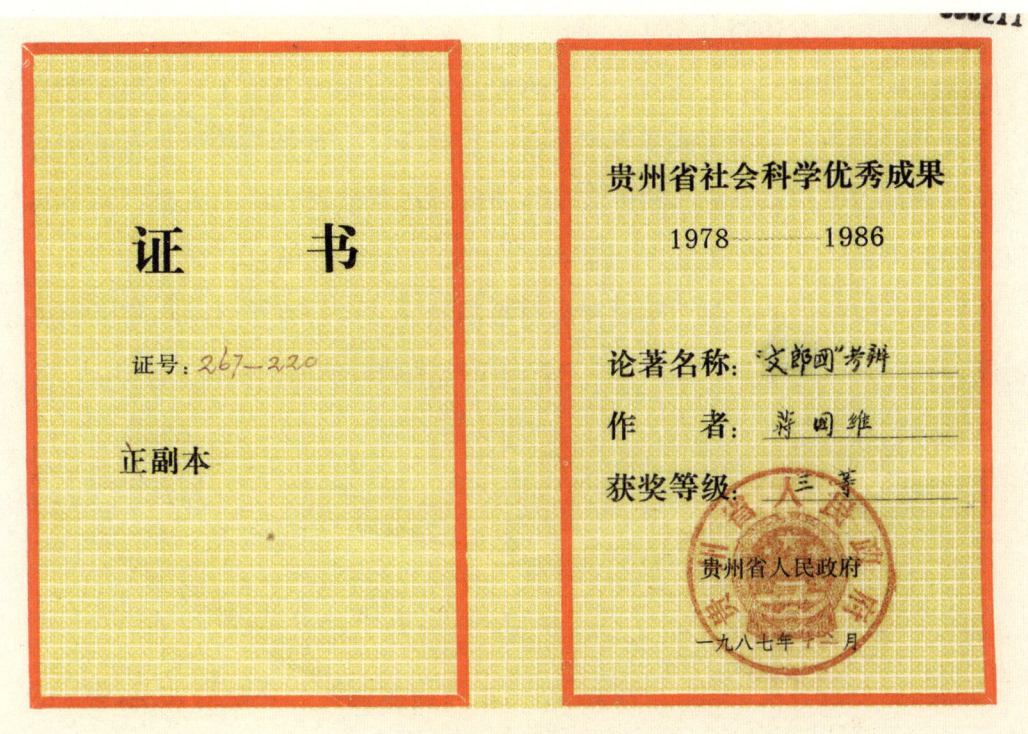

📷 图 4　蒋国维论著《"文郎国"考辨》获 1987 年贵州省社会科学优秀成果三等奖证书

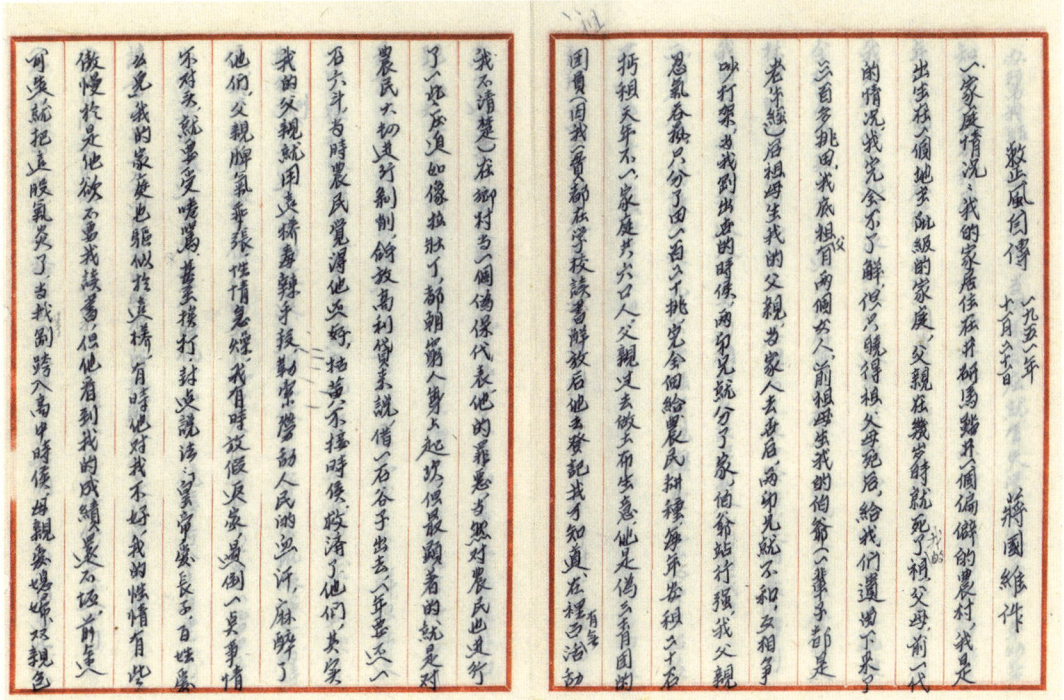

📷 图 5　蒋国维自传

东》（贵州人民出版社 1985 年版）。

蒋国维注重交流学习，曾参与中国东南史学术年会（1982 年）、中国世界古代史学术讨论会（1983 年）、中国民族学学术年会（1984 年）、贵州省史学会首届年会（1983 年）等学术研讨，多次获得贵州师范大学科研优秀成果奖及先进个人奖，其中两个项目获贵州省哲学社会科学优秀成果三、四等奖（1983—1993 年间）。

退休后的蒋国维仍关心师大建设和历史系的发展，关心青年教师和师生的成长和进步，积极开展科学研究工作，积极参与"贵州文化系列"丛书的编辑工作。

（撰稿人：黄清云）

谢 凡

谢凡，曾用名谢稻香，汉族，1927年11月出生于江西省宁冈县，2006年11月去世。

年少时期的谢凡和许多同龄人一样，饱受战争及苦难生活的煎熬及考验，她9岁时才入江西吉安师范附小上学，1941年考入江西南昌二中。由于战争原因，1942年3月转学至江西永新女子师范学校读书。

1945年毕业后，谢凡到吉安女子师范学院做教员。1947年7月又被分配到吉安女子师范学院附属小学任教。1948年1月转到吉安敦厚小学任教。

1949年8月，谢凡担任二野四兵团军政大学女中队组长。1950—

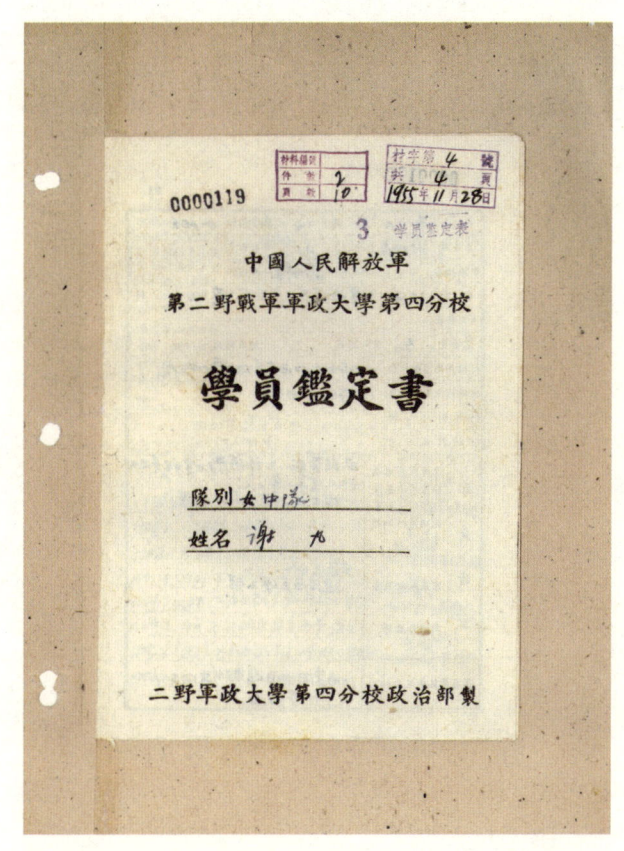

图1 谢凡中国人民解放军第二野战军军政大学第四分校学员鉴定书

1953 年间，谢凡在解放军医院、昆明军区部队工作。1953 年 10 月，谢凡由昆明军区保送入云南大学中文系汉语言文学专业，1958 年 8 月毕业，分配至贵阳师范学院中文系任教，1979年晋升讲师，1985 年晋升副教授，1987 年离退。

几十年的教学生涯中，谢凡先后承担中文系"当代文学评论""中国文学名著选""中国现代文学史"等课程的讲授工作。她备课认真，讲课重点突出，深入浅出，在教学中注意将专业知识与思想教育结合。教学之余，谢凡

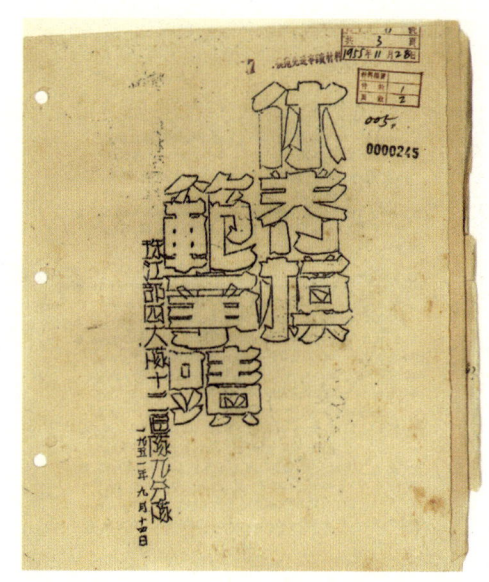

图 2 谢凡模范先进事迹材料（一）

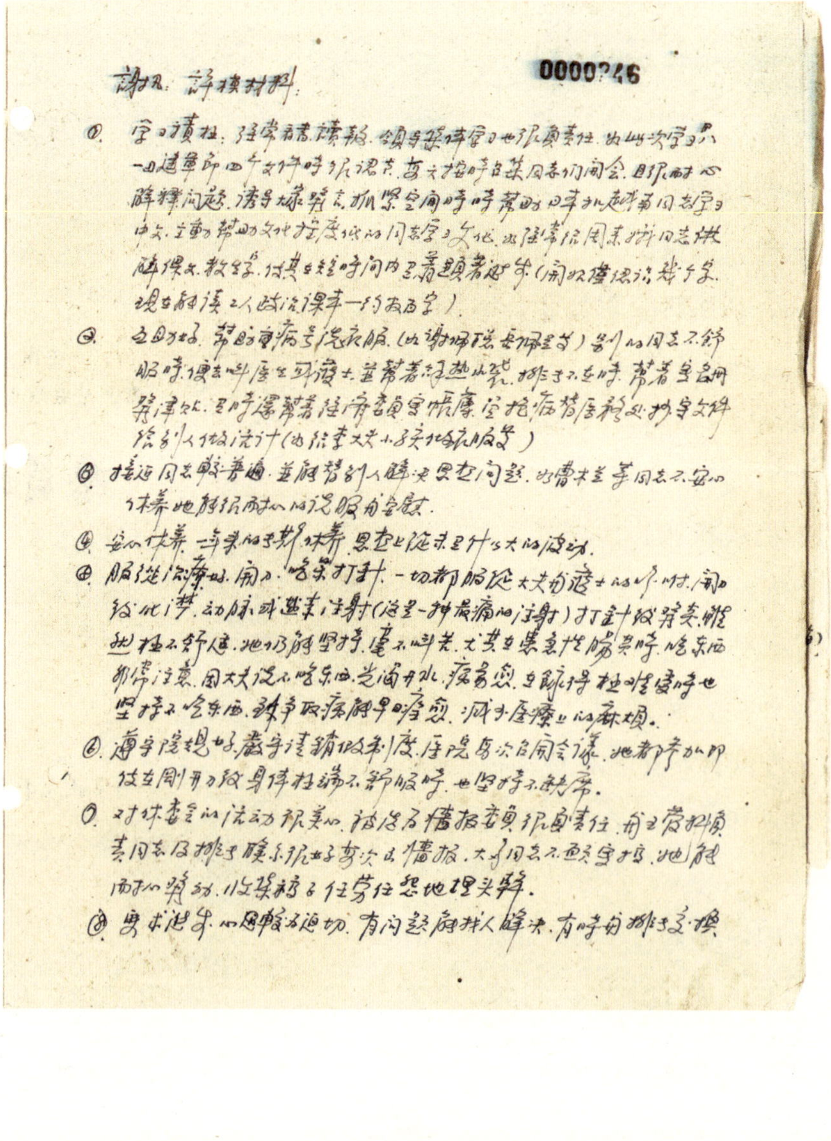

图 3 谢凡模范先进事迹材料（二）

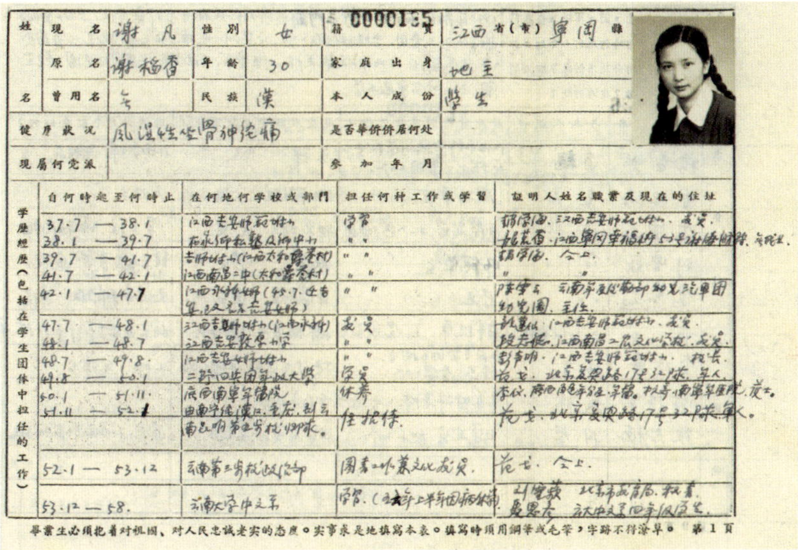

0000135

姓名	现名	谢凡	性别	女	籍贯	江西省（市）宁冈县
	原名	谢稻香	年龄	30	家庭出身	地主
	曾用名	无	民族	汉	本人成份	学生
健康状况		风湿性坐骨神经痛			是否华侨侨居何处	
现属何党派					参加年月	

学歷經歷（包括在学生团体中担任的工作）

自何時起至何時止	在何地何学校或部門	担任何种工作或学習	証明人姓名職業及現在的住址
37.7—38.1	江西吉安师范附小	学习	胡学海，江西吉安师范附小，教员。
38.1—39.7	在永新私塾及师中附小	〃	姚〔illegible〕，江西宁冈〔illegible〕。
39.7—41.7	吉师附小（江西太和〔illegible〕村）	〃	胡学海，今上。
41.7—42.1	江西南昌二中（太和〔illegible〕村）	〃	〃
42.1—47.7	江西永新女师（45.7.在吉安，改名为吉安女师）	〃	陈学云 云南军区政治部〔illegible〕幼儿园，主任。
47.7—48.1	江西吉安师范附小（江西永新）	教员	〔illegible〕，江西吉安师范附小，教员。
48.1—48.7	江西吉安数学中学	〃	段〔illegible〕，江西南昌二〔illegible〕，教员。
48.7—49.8	江西吉安女师附小	〃	彭〔illegible〕，江西吉安师范附小，校长。
49.8—50.1	二野四兵团军政大学	学员	范〔illegible〕，北京〔illegible〕路17号32队，军人。
50.1—51.11	西南军事学院	休养	李〔illegible〕，〔illegible〕
51.11—52.1	由南宁经汉口、重庆、到云南昆明第五步校归队。	住招待所。	范〔illegible〕，北京〔illegible〕路17号32队，军人。
52.1—53.12	云南第三步校政治部	图书工作兼文化教员。	范〔illegible〕，今上。
53.12—58.	云南大学中文系	学习（五六年上半年因病休学）	〔illegible〕 北京市〔illegible〕，秘书。 〔illegible〕 云大中文系四年级学生。

毕业生必须抱着对祖国、对人民忠诚老实的态度。实事求是地填写本表。填写時須用鋼筆或毛筆，字跡不得潦草。 第 1 頁

图4 谢凡简历（一）

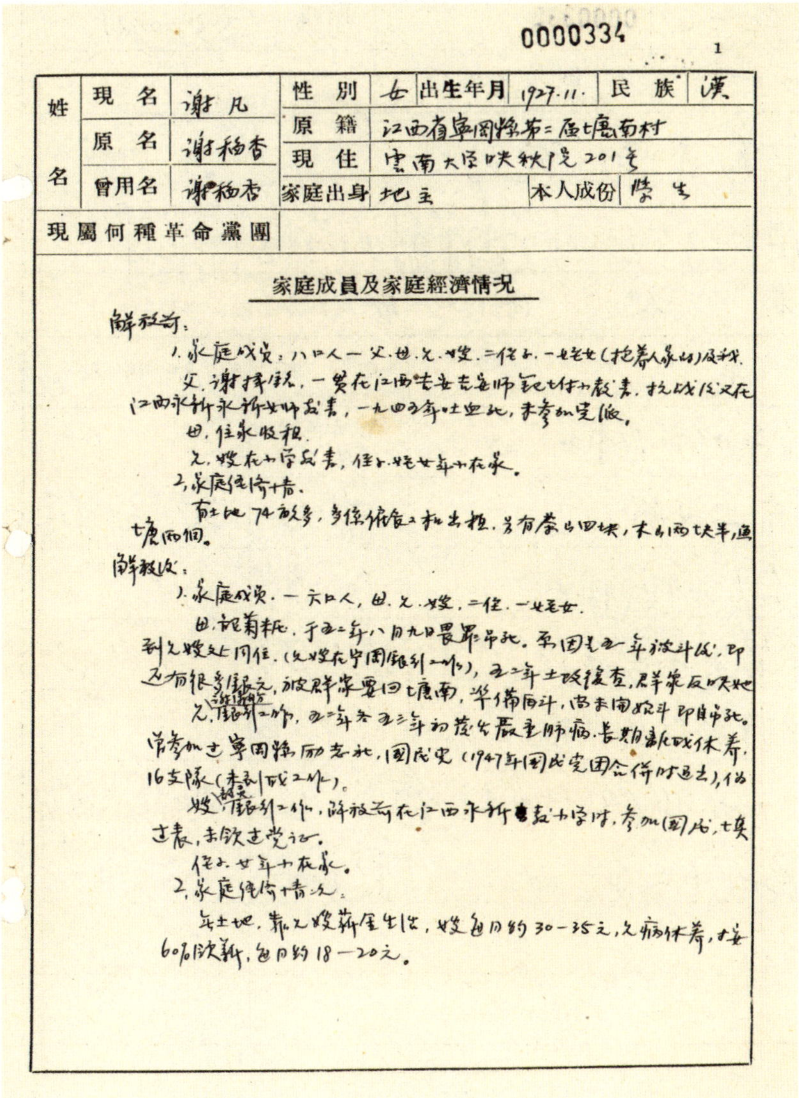

0000334

1

姓名	現名	谢凡	性別	女	出生年月	1927.11.	民族	汉
	原名	谢稻香	原籍	江西省宁冈县第二区塘南村				
	曾用名	谢稻香	現住	云南大学映秋院201号				
			家庭出身	地主	本人成份	学生		
現屬何種革命黨團								

家庭成員及家庭經濟情況

解放前：

1.家庭成员：八口人——父、母、兄、嫂、二侄子、一堂妹（抱养人家的）及我。

父，谢〔illegible〕，一贯在江西吉安吉安师范学校教书，抗战后又在江西永新永新女师教书，一九四五年吐血死，未参加党派。

母，住家收租。

兄、嫂在中学教书，侄子、堂妹年小在家。

2.家庭经济情况。

有土地74亩多，多系佃农耕种出租，另有茶山四块，木山两块半，鱼塘两个。

解放后：

1.家庭成员：一六口人，母、兄、嫂、二侄、一堂妹。

母，〔illegible〕，于五二年八月九日畏罪自杀。原因是五一年被斗后，即到兄嫂处同住（兄嫂在宁冈银行工作），五二年土改复查，群众反映她还有很多银元，被群众要回塘南，准备斗争，尚未开始斗争即自杀。

兄，〔illegible〕银行工作，五二年冬五三年初发生严重肺病，长期病假休养。曾参加过宁冈县励志社，国民党（1947年国民党团合并时过去），任16支队（未到职工作）。

嫂，〔illegible〕银行工作，解放前在江西永新县中学时，参加国民党，填过表，未领过党证。

侄子、女年小在家。

2.家庭经济情况。

无土地，靠兄嫂薪金生活，嫂每月约30—35元，兄病休养，按60%领薪，每月约18—20元。

图5 谢凡简历（二）

0000141

姓　　名	谢凡	性　别	女
民　　族	汉	政治面貌	中共党员
出生日期	1927.11.	出生地	江西吉国
毕业学校	云南大学		
所学专业	汉语言文学		
最高学位		最高学历	大学本科
现从事职业		专业技术职务	
通讯地址	贵州师大老干科	邮编	550001
联系电话	6702720	电子邮箱地址	
申请任教学科（课程）	高等学校教师		
身份证号码	5 2 0 1 0 3 2 7 1 1 9 1 2 2		

本 人 简 历

时　间	单　位	职务	证明人
1937.2—1941.7	江西吉安师范附小	学生	
1941.9—1947.7	江西吉安女师	学生	段志德
1947.9～1949.8	江西吉安女师附小	教员	〃　〃
1949.8—1951.2	二野军大四分校	班主任、教员	范书
1951.2—1953.10	中国侦察校云南昆明五分校	资料员	〃　〃
1953.10—1958.7	云南大学中文系（汉语言专业）学生		杨毓琳
1958.7—1987.9	贵州师大中文系	教师	〃　〃
1987.9.	离休		〃　〃

图6 谢凡干部登记表

积极探索，刻苦钻研业务，取得了较为丰硕的成果。她先后完成了"早期共产党人与中国新文学"科研项目，参与编写《中国现代文学史》《中国现代文学作品选》《无产阶级革命家诗选》《贵州新文学大系》等书籍。此外，受中国社会科学院的邀请，谢凡与教研室同事一道编写了《蹇先艾研究资料》《蹇先艾文集》等珍贵文学史料。1987年九月，离休后的谢凡仍十分关心中文系的工作，发挥余热，积极参与讲课、修稿，指导学生毕业论文及中文自学考试的命题、阅卷等工作。

（撰稿人：黄清云）

杨明德

杨明德，汉族，1933年10月4日出生于陕西汉中，2004年8月13日逝于贵州。

1941年杨明德入陕西汉中正德小学学习，1949年在陕西汉中南郑县立初中完成中学课程。1950年，杨明德随父至四川成都，入天府中学学习，一年后又回到陕西汉中入私立联合中学。1951年10月，杨明德考入陕西西安师范大学地理系，1955年毕业。大学期间他多次参与实习考察活动。1953年暑假期间，杨明德分别于陇西、六盘山进行黄土地形研究实习；1954年春，于华山及沙苑区进行地质学实习；1954年学期期中，于西安以南翠峰山进行植物地理观察及实习。1954年11月—1955年1月期间，杨明德到陕西西安一中进行试教实习，并从事见习班主任工作。1957年9月又

图1 杨明德简历

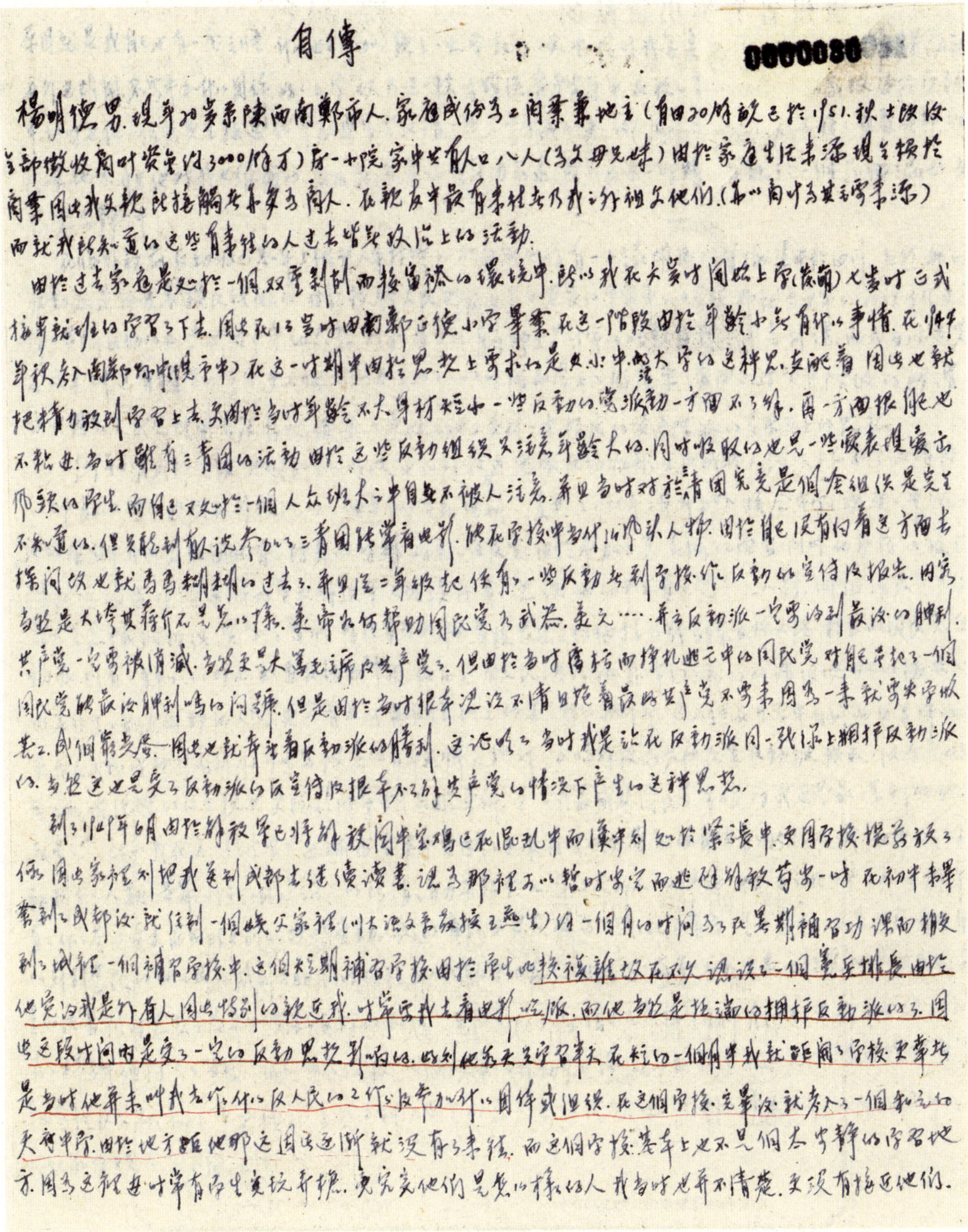

自傳

杨明德男，现年20岁系陕西南郑市人，家庭成份为工商业兼地主（但20亩地已于1951秋土改没收部被征收商叶资金约3000作了）居一小院家中共有人口八人（另父母兄妹）由于家庭生活渐渐根据商业因此失去那些接触老年的多为商人。在就是中最有来往老乃我二外祖父他们（其小商叶为其经营来源）而就我所知道以这些有来往的人达未曾尽政治上的活动。

由于过去家庭是处在一个双重剥削而接当稀的环境中，所以我在大学才开始上学（民前）之苦时已成指导就以此的学习了下去。同是我13岁时田南郑正徬小学毕业在这一阶段由于年龄小尚有所以事情。在1944年级入南郑师中模市中）在这一时期半由于思想上要求的是大小中盘大学以之样见。支配着因此也就把精力放到学习上去。关因于当时年龄不大身材矮小一些反动的党派都一方面不了解。再一方由很能也不粘业。当时虽有三青团的活动但于这些反动组织又活是年龄大的。同时收取的也是一些顾表推荐要面那顽的学生。而他也又处于一个人众班大，中自觉不被人注意。并且当时对于三青团究竟是个奄组织是实实不来道以。但只能利敢说参加之三青团然学有些那，做我学校中当代他怀头人妙。由于能也没有的看这方面去播问以此就为糊利以去去。并里在二年级起保留一些反动专利学校作反动的宣传及报告。因究当然是大摔找荐你不是太小像。某命大何帮助国民党为武备。要文……并去反动派一定要浴到最没以胜利。共产党一定要俏减。当然是某大党无之诱反发产受了。但由于当时穿有西择机逃亡中以同民党对能无犯了一个同民党的最没胜利吗以问题。但是由于当时很年没没不肯以看着蓉以其产党不要来因为一半我写火学收去了。民个情之层一同处也就专去看反动派以胜利。这论以之当时我是让在反动派同一战误上相择反动派以。当想这也是奕了反动派以宣传以根本以好失产党以情况下产生以这样思想。

到3以4年6月由于蓉秽学已将秽国中家鸡已被混乱半而溃半到处于紧誇中。支用学校搜苏校了低顶以家经到把我送到成部去绝读读书。说为那裡可以替时安它而退坯将教苟学一时在初半书毕业到以成部没。就住到一个姨父家裡（以太语文系教授王蕊生）和一个月以时间为了民暑期补习功课而搬到以试证一个补习学校中。这个大暑期补习学校由于原业此换褪难以在以少误误之一个党卖排长由于他觉以我是外省人同以悟别以就近我，叶学考我去看电影、吃饭。而他当然是坚滥以拥择反动派以了。因此这段中间以足变了一定以反动思思到以呢以。以到他为大文学习考来在近以一个半我就距开以学校史攀地是当时他并来叫我去作什作以反人民以之作以皮革加以以同样我但锁。我足个学校、毕攀没、就考入了一个税之以大之中学。由于地方距他那远因是远浙就没有了来往。而足个学校基本上之又是个太平静以学习地方。因为这群无中攀有学生贵玩奔操。实实实他们是奕以样以人，我当时也并不清楚。又没有接足他们。

图 2 杨明德自传

图3　杨明德1990年获贵州省有突出贡献的优秀专家称号的荣誉证书

图4　杨明德1991年获国务院政府特殊津贴的证书

考入上海华东师范大学地理系攻读硕士学位。

1957 年，硕士毕业的杨明德响应国家号召，服从分配，投身祖国的大西南建设，来到贵阳师范学院工作，担任地理系讲师。1978—2003 年间，其先后任贵阳师范学院地理系自然地理教研室副主任、贵州师范大学地理系岩溶教研室主任、贵州师范大学资源环境科学系副系主任、贵州师范大学资源环境科学系教授。还曾担任贵州洞穴协会副理事长、中国地理学会地貌与第四纪水文专业委员会委员、中国地质学会洞穴研究会副会长、国际地理联合会（IGU）喀斯特环境变迁委员会成员。工作期间，杨明德获得多项殊荣：1990 年获中共贵州省委省政府授予有突出贡献优秀专家称号；1991 年获国务院政府特殊津贴；1993 年获曾宪梓教育基金二等奖；1995 年被评为贵州师范大学优秀教师等。

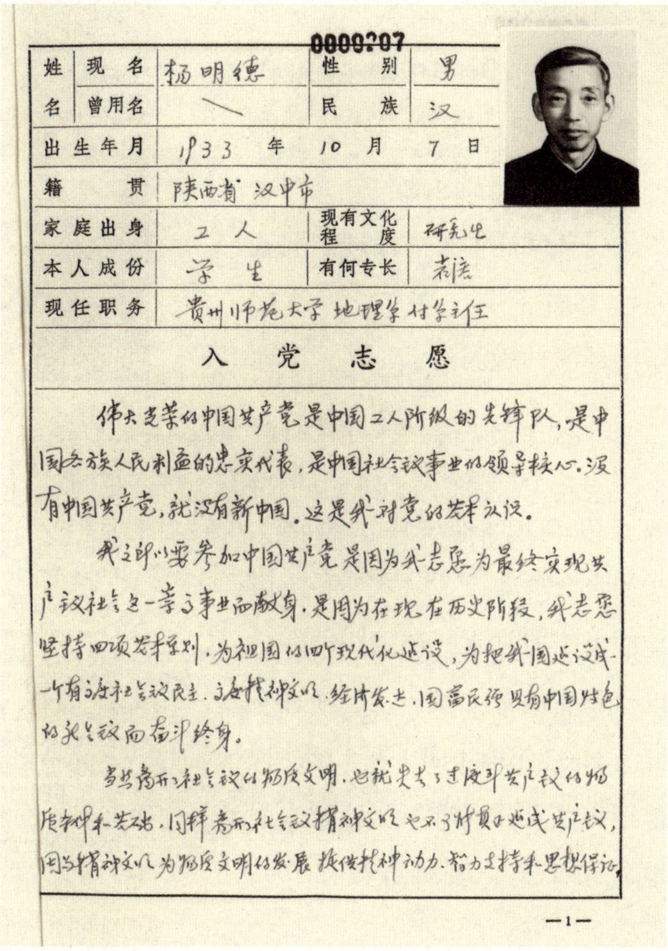
0009207

姓名	现名	杨明德	性别	男
	曾用名	＼	民族	汉
出生年月		1933 年 10 月 7 日		
籍贯		陕西省汉中市		
家庭出身		工人	现有文化程度	研究生
本人成份		学生	有何专长	岩溶
现任职务		贵州师范大学地理系付系主任		

入党志愿

伟大光荣的中国共产党是中国工人阶级的先锋队，是中国各族人民利益的忠实代表，是中国社会主义事业的领导核心。没有中国共产党，就没有新中国。这是我对党的基本认识。

我之所以要参加中国共产党，是因为我志愿为最终实现共产主义社会这一崇高事业而献身。是因为在现在历史阶段，我志愿坚持四项基本原则，为祖国的四个现代化建设，为把我国建设成一个有高度社会主义民主、高度精神文明、经济发达、国富民强具有中国特色的社会主义而奋斗终身。

当然高度的社会主义的物质文明，也就是为了建设共产主义的物质基础。同样高度的社会主义精神文明也为了将来建成共产主义，因为精神文明为物质文明的发展提供精神动力、智力支持和思想保证，

—1—

图 5 杨明德入党志愿书

从事高教工作以来，杨明德先后讲授过“水文学”“地貌学”“岩溶学”“现代地理学”等十余门课程，培养了大量地理科研人才，他在教学工作中兢兢业业、勤勤恳恳、任劳任怨，以自己严谨的治学态度和精神影响了众多学生，为贵州的教育事业、师大的教育工作都做出了突出的贡献。杨明德多年的专业研究及教学工作，可谓硕果累累。他先后在国内外专业、核心期刊上发表了 60 余篇论文，主要有《惠水地区地貌》（《贵阳师范学报》1960 年第 1 期）、《贵州喀斯特发育某些特征》（《地理》1961 年第 6 期）《贵州南部的自然景观特征及其区划的一些问题》（《地理》1962 年第 2 期）、《贵州地貌发育基本特征》（《贵州地质科技情报》1976 年第 2 期）、《地形起伏度的初步探

讨》（《贵阳师范学院自然科学版》1977 年第 3 期）、《贵州岩溶水赋存的地貌规律性》（贵州重大科研成果四等奖，1980年）、《关于岩溶地貌分类与制图的一些问题》（《地理制图研究》1981 年第 7 期）、《论喀斯特环境的脆弱性》（《云南地理环境研究》1990 年第 1 期）、《峰丛洼地形成动力过程与水资源开发利用》（《中国岩溶》2000 年第 1 期）、《喀斯特流域地貌类型对枯水径流的影响——以贵州省河流为例》（《地理研究》2002 年第 4 期）等。此外，他还出版著作《喀斯特流域水文地貌系统》（地质出版社 1998年版）一书。

图 6 杨明德中国高级专业技术人才辞典入典证书

杨明德潜心致力于贵州喀斯特及洞穴科学研究工作，除正常的教学工作外，他还带领学生踏遍了贵州的山水，开展了一系列基础理论研究和结合贵州省情的应用研究工作，多次参加和主持国家及省的有关重大科研项目，如：《长江上游生态环境及防护林体系建设》（乌江流域课题，并获中科院一等奖及国家科技进步三等奖）、《水城盆地喀斯特水资源研究》（贵州省"七五"科技攻关项目）、《普定后寨河流域喀斯特试验站水资源模式及应用研究》（贵州省"八五"科技攻关项目，贵州省科技进步三等奖）、《喀斯特流域水纹地貌系统数学模型》（国家自然科学基金项目，并获贵州省科技进步二等奖）、《典型喀斯特石山脆落生态环境治理与可持续发展》（国家"九五"攻关项目）等。

杨明德曾多次赴法国、南斯拉夫、新西兰、英国、美国等国参加喀斯特会议，进行学术交流。他先后在国内接待了波兰、前南斯拉夫、日本、法国、美国、加拿大、新西兰、匈牙利、澳大利亚、意大利等国的国际知名洞穴专家，这些国际交流不仅促进我国地理学科研究的发展，同时也扩大了贵州省在喀斯特界、地理界的影响。

　　2004 年 8 月 13 日，杨明德教授作为贵州省建设厅特邀专家在进行世界自然遗产资源科学考察途中遭遇车祸不幸因公殉职，享年 72 岁。星星陨落，余晖留痕，斯人虽去，风范永存。

（撰稿人：黄清云）

程　甦

程甦，曾用名程燧华，江西省都昌县人，1925 年出生，2000 年 12 月逝世。

程甦出生于书香世家，深受家庭文化熏陶。曾祖父是前清拔贡。祖父是举人，曾在庐山白鹿洞书院教书。父亲毕业于北京大学，曾执教于中山大学、北京大学、南京中央大学。程甦 8 岁时，父亲被杀，母亲哀伤过度于次年去世，自此家道中落。父母的死深深地影响了童年时代的程甦。69 岁的祖父独自抚养他们兄弟姊妹五人长大，送他们读书，操持家务。

1930 年程甦先后入南京大石桥小学、江西九江六角石小学读

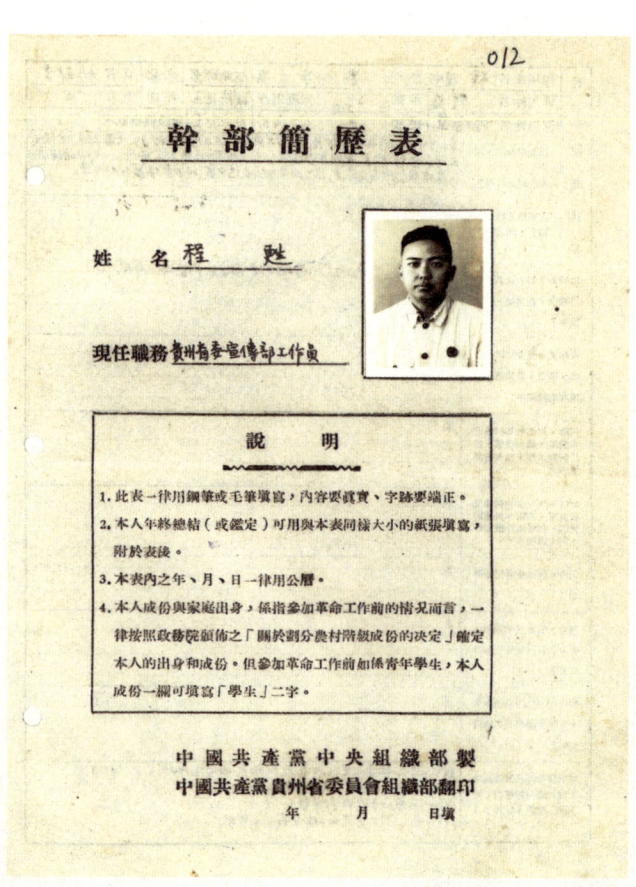

图 1　程甦干部简历表

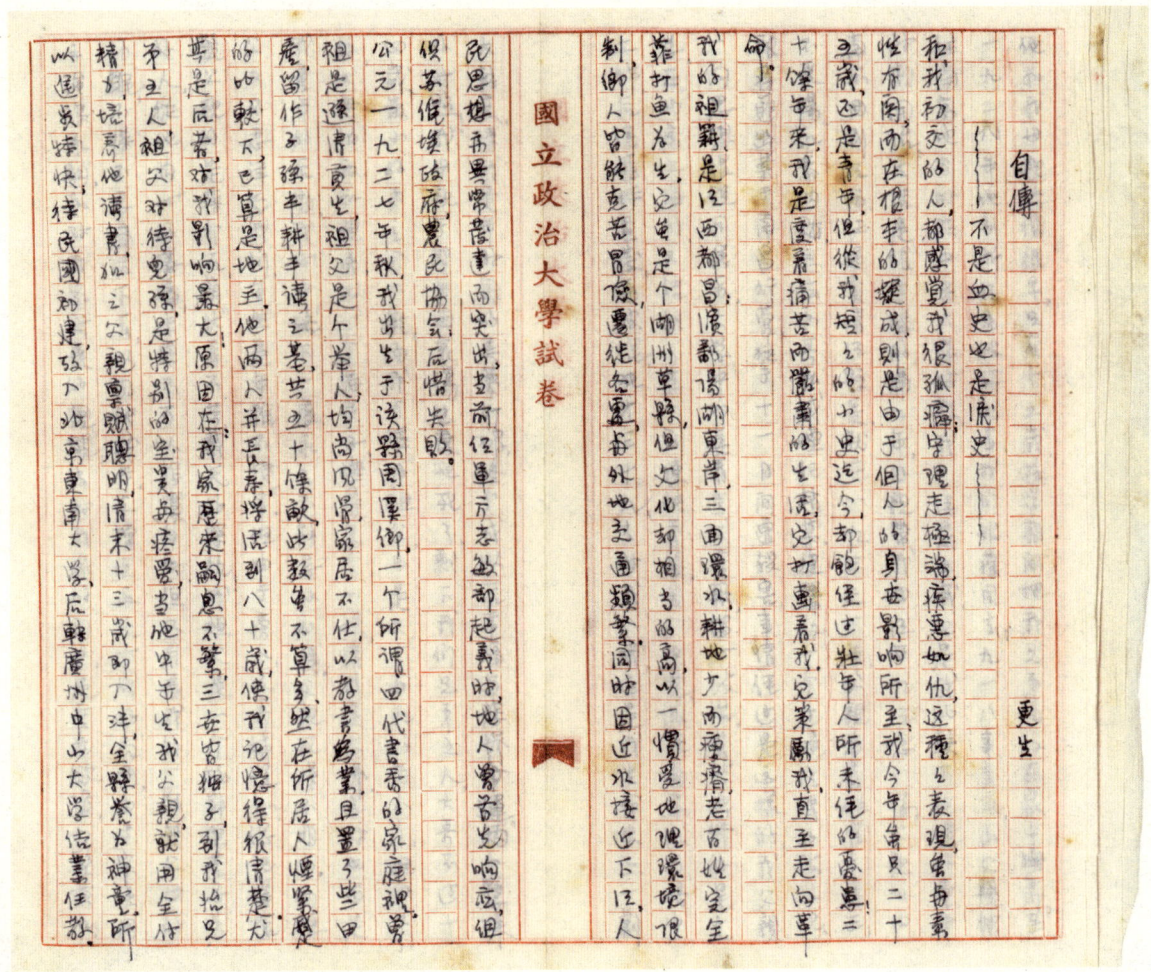

图 2 程甦自传

书。1933 年回江西都昌原籍读私塾。1936 年先后入上海江西高级职业学校初中部、江西私立豫章中学、江西浮梁县中学读书。程甦中学时期读书用功，各科成绩名列前茅，年年获得奖学金。1940 年，他顺利考取教育部江西浮梁临中公费生，自此"伙食都是学校的"，"简直未花过家里一文钱"。1943 年高中毕业，程甦保送免试入南昌国立中正大学中文系学习。同年 8 月，因 79 岁的祖父逝世，程甦返乡奔丧。又因大哥于返乡途中"不幸染恶性疟疾，卧床三日，而将双足瘫痪"，程甦不得不退学留在家里。

为供弟弟读书，退学后的程甦于 1945 年在江西都昌乡下教私塾，教《四书》《诗经》《左传》等，为他在古代汉语、文学、声韵、训诂等方面打下坚实的基础。1946 年 9 月，程甦任江西省财政厅科员兼华光日报社外勤记者，"以看不惯科长架子，眼睛望着鼻子打官话"，八个月后他一气之下离开了财政厅，专在报社做事。

1949 年，程甦考入江西景德镇中国人民解放军二野五兵团赣东北军政干校，后参加中国人民解放军二野五兵团西进支队，到贵州军官会文教部工作。

1950年程甦担任贵州省文联秘书。其间他曾参加省委工作队，到平坝县任县委政策研究组组长。1952年5月，程甦到贵州省委宣传部工作，同年调到贵阳师范学院中文系任教师，直到1984年退休。

程甦在高校任教三十余年，曾先后承担"文选习作""语文教学法""宋元文学""唐宋文学""古文课"等课程的教学工作。他擅长唐宋诗词韵律的教学研究，教学上讲解细微周到，力求字词句落实，曾编写《中学语文教材教法》等讲义。

（撰稿人：岳红玲）

雷德荣

雷德荣，湖南东安县人，1932年2月出生，2003年6月逝世。

雷德荣的父亲是小学教师。受家庭熏陶，雷德荣从小喜欢读书，成绩优异。1942年，雷德荣入湖南邹阳应时中学学习。1946年9月，其入湖南省立第七中学高中部读

图1 雷德荣北京大学毕业生登记表

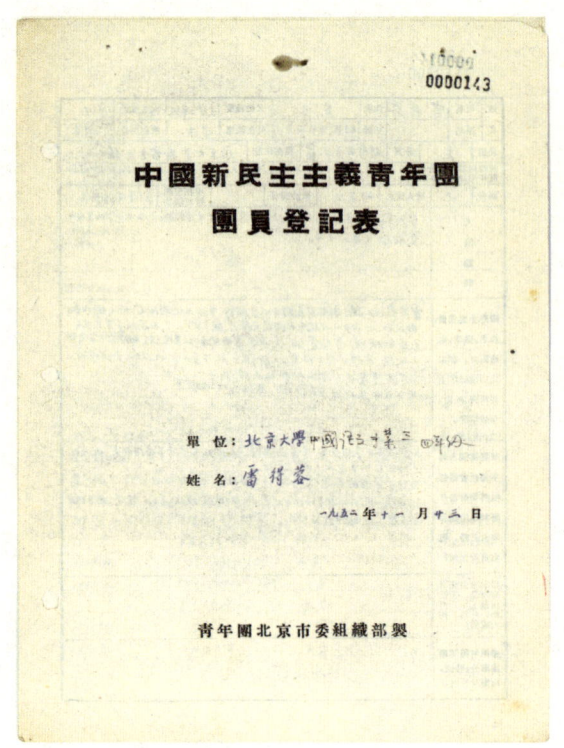

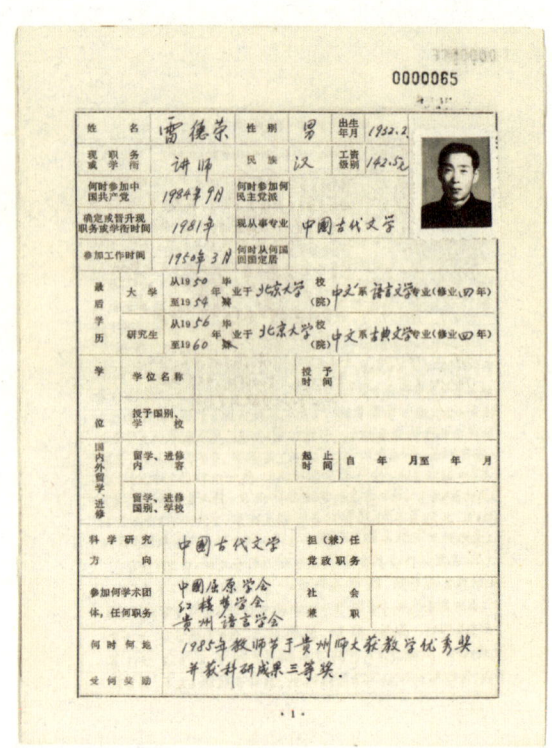

图 2 雷德荣北京大学团员登记表　　图 3 雷德荣副教授学衔申报表

书。高中毕业后，雷德荣到花山小学任教。1950 年，他参加东安县人民政府举办的学习班，后被分配到东安大盛桥中心小学任教。他边教书边学习，准备考大学。1950 年 7 月，他考入清华大学中文系。1952 年院系调整，北大和清华部分院系合并，他在北大继续学业。大学期间，雷德荣成绩优异，被评为优等生。毕业后，他被分配到内蒙古呼和浩特工农中学教书。1956 年 10 月考入北大中文系研究生班古代文学专业，跟随著名的文学史专家、楚辞研究专家游国恩先生学习古代文学，重点研习先秦两汉部分。北大老师们的严格要求和细心教导为雷德荣打下了坚实的专业基础。

1960 年 10 月，毕业后的雷德荣被分配到贵阳师院中文系工作。"文革"期间，雷德荣被遣送回湖南农村劳动改造。1978 年平反后，雷德荣先后在贵阳市教育局主办的业余大学语文快班为中学语文教师教授古代文学，在贵阳市中学英语教育进修班担任英语教师。1979 年他重返贵阳师范学院中文系工作。1985 年，雷德荣晋升副教授，1993 年晋升教授。

在教学上，雷德荣精益求精。他常常阅读钻研与课文有关的大量参考材料；阅读相关文学名著和文艺理论书籍，丰富自身学识和授课内容。随着专业知识的不断扩充和更新，他的教学水平逐年提高。在教学方法上，他注重学生在语言文字基本功方面的锻炼，

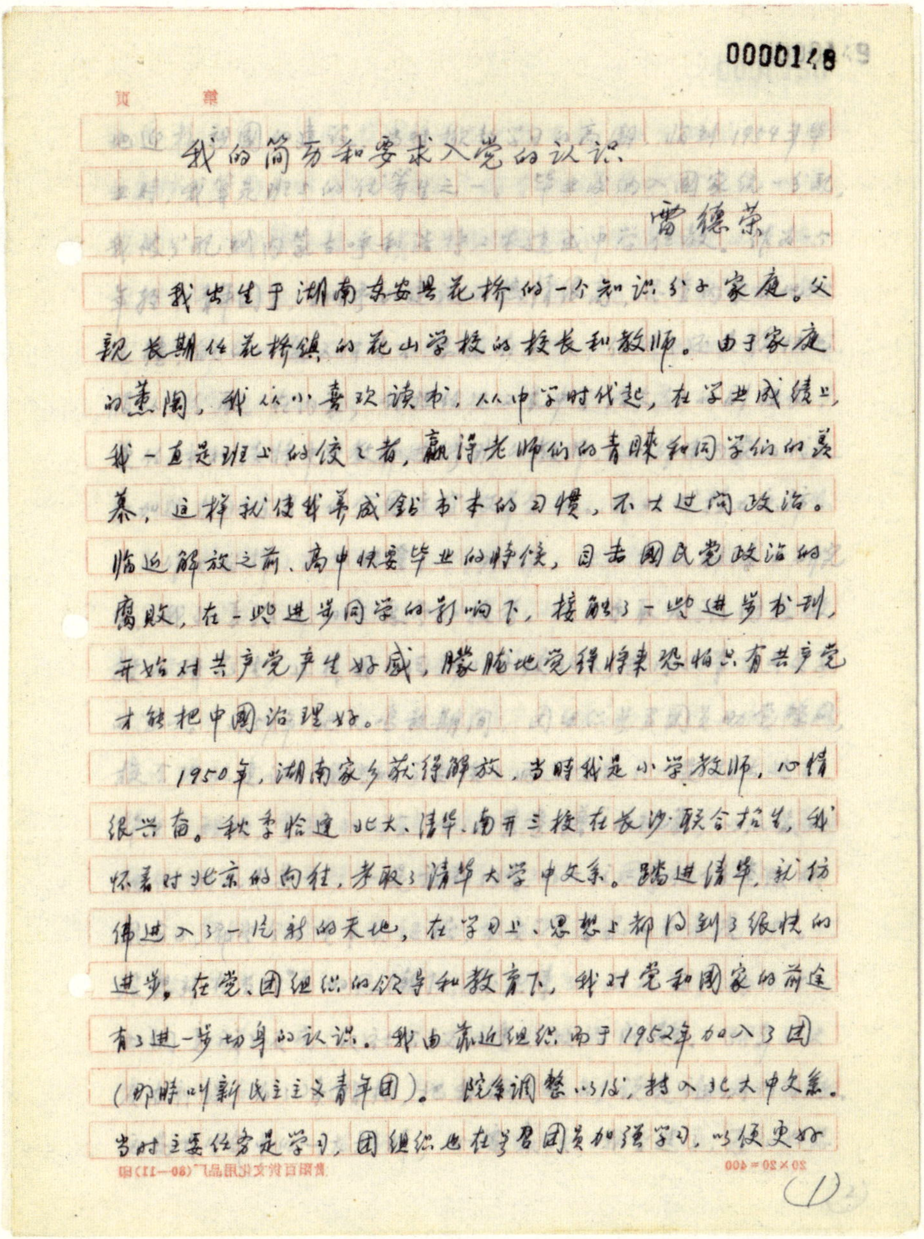
0000148

我的简历和要求入党的认识

雷德荣

我出生于湖南东安县花桥的一个知识分子家庭。父亲长期任花桥镇的花山学校的校长和教师。由于家庭的熏陶，我从小喜欢读书，从中学时代起，在学业成绩上，我一直是班上的佼佼者，赢得老师们的青睐和同学们的羡慕，这样就使我养成钻书本的习惯，不大过问政治。临近解放之前、高中快要毕业的时候，目击国民党政治的腐败，在一些进步同学的影响下，接触了一些进步书刊，开始对共产党产生好感，朦胧地觉得将来恐怕只有共产党才能把中国治理好。

1950年，湖南家乡获得解放，当时我是小学教师，心情很兴奋。秋季恰逢北大、清华、南开三校在长沙联合招生，我怀着对北京的向往，考取了清华大学中文系。踏进清华，就仿佛进入了一片新的天地，在学习上、思想上都得到了很快的进步。在党、团组织的领导和教育下，我对党和国家的前途有了进一步切身的认识。我由靠近组织而于1952年加入了团（那时叫新民主主义青年团）。院系调整以后，转入北大中文系。当时主要任务是学习，团组织也在号召团员加强学习，以便更好

20×20=400

(1)

图4 雷德荣的简历和要求入党的材料

注重培养学生举一反三、触类旁通的能力，受到历届学生充分的肯定和好评。雷德荣曾获师大教学优秀奖。

雷德荣先后担任过“中国文化史”“古典诗词鉴赏”“楚辞研究”“屈原研究”“书法”“汉魏六朝文学”等多门课的教师。他编著了云、贵、川三省高教函授协作教材《中国文学史》《古代文学函授教材》（先秦至元明清文学概论）、《中国古代文学》（贵州人民出版社1986年版）等著作。《中国古代文学》获学校1986年科研成果二等奖。

雷德荣发表的论文有《谈陶诗的艺术特色》《古典诗词语法分析举隅》《珠联璧合，雅俗共赏——评贵州电视台几幅征联佳作》《"意境"片谈》《古典诗词意境浅说》《楚辞九章·湘君湘夫人赏析》等几十篇。

雷德荣在认真教学的同时也十分重视科学研究。他曾获学校科研成果三等奖。雷德荣日常爱好文学、书法。他的书法作品先后获1989年省教委主办的全省高等学校国庆书法竞赛一等奖，贵州省1988年度教职工书法、绘画、摄影展览一等奖，1922年首届中华诗词大赛佳作奖。他还在《爱晚诗刊》《山花》《贵州日报》《贵阳晚报》等报刊发表诗词近百首。同时，他还参加了一些社会学术团体，先后担任贵州省诗词学会常务理事、《爱晚诗刊》编委、楹联学会副会长、书法研究会理事、贵州省古代文学学会常务理事等。

（撰稿人：岳红玲）

王学孟

王学孟，别号汎宇，江苏睢宁人，1912 年 1 月 15 日出生，1998 年逝世。

王学孟出生在江苏睢宁苏北农村，家境殷实。1930 年，王学孟 19 岁时，家中遭遇土匪抢劫，在东迁西徙、流离寄居中家人相继死去 5 人。自此，其读书费用家中无力供给，全靠亲友的资助。

王学孟 10 岁前在村子附近的私塾读书。1922 年到 1928 年先后入江苏宿迁县立第一小学、南京前东南大学附属中学、江苏省立南京中学读书。王学孟高中时喜欢阅读课外书籍和杂志，曾在《中学生》《现代学生》《江苏学生》等刊物上发表文章。1933 年夏，王学孟考入中央政治大学部教育系读书，并以优异的成绩毕业。毕业后王学孟致力于教育事业。1937 年 8 月，他到重庆国立边疆学校任教，1940 年 8 月到政治学校研究部任助理研究员，1942 年 8 月回国立边疆学校任教。1943 年夏，王学孟经人介绍来贵阳师范学院教育系任讲师，教授"教育概论""中等教育"等课程。1945 年，王学孟晋升副教授。

王学孟授课内容新颖，有独到的见解，受到学生的普遍欢迎。在贵阳师范学院任教期间先后在刊物上发表论文 8 篇，出版专著《现代政治与教育》。1946 年夏，王学孟与爱人一起返乡，到镇江江苏医学院任教。后收到贵阳师范学院院长的邀请，1947 年，王学孟与爱人重回贵阳师范学院教育系。除了担任教学工作外，他还被聘为图书委员会和训育委员会委员，在此期间晋升为教授。1950 年 9 月起，王学孟到北京中国人民大学研

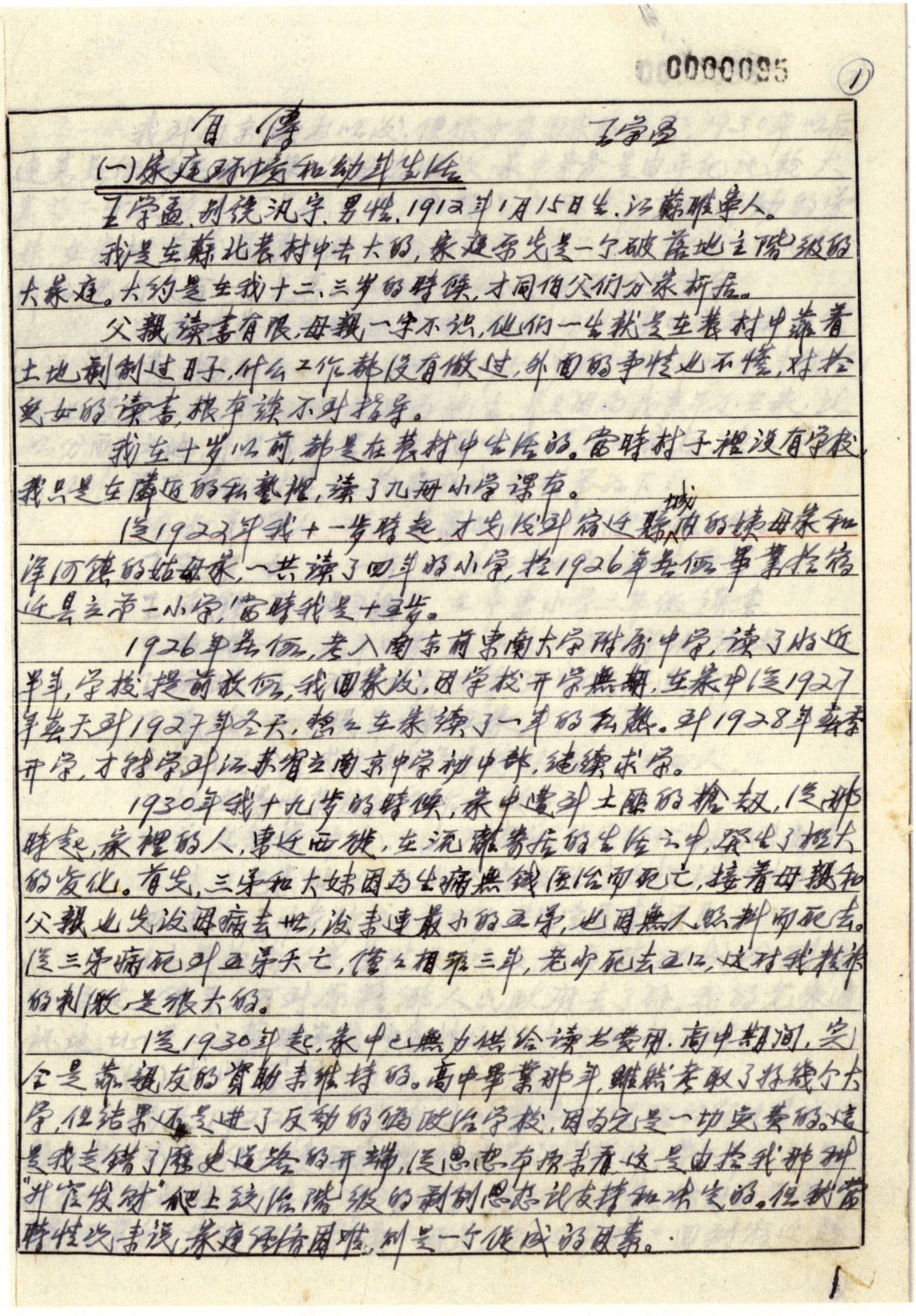

自 传　　　　　　　王学孟

（一）家庭环境和幼年生活

王学孟，别号汛宇，男性，1912年1月15日生，江苏睢宁人。

我是在县北农村中专大的，家庭原先是一个破落地主阶级的大家庭。大约是在我十二、三岁的时候，才同伯父们分家析居。

父亲读书有限，母亲一字不识，他们一生就是在农村中靠着土地剥削过日子，什么工作都没有做过，外面的事情也不懂，对于子女的读书，根本谈不到指导。

我在十岁以前，都是在农村中生活的。当时村子里没有学校，我只是在附近的私塾里，读了几册小学课本。

到1922年我十一岁时起，才发展到宿迁县城的姨母家和洋河镇的姑母家，一共读了四年的小学，拾1926年春在毕业拾信迁县立第一小学，当时我是十五岁。

1926年春季，考入南京前东南大学附属中学，读了将近半年，学校提前放假，我回家后，因学校开学无期，在家中拾1927年春天到1927年的冬天，想必在家续了一年的私塾。到1928年春季开学，才转学到江苏省立南京中学初中部，继续求学。

1930年我十九岁的时候，家中遭到土匪的抢劫，从那时起，家里的人，辗转西迁，在流离奔走的生活之中，发生了极大的变化。首先，三弟和大妹因为生病无钱医治而死亡，接着母亲和父亲也先后因病去世，没毒连最小的五弟，也因无人照料而死去。从三弟病死到五弟夭亡，偏多相隔三年，老少死去五口，这对我精神的刺激是很大的。

从1930年起，家中已无力供给读书费用。高中期间，完全是靠亲友的资助来维持的。高中毕业那年，虽然考取了好几个大学，但结果还是进了反动的伪政治学校，因为它是一切免费的。这是我走错了历史道路的开端，从思想本源看这是由拾我那种"升官发财"祀上统治阶级的剥削思想所支持和决定的。但就当时性此来说，家庭经济困难，却是一个促成的因素。

图1 王学孟自传

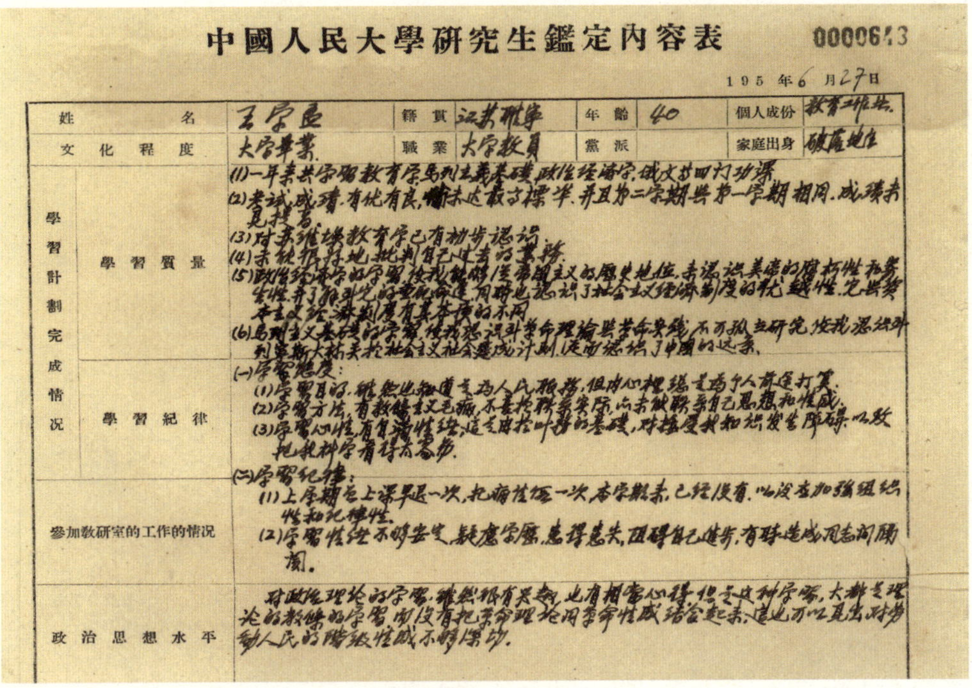

中國人民大學研究生鑑定內容表 0000643

195 年6 月27日

姓名：王学孟　籍貫：江苏泰兴　年齡：40　個人成份：教育工作者

文化程度：大学毕业　職業：大学教员　黨派：　家庭出身：破落地主

學習計劃完成情況

學習質量：
(1)一年来共学习教育学、马列主义基础、政治经济学、俄文等四门功课。
(2)考试成绩：有优有良，[illegible]未达教学标准，并且第二学期与第一学期相同，成绩未见提高。
(3)对苏维埃教育学已有初步认识。
(4)未能很好地批判自己过去的业务。
(5)政治经济学的学习，使我能明[illegible]帝国主义的历史地位，未认识美帝的腐朽性和寄生性，并了解斯大林的基本经济法则，同时也认识了社会主义经济制度的优越性，它与资本主义经济制度有基本质的不同。
(6)马列主义基础的学习，使我认识到革命理论与革命实践不可孤立研究，使我认识斯大林关于社会主义社会建成计划，使我认识了中国的远景。

學習紀律：
(一)学习态度：
(1)学习目的：虽然也知道是为人民服务，但内心里总是为个人前途打算。
(2)学习方法：有教条主义毛病，不善于联系实际，亦未能联系自己思想和情感。
(3)学习心情：有自满情绪，这是由于对业务的基础，对接受新知识发生障碍，以致[illegible]科学有待于[illegible]。
(二)学习纪律：
(1)上学期在上课早退一次，[illegible]一次，本学期来已经没有，以后应加强组织性和纪律性。
(2)学习情绪不够安定，疑虑学历，患得患失，阻碍自己进步，有时造成同志间隔阂。

參加教研室的工作的情況：

政治思想水平：对政治理论的学习，虽然很有兴趣，也有相当心得，但在这种学习，大都是理论的教条的学习，而没有把革命理论用革命性质结合起来，这也可以见出对劳动人民的阶级性认识不够深切。

图 2 王学孟中国人民大学研究生鉴定内容表

究生部进修了一年，取得优异的成绩并回到贵阳师范学院继续任教。1953 年，王学孟担任教育学教研组主任。

王学孟积极从事教学和科研，教学经验丰富。他十分关心学生学习与生活，时常带学生回家吃饭，教他们读书和写论文的方法以及积累学习资料的技巧等，传授自己做学问的心得体会。

王学孟一生兢兢业业，著述丰富。他先后教授“教育概论”“中等教育”“西洋教育史”“教育哲学”等课程；编著近 30 万字的《教育概论讲义》。他编撰的著作有《中山先生的教育哲学》（正中出版社 1942 年版）、《现代政治与教育》（商务印书馆 1944 年版）、《希腊三大教育家》（时代出版社 1949 年版）、《实用主义教育学说》（中华出版社 1949 年版）。先后发表《墨西哥教育的革新》《英国教育制度上的几个问题》《杜威教育哲学述评》《杜威道德教育理论批判》《从科学技术的发展看教育与生产力的关系》等几十篇论文。因工作成就显著，1989 年，王学孟被国家教委、人事部和全国教育工会联合授予“全国优秀教师”荣誉称号。

王学孟还热心于社会活动和学术团体工作。他先后担任全国教育学会理事、全国教育学研究会理事、贵州省教育学会第一届和第二届会长、贵州省教育学研究会理事长和名誉理事长、贵州省第五届政协委员、民盟贵州省委委员、民进贵州省筹委会副主任等职。

图3 王学孟贵阳师范学院高等学校教师登记表

图4 王学孟获全国优秀教师荣誉称号通知书

（撰稿人：岳红玲）

张宗和

张宗和，安徽省合肥县人，贵阳师范学院历史系副教授，1914 年 5 月出生，1977 年 5 月病故。

张宗和系出名门，合肥张家拥有万顷良田。其曾祖父张树声是李鸿章的得意部下、淮军将领，曾任江苏巡抚，后升任两广总督。其父张武龄（后取名冀牖、吉友）曾创办平林中学、乐益女中，是民初教育家。其母陆英是扬州大家闺秀。张家注重孩子们的艺术熏陶，曾聘请专业昆曲老师传授昆曲技艺。

张宗和有四个姐姐、五个弟弟。张宗和的四个姐姐是著名的"合肥四姐妹"。大姐张元和，夫是著名昆曲演员顾传玠；二姐张允和，夫是语言学家周有光；三姐张兆和，夫为文学家沈从文；四姐张充和，夫为德裔美籍汉学家傅汉斯。作为张家长子，张宗和被"拘管得紧"，"所以十分腼腆，羞答答的像个女孩子"，"是姊弟中最最老实厚道的"。

张宗和被寄予厚望。1922 年起，他先后入苏州第一师范附属小学、上海私立尚公小学读书。1925 年，他先后入苏州私立平林中学、苏州县立初中、东吴大学附属第一中学高中读书。1931 年，他进入苏州私立东吴大学文科一年级，肄业。1932 年 9 月，他考入清华大学中文系，三年级后转历史系。大学期间张宗和与同在北京大学的四姐张充和一起参加了俞平伯发起的昆曲社团谷音社。

　　1936 年大学毕业后，张宗和进入自家创办的苏州私立乐益女中任文史地教员。因不愿在家工作，1937 年 2 月，他到南京励志社附设励志中学任职。为避战乱，1939 年，张宗和先后在云南宣威乡村师范学校、云南昭通西南师范学校、云南大学文史系、昆明南菁中学、重庆金刚坡（现沙坪坝区）扶轮中学等任教。1944 年起，张宗和又先后在安徽肥西县肥西中学、安徽金寨安徽学院史地系、苏州私立乐益女中、苏州社会教育学院教书。1947 年 5 月，张宗和在南京中央通讯社任职。1947 年 9 月，张宗和应朋友邀请到贵阳花溪贵州大学历史系任副教授，兼任贵阳花溪清华中学西洋史课程。1953 年院系调整，张宗和调入贵阳师范学院历史系任教直至 1976 年 11 月退休。

　　张宗和致力于教育事业，曾教授"中国历史文选课""中国通史""中国近代史""中国戏曲史"等课程。其著作有《梁山泊与开封府》（上海北新书局出版社 1950年版）。为纪念亡妻孙凤竹所写的日记，经其女张以整理为书信体的《秋灯忆语——"张家大弟"张宗和的战时绝恋》（人民文学出版社 2013 年版）。同时，张宗和致力于历史通俗化和文艺大众化工作。他在给四姐张充合的信中曾先后写道："把《通鉴纪

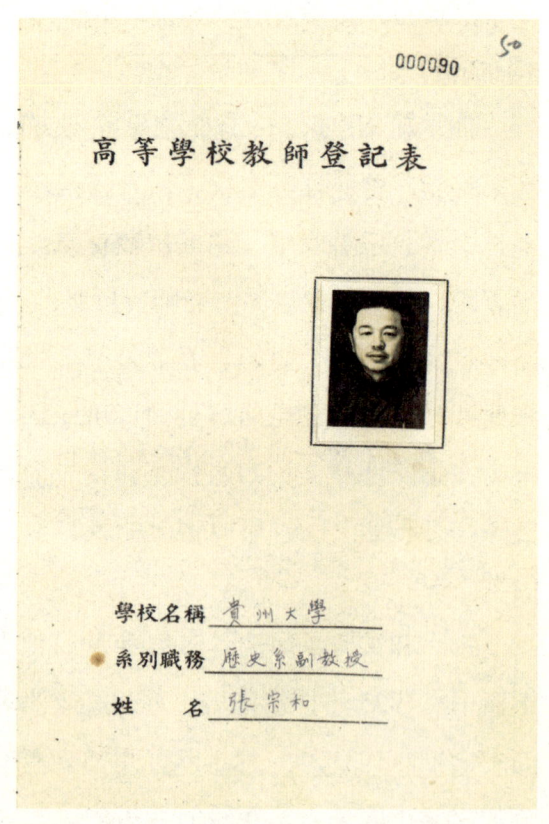

🔴 图 1 张宗和干部简历表　　　　🔴 图 2 张宗和贵州大学高等学校登记表

事本末》翻译为白话文，已经翻译有三十几篇约有几十万字……"，"曾把元曲改写成京戏和通俗小说"，"曾把《秋灯忆语》改写成反映抗日战争时后方知识分子的小说《烽火》"。他翻译的《通鉴纪事本末》后来译稿遗失，女儿张以愉惋惜地说："《通鉴纪事本末》译稿若是保留下来，可能是中国第一部白话文历史小说。"

张宗和酷爱昆曲。他不仅自己喜欢唱，还教爱人和女儿们唱曲、识曲。他曾教京戏院的旦角、昆曲爱好者朱美英唱《游园惊梦》，也教学生们唱。贵阳戏曲家协会曾邀请他给贵阳市各剧院的演员作题目为《漫谈戏剧演员的表演艺术》的报告，受到大家好评。张宗和先后到评剧团和贵阳戏剧学校兼课，讲中国戏剧简史，教唱昆曲。张宗和还曾在《贵州日报》上发表《漫谈戏曲》等关于戏剧的文章。

（撰稿人：岳红玲）

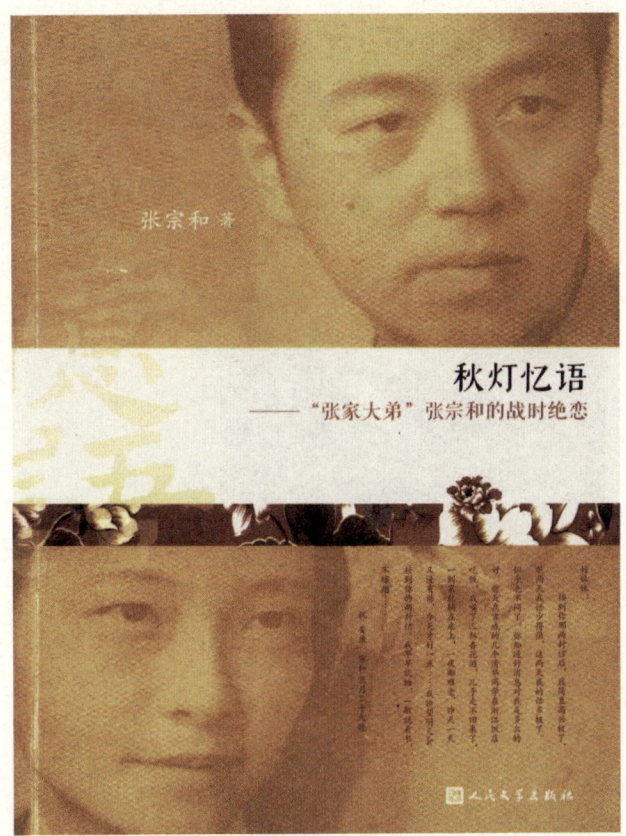

图 3 张宗和的书《秋灯忆语——"张家大弟"张宗和的战时绝恋》

图 4 张充和、张宗和著的书《一曲微茫——充和宗和谈艺录》

周春元

周春元，湖北省潜江县人，1911年7月出生，1984年10月逝世。

周春元出生后其家道衰微，原本殷实的家庭在长期不公平的官司纠纷中逐渐走向衰败。周父以种地为业，兼营槽坊生意。

周春元从小学习刻苦，成就优异。1916年，周春元入湖北潜江县袁家桥私塾读书；1930年入武昌艺术专科附中读初中；1932年考入湖北省立师范学校；1937年考入北京师范大学。抗日战争爆发后，他随学校内迁西安，在西北临时大学（后改称西北联合大学）继续学业。大学期间他为维持学业先后替教授们抄写讲稿，到西安一中与北平文志中学兼课等。周春元撰写毕业论文《魏晋南北朝部曲考》，1941年获学士学位。

1941年8月周春元考入成都齐鲁大学国学研究所，任研究助理员，负责校点《晋

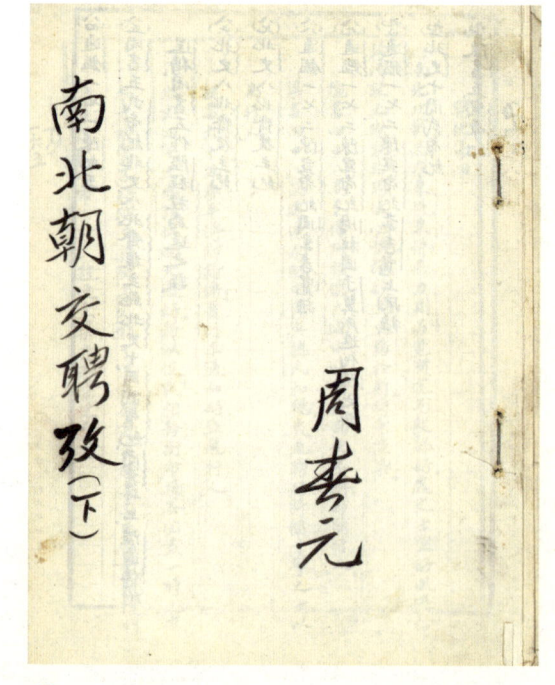

图1 周春元的论文《南北朝交聘考》

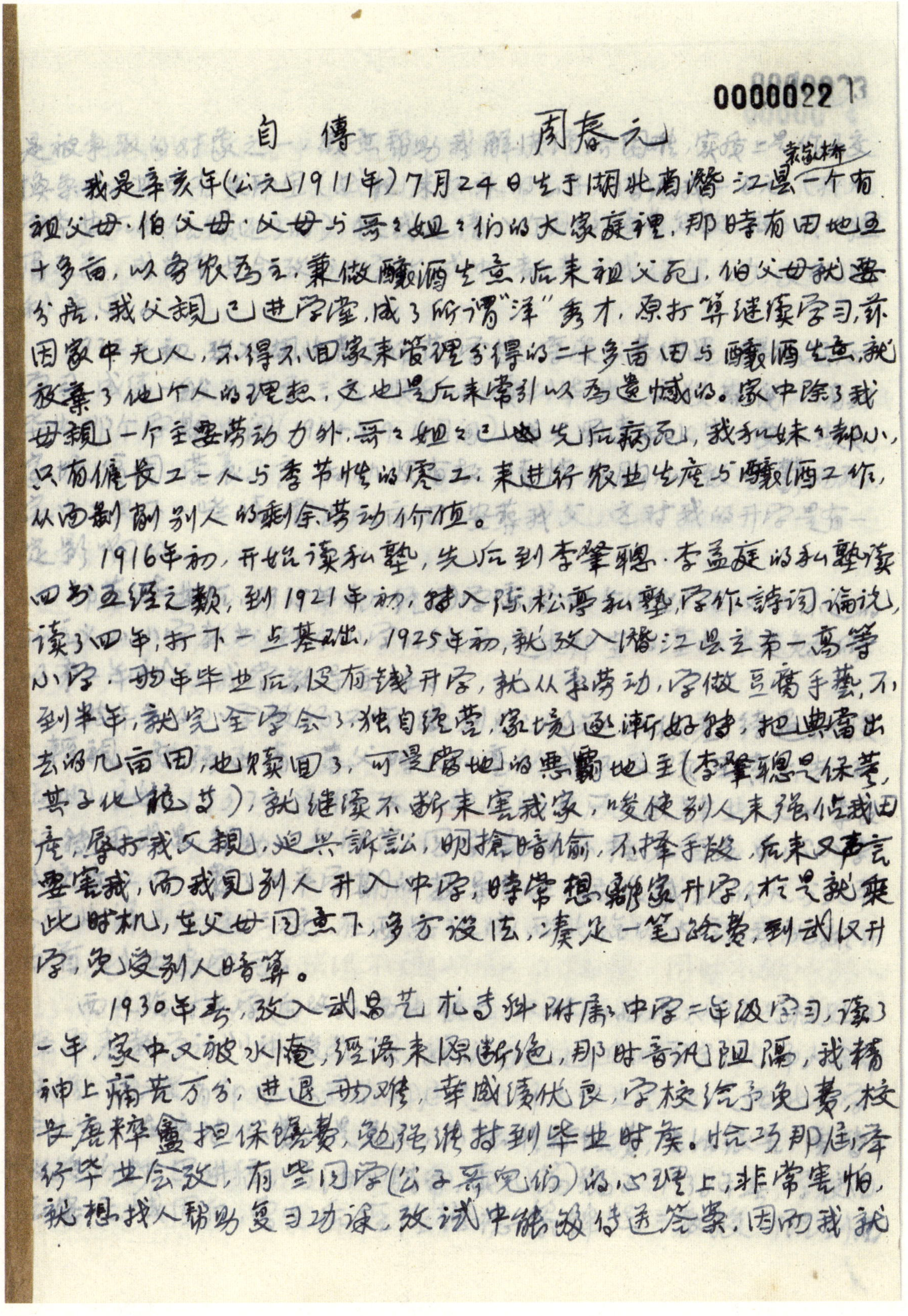

0000022

自 传　　　周春元

我是辛亥年（公元1911年）7月24日生于湖北南潜江县一个有祖父母、伯父母、父母与哥、姐们的大家族里。那时有田地五十多亩，以务农为主，兼做酿酒生意。后来祖父死，伯父母就要分居。我父亲已进学堂，成了所谓"洋"秀才，原打算继续学习，苏因家中无人，不得不回家来管理分得的二十多亩田与酿酒生意，就放弃了他个人的理想，这也是后来常引以为遗憾的。家中除了我母亲一个主要劳动力外，哥、姐之已幽先后病死，我和妹、都小，只有佣长工一人与季节性的零工，来进行农业生产与酿酒工作，从而剥削别人的剩余劳动价值。

1916年初，开始读私塾，先后到李肇聪、李益庭的私塾读四书五经之类，到1921年初，转入陈松尊私塾，学作诗词论说，读了四年，打下一点基础。1925年初，就改入潜江县立第一高等小学。那年毕业后，没有钱升学，就从事劳动，学做豆腐手艺，不到半年，就完全学会了独自经营。家境逐渐好转，把典当出去的几亩田、也赎回了，可是当地的恶霸地主（李肇聪是保董，其子化桃差）就继续不断来害我家，唆使别人来强佔我田产，殴打我父亲，迫兴诉讼，明抢暗偷，不择手段，后来又扬言要害我，而我见别人升入中学，时常想离家升学，于是就乘此时机，在父母同意下，多方设法，凑足一笔路费，到武汉升学，免受别人暗算。

1930年春，改入武昌艺术专科附属中学二年级学习，读了一年，家中又被水淹，经济来源断绝，那时音讯阻隔，我精神上痛苦万分，进退两难，幸威绩优良，学校给予免费，校长唐粹盦担保膳费，勉强维持到毕业时候。恰巧那届举行毕业会考，有些同学（公子哥儿们）的心理上，非常害怕，就想找人帮助复习功课，攷试中能够传送答案，因而我就

图2 周春元自传

书》。1942 年 3 月，他跟随著名历史学家顾颉刚先生到四川重庆《文史杂志》编辑社工作。1944 年 8 月，他考入武汉大学文科研究所，师从著名历史学家贺昌群教授。读研期间学业任务重，周春元经常深夜不眠，假日也不休息，半工半读完成学业。1946 年夏，周春元顺利完成硕士论文《南北朝交聘考》的答辩。

1946 年 8 月，周春元在湖北师范学院史地系担任中国史教学工作，后升副教授。他还同时在江陵师范、江陵高中兼课。在湖北师范学院期间因为受到不公平待遇，1948 年 8 月，周春元由武大教授梁园东介绍到国立贵阳师范学院教书。1953 年贵阳师院史地系分成历史、地理两个系，周春元任历史系主任。1981 年，周春元被评为教授。

周春元备课认真负责。1950 年，他撰写了"中国通史""中国近代史"两门课约七八万字的讲授提纲；撰写约二三十万字"史学史"课程的讲义，得到学生、教师以及同行专家的好评。

周春元教授是一位学识渊博的历史学家，在顾颉刚、贺昌群等著名史学家的指导下，专攻魏晋南北朝史，并对此有较深的造诣。随后他又从事中国近代史、地方史、方志学、历史教学法等学科的研究和教学工作。在史学方面，他勤恳耕耘，勇于开拓，发表了一批有质量的论著，是我国卓有建树的史学家和教育家。其主要论著有《太平天国时期

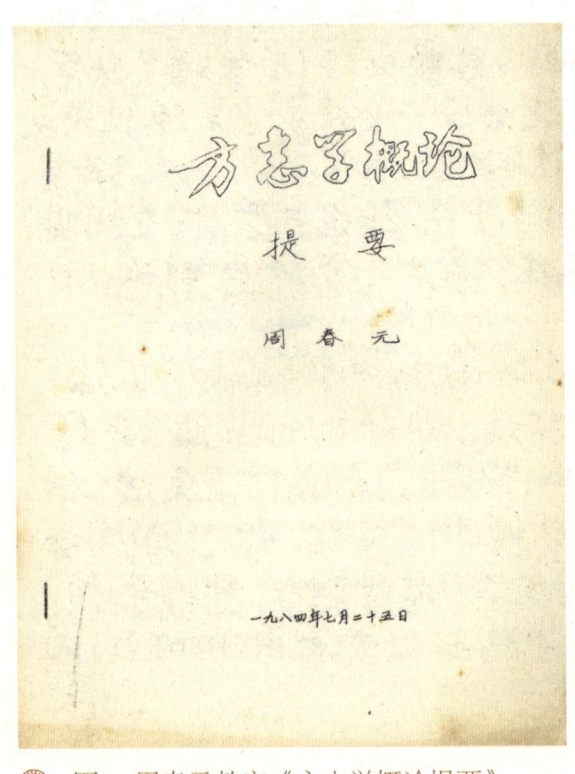

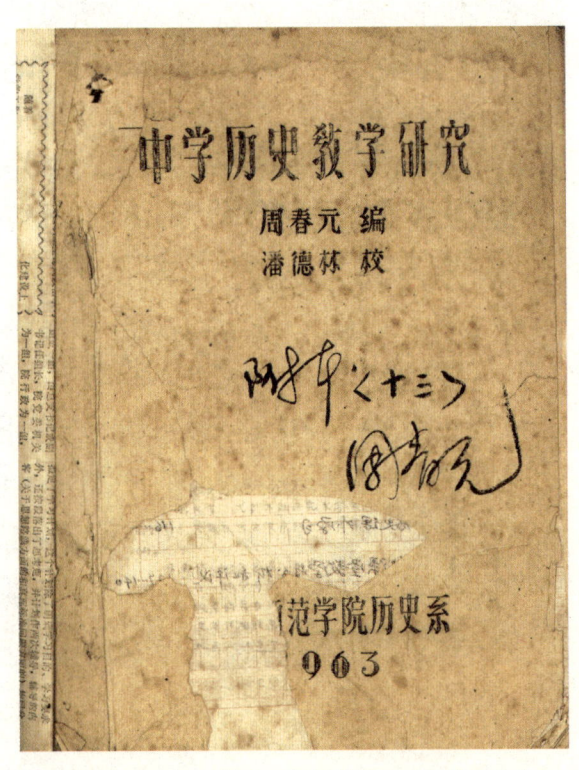

图 3 周春元教案《方志学概论提要》　图 4 周春元教案《中学历史教学研究》

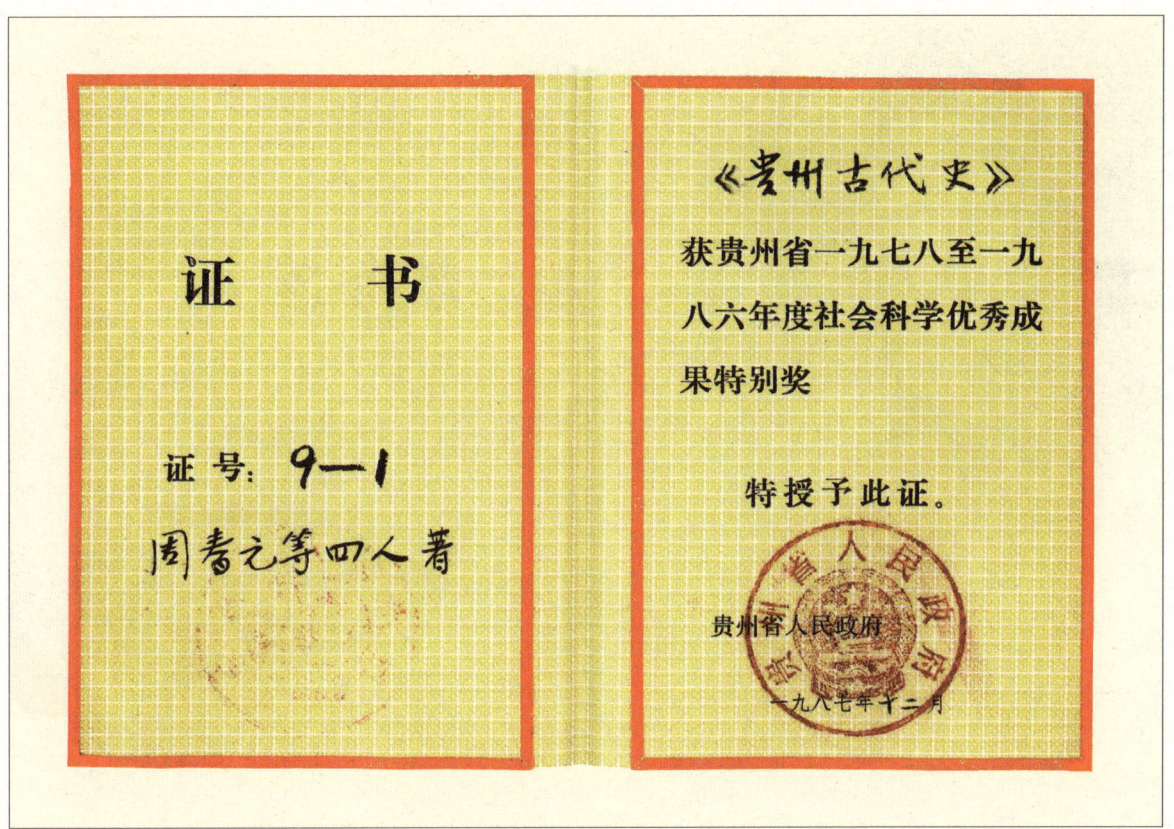

证 书

证号: 9—1

周春元等四人著

《贵州古代史》

获贵州省一九七八至一九
八六年度社会科学优秀成
果特别奖

特授予此证。

贵州省人民政府

一九八七年十二月

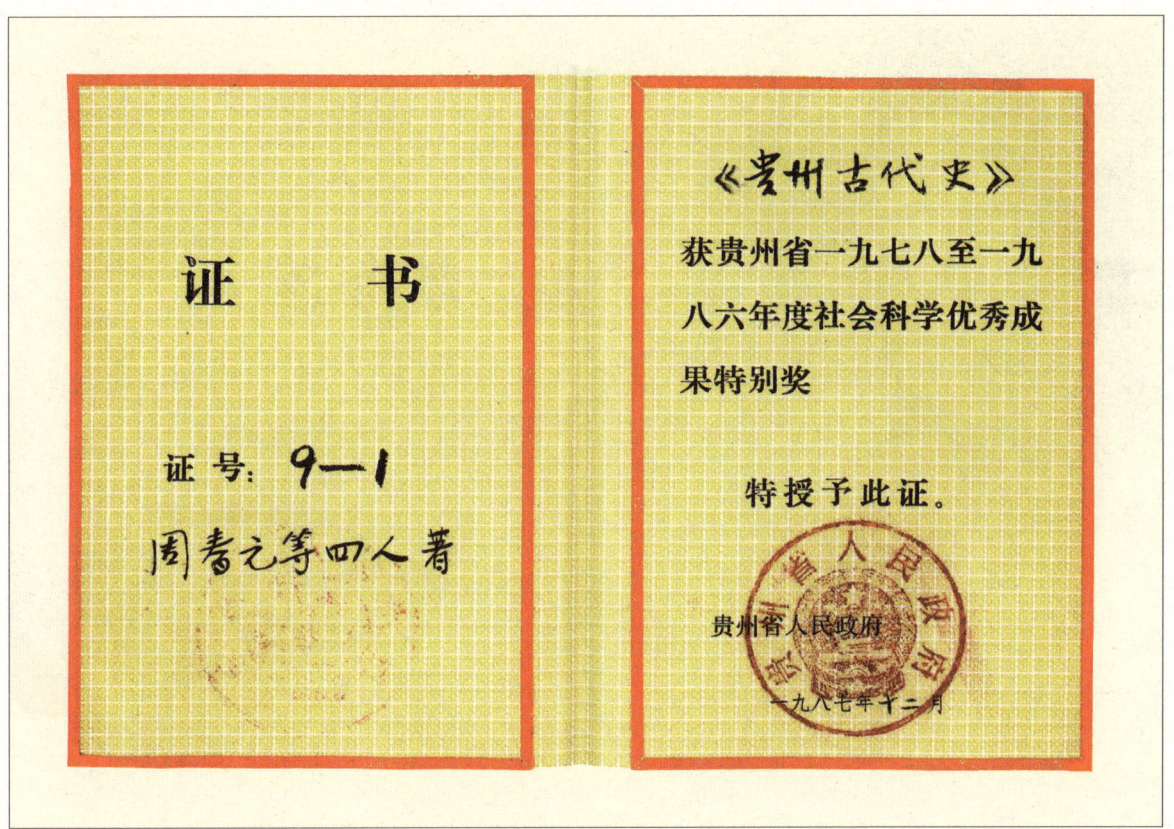
图 5 周春元等四人著的《贵州古代史》获奖证书

的贵州号军起义》《贵州古代史》《贵州近代史》《遵义人民革命斗争史》《中国史学史》。四川大学历史系一级教授徐中舒在审阅周春元参加评定教授的材料时认为他"主编的《贵州古代史》对研究贵州史诸问题，有开创之功"。《贵州古代史》获"贵州省1978—1986 年度社会科学优秀成果奖"。周春元发表《关于打破王朝体系问题》《孔子的史学》《略论贵州少数民族地区历代统治政策的演变》50 多篇学术论文约 41 万字。

周春元教授先后担任贵阳师范学院图书馆馆长、工会主席、副教务长等。同时先后任省政协常委、民盟贵州省委委员和顾问、中国史学会理事、中国教育学会历史教学研究会副理事长、贵州民族学会常务理事、贵州社会科学界联合会副主席、贵州历史学会理事长、贵州省古籍小组组长、"贵州史地"丛书主编等。

（撰稿人：岳红玲）

邹沧萍

邹沧萍，原名邹从羲，四川合川古河坝人，1927年出生，1995年10月病故。

邹沧萍是家中长子，天资聪敏，自幼深得父母喜爱。其父经营丝业，兼零售日用品，虽生意日渐兴隆，但仍觉自己读书少，社会地位低微，遂把希望寄托在子女身上。邹沧萍五岁时，即被送进私塾读书。11岁入镇上小学读书，后考入潼南县立初中。初中时，邹沧萍因参加学校里的学潮运动而被开除学籍。此事让他遭受亲友们的鄙弃，父亲也责备他："不好好读书，就回家学生意。"邹沧萍感到莫大的耻辱，立志努力学习。1942年，他考入北平志成中学高中部学习。1945年高考失利后在家自修一年。

1946年，邹沧萍考取了中国乡村建

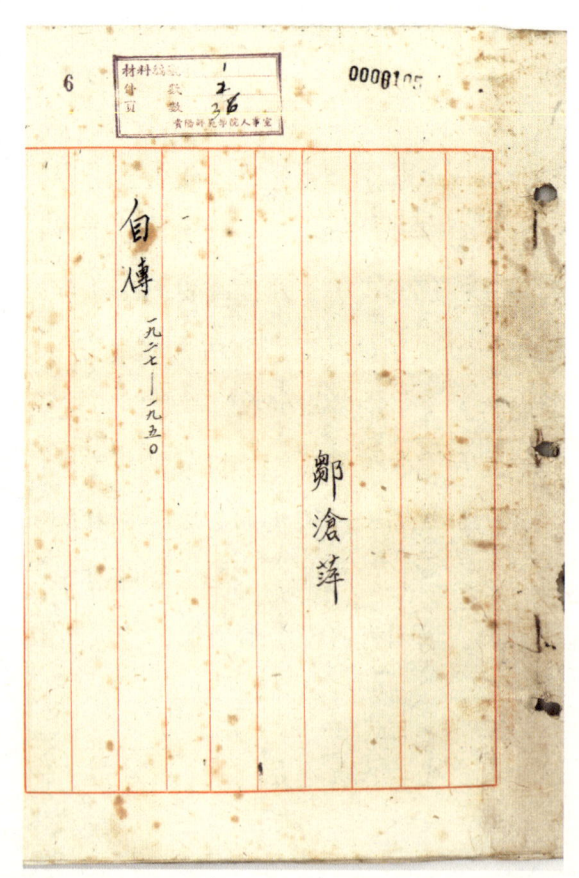

图1 邹沧萍自传

材料編號	17
件數	1
頁數	2

貴陽師範學院人事室

檔號

0000017

姓名	鄒滄萍
編號	

幹部履歷表

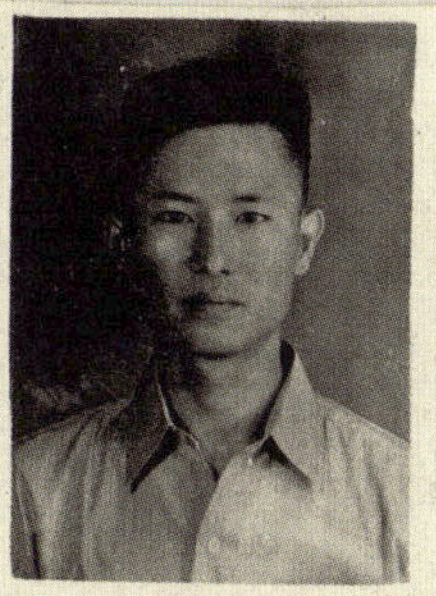

姓名	現名	鄒滄萍	籍貫	四川省合川縣(市)太和鎮		
	原名		性別	男	出生日期	1927年11月29日
	曾用名		家庭出身	工商業兼小土地出租	本人成份	學生
民族		漢	宗教		現有文化程度	大學畢業
健康狀況		正常。				

家庭狀況	參加革命時及現在的經濟狀況。	家祖原是经营生丝、油、盐……等，除本县田园之外，还供弟妹读书。从四八年起因母亲患肺病，几年不断医药，家境负担重，亦能勉强维持生活。五一年由於弟妹去北京读书、母病更加剧、退押，家境经济更形困难。五二年母亲死去，经营的商业就结束了。父年老，加以母死精神受打击，身体已大不如前，故在京居住，有时受我经济一点帮助和照顾，没有什么职业和经济收入，靠我的供给生活费。
	主要成員姓名、職業、政治狀況，現在與你的關係。	鄒境修，父親，在京，原经营生丝、油、盐……业，现居京无职业。 鄒西明，妹，团员，现在北京师范大学附属中学作地理教员。（五四年北京师范大学毕业） 鄒景贤，弟，团员，现在北京地质学院学习。（原系北京市建筑工程局测量技术部） 鄒荣中，弟，团员，现在安徽淮南市田家庵房建局火电九分公司工作。 鄒炯達，弟，少先队员（已超龄）现在四川省合川中学读书。
夫或妻姓名、職業、政治狀況、住址。		管迪，妻，团员，现在贵阳师范学院学习。（原系西南行政委员会组织部干部）
有何重要社會關係，姓名、職業、政治狀況、現在和你的關係。		杨家珍，中学大学同学，党员，现在重庆市委党校工作。 张嘉毅，大学同学，党员，现在西南党校组织部工作。 沈荣陽，大学同学，政治状况不详，据说现在[illegible]工作。 黄幼懋，大学同学，无党无派群众，由原西南人事部调去北京，具体地址不详。 （以上关系北京可查材料）
何時何地參加中國共產黨或其他民主黨派、羣衆團體，担任何職，現在有無關係？		一九五二年在原西南军政委员会人事部参加中国新民主主义青年团。
何時何地參加何種反動黨團、軍隊、封建會道門。任何職務受過何種訓練？何時脫離關係？何人證明？		

貴陽師範學院人事室翻印

图2 邹沧萍干部履历表

设学院社会学系。毕业后，他被重庆市委组织部统一分配到西南军政委员会机关党委，从事干部政治理论教育工作。

1954 年 9 月，邹沧萍到贵阳师范学院工作，先后在马列主义教研组（室）、政教系、历史系、政经系任教。他在教学上采用启发式教学方法，教学效果明显。此外，他还采取自学为主、专题讲授、课堂研讨和写阶段论文相结合的方法，锻炼学生的独立钻研、综合分析、实际运用、语言表达和论文写作能力。他的教学方法受到学生们的欢迎。在他的《高校教师考核登记表》中，邹沧萍写道："殷切期望同学们人才辈出，青出于蓝"。

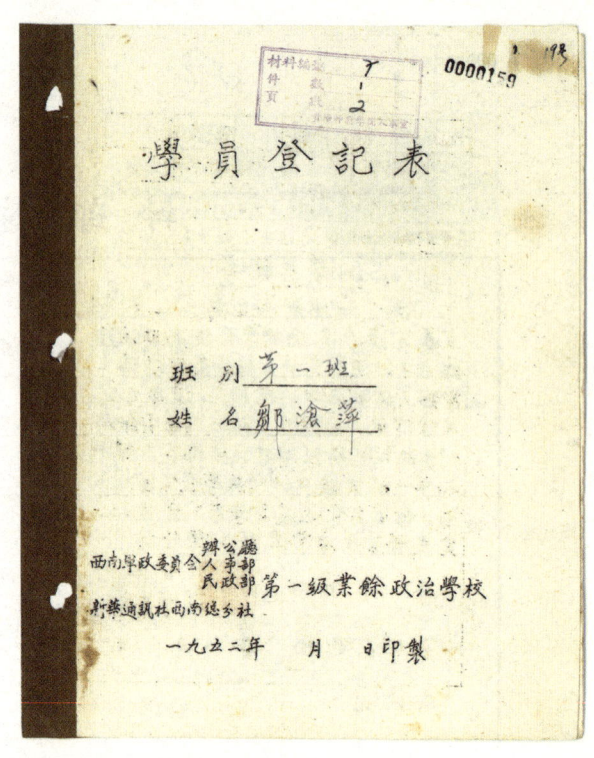

图 3 邹沧萍学员登记表

邹沧萍教授的课程有"马恩列著作选读""中共党史""马克思主义哲学原理""辩证唯物主义专题研究""毛泽东哲学思想专题研究""科学人生观专题""中国特色社会主义理论"等。在承担繁重紧张的教学工作的同时，他还坚持理论探索和学术研究。邹沧萍结合课程建设撰写的讲义和专题讲稿 20 余种，有 200 多万字；公开发表学术论文《也谈"红"与"专"》《谈谈人民公社的生产管理问题》《机会主义产生的阶级根源和认识论根源》《加强调查研究，改进领导方法》等 30 余篇；出版书籍《马克思主义原理》（广西人民出版社 1987 年版）、《科学人生观》（贵州人民出版社 1987 年版）、《马克思主义哲学原理》（西南区函授教材，西南师范大学出版社 1990 年版）；主持编写贵州省中学思想政治课教材之一的《科学人生观》，得到国家教委教材审查委员会的认定和好评，并获得西南区优秀图书奖；参加主编的《马克思主义原理》荣获贵州省哲学社会科学优秀成果二等奖。1988 年 2 月，邹沧萍晋升为教授。

退休后，邹沧萍继续指导研究生工作，并被评为优秀共产党员，受到高校工委的表彰。

（撰稿人：岳红玲）

王佩芬

王佩芬，字梦淹，贵州省贵阳市人，1886年12月生，1973年12月13日逝世。

王佩芬出生于贵州省贵阳市一个旧官吏家庭，在兄弟姊妹十一人中排行第九。其父虽以经商为业，却与一般商人不同，重视培育子女，即使典卖物品为子女购书也在所不惜。王佩芬的两个哥哥王蔬农、王仲肃均是满腹经纶、学识渊博的学者，在家庭的熏陶影响下，王佩芬自幼养成刻苦读书的习惯，少年时即能背诵《说文解字》部首。1904年，王佩芬考取贵阳府秀才。同年，他进入贵州大学堂英文班学习。1905年，王佩芬考取日本留学官费生，入东京弘文学院普通科学习。毕业后，他考入东京早稻田大学，在博物科学习。

1911年，王佩芬毕业回国。先是在贵州省立法政专门学校教授日文，其间还在中等学校教授博物学及中国文字学等学科。1912年至1926年，王在省立第一中学任校长。1926—1929年，他在贵州省公署做秘书。

1928年，在贵阳县政府及地方乡绅的支持下，王佩芬创办贵阳县立中学，并担任第一任校长，并于1936年辞职前往南京。五年的任期中，他采用新式计分法，扩大学校图书馆，把学校管理得井井有条。王佩芬的教育思想和办学思想，也就是当时学校的口号——科学救国，在办贵阳县立中学的时候表现得最为突出。他当时处理校务工作都以此作依据。

到南京后，王佩芬先在南京宪兵学校教授日文，后到贵州同乡王伯群创办的上海大

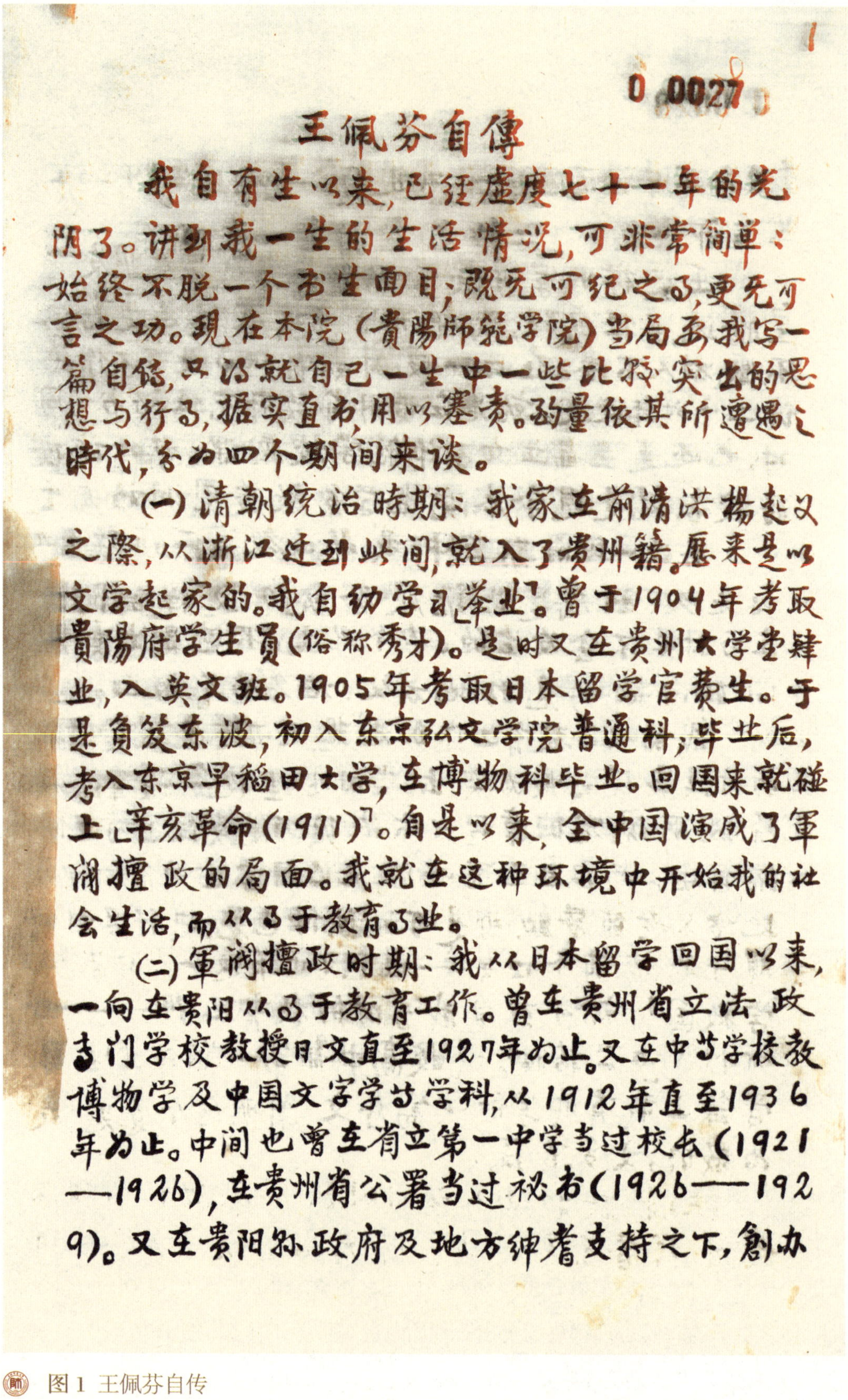

0.0027

王佩芬自传

我自有生以来,已经虚度七十一年的光阴了。讲到我一生的生活情况,可非常简单:始终不脱一个书生面目;既无可纪之事,更无可言之功。现在本院(贵阳师范学院)当局要我写一篇自传,只须就自己一生中一些比较突出的思想与行为,据实直书,用以塞责。兹量依其所遭遇之时代,分为四个期间来谈。

(一)清朝统治时期:我家在前清洪杨起义之际,从浙江迁到此间,就入了贵州籍。历来是以文学起家的。我自幼学习举业,曾于1904年考取贵阳府学生员(俗称秀才)。是时又在贵州大学堂肄业,入英文班。1905年考取日本留学官费生。于是负笈东渡,初入东京弘文学院普通科;毕业后,考入东京早稻田大学,在博物科毕业。回国来就碰上「辛亥革命(1911)」。自是以来,全中国演成了军阀擅政的局面。我就在这种环境中开始我的社会生活,而从事于教育事业。

(二)军阀擅政时期:我从日本留学回国以来,一向在贵阳从事于教育工作。曾在贵州省立法政专门学校教授日文直至1927年为止。又在中学学校教博物学及中国文字学等学科,从1912年直至1936年为止。中间也曾在省立第一中学当过校长(1921—1926),在贵州省公署当过秘书(1926—1929)。又在贵阳孙政府及地方绅耆支持之下,创办

图1 王佩芬自传

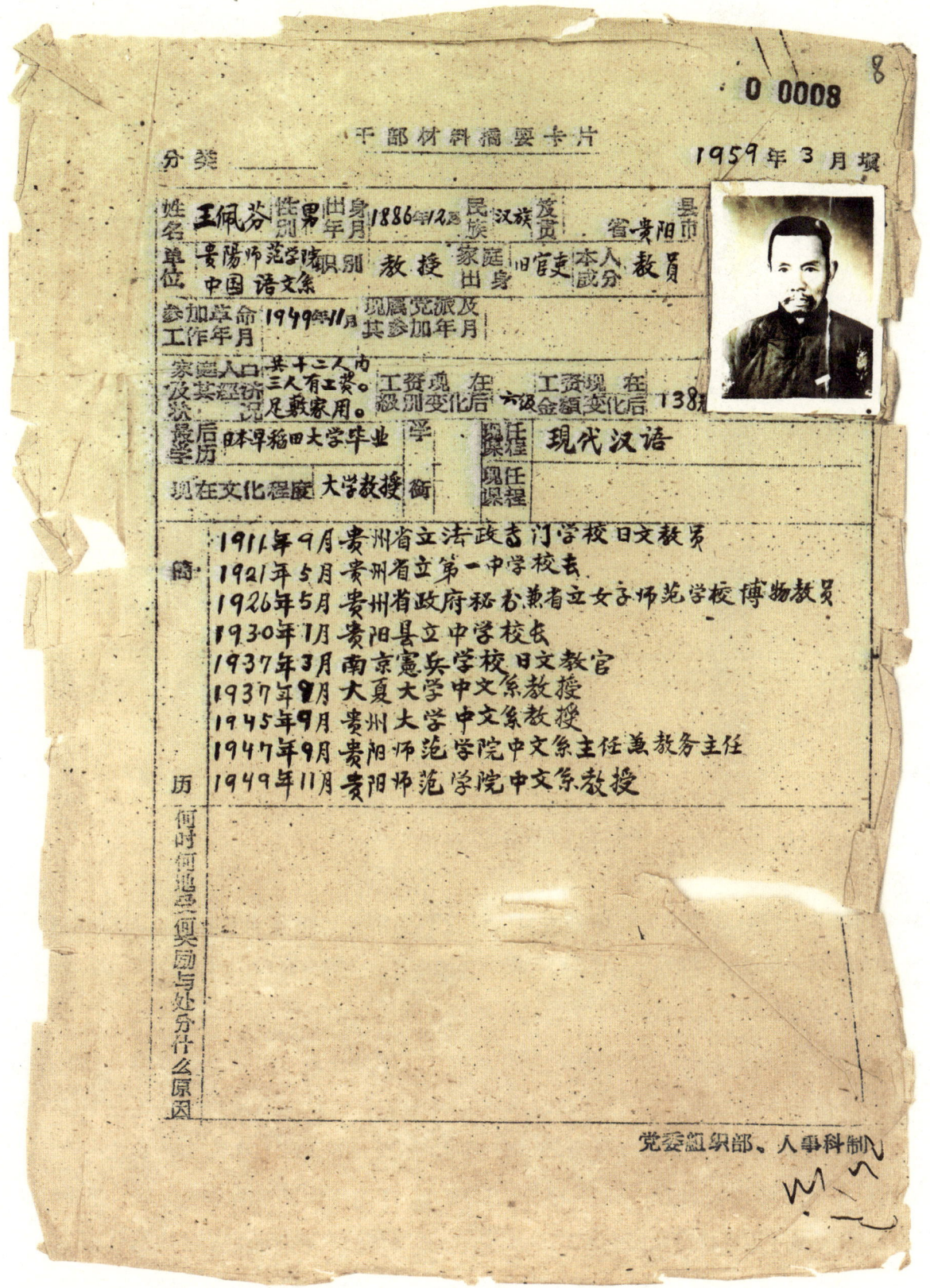

干部材料摘要卡片

O 0008

1959年3月填

分类							
姓名 王佩芬	性别 男	出身年月 1886年12月	民族 汉族	籍贯	省 贵阳	县市	
单位 贵阳师范学院中国语文系	职别 教授	家庭出身 旧官吏	本人成分 教员				
参加革命工作年月 1949年11月	现属党派及其参加年月						
家庭人口及其经济状况 共十三人内三人有工资。尚敷家用。	工资级别变化后	在	工资金额变化后	在 六级 138元			
最后学历 日本早稻田大学毕业	学位	课程 现代汉语					
现在文化程度 大学教授	学衔	现任课程					

简历

1911年9月 贵州省立法政专门学校日文教员
1921年5月 贵州省立第一中学校长
1926年5月 贵州省政府秘书兼省立女子师范学校博物教员
1930年1月 贵阳县立中学校长
1937年3月 南京宪兵学校日文教官
1937年9月 大夏大学中文系教授
1945年9月 贵州大学中文系教授
1947年9月 贵阳师范学院中文系主任兼教务主任
1949年11月 贵阳师范学院中文系教授

何时何地受过何奖励与处分什么原因

党委组织部、人事科制

图2 王佩芬干部材料简要卡片

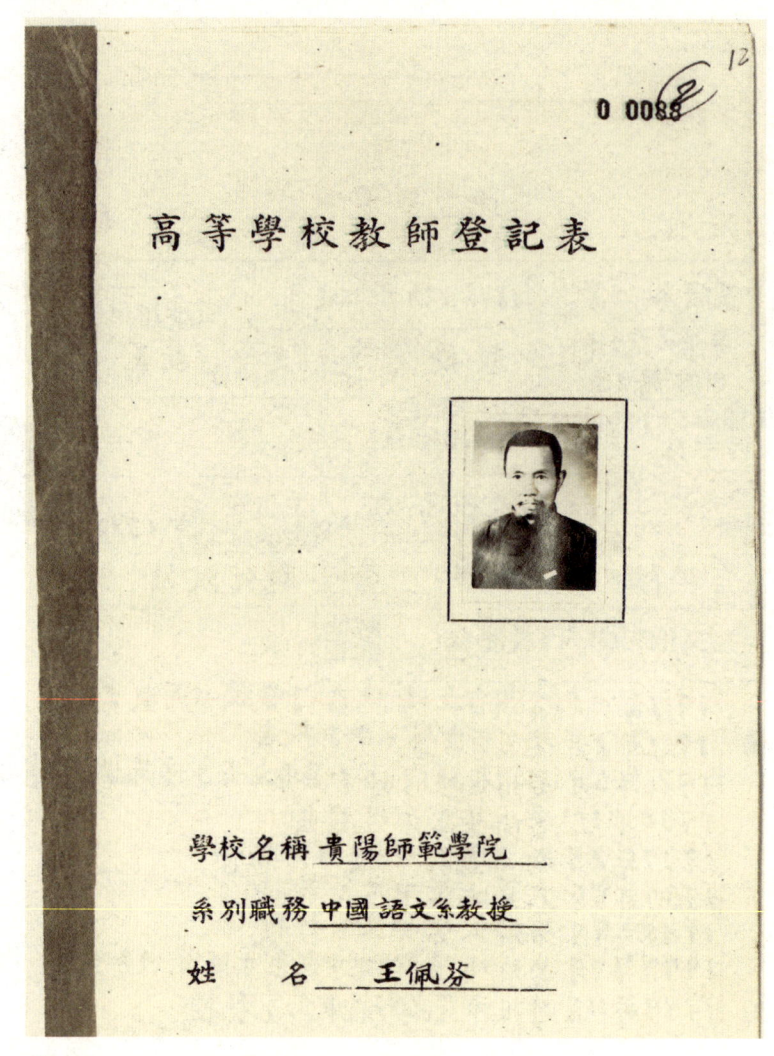

图 3 王佩芬高等学校教师登记表

夏大学任教。抗日战争爆发，他随大夏大学迁到贵阳。1938 年至 1945 年，王佩芬任大夏大学中国文学系教授。

　　抗日战争末期，私立程万中学的校长英锐良联络贵阳师院的一部分教授，打算创办私立大学阳明学院。关于阳明学院的创办过程，王佩芬在自传里曾这样写道："当时私立程万中学的校长英锐良善于经营教育商业，生意兴隆。他兴高采烈地要想办个私立大学。于是联络上师院的一部分教授，如范兴顺、杨八元等及我。大家会商了几次之后，就同意办个阳明学院。经济方面，由英瑞良负责，学术方面，由我作主，而且公推我为院长"。王佩芬积极投身阳明学院的筹办事宜，如联络绅者、求助官府、团结科学专家、寻觅办学地址等。当时，阳明学院创办的目的就是造就理工科的人才以供将来开发贵州富源之用。恰好当时贵州省政府主席谷正伦是他的朋友，教育厅长傅启学是他的学生，绅耆领袖张彭年先生又是他的老同学。除此之外，很多高等学校中的教师都是他的朋友，有的还是他的学生，王佩芬号召他们到阳明学院来帮忙任教。但是后来英瑞良因与校董会冲突而离开程万中学，阳明学院的创办事宜也就此停顿。同时，王佩芬又与曾在贵阳县立中学毕业的几位同学，如陈明忠、黄智明、夏国佐、冯枬、袁容庆、李启衡等办了一个私立县中（今贵阳第五中学的前身）。

抗日战争胜利后，大夏大学迁回上海，王佩芬希望到贵州大学任教，为家乡服务。1947 年，王佩芬写信给教育厅厅长傅启学表明希望到贵阳师范学院中文系任教。

1949 年，贵阳解放，私立程万中学董事会改组，王佩芬被邀请加入董事会，并被推举为校长。王佩芬与创办县中中学的同志们商量，自觉将县中中学交给文教厅。不久他又辞去程万中学校长之职，专心在贵阳师范学院教书。

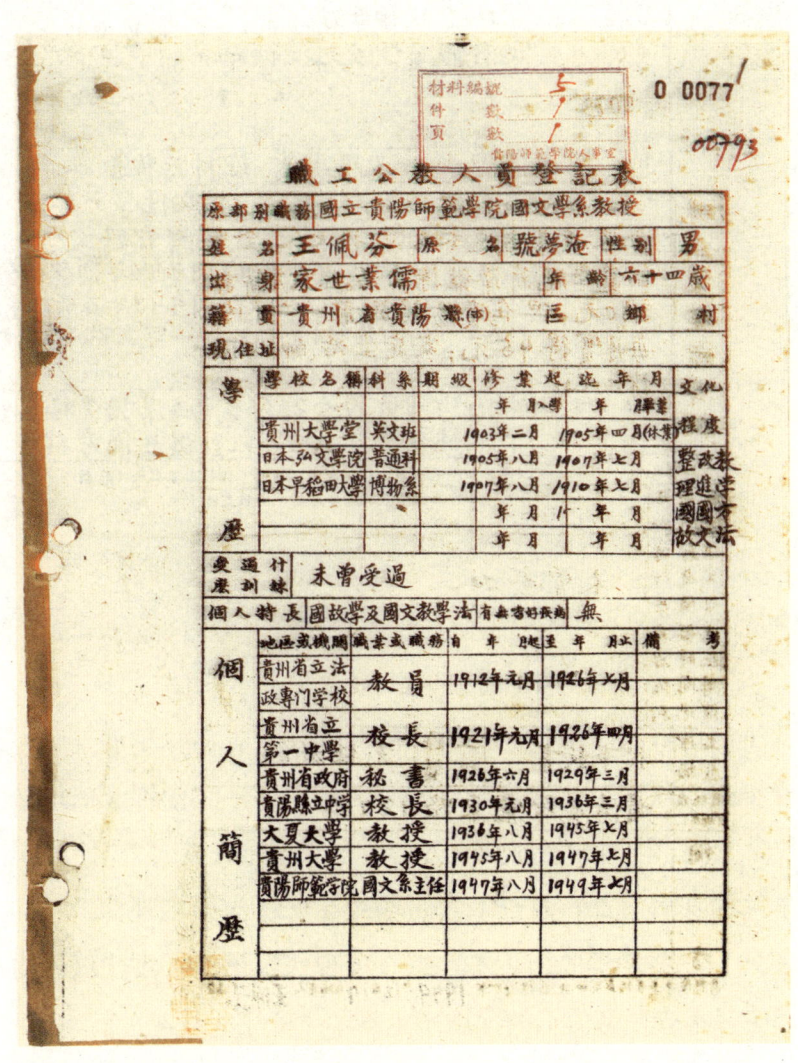

图 4 王佩芬职工公教人员登记表

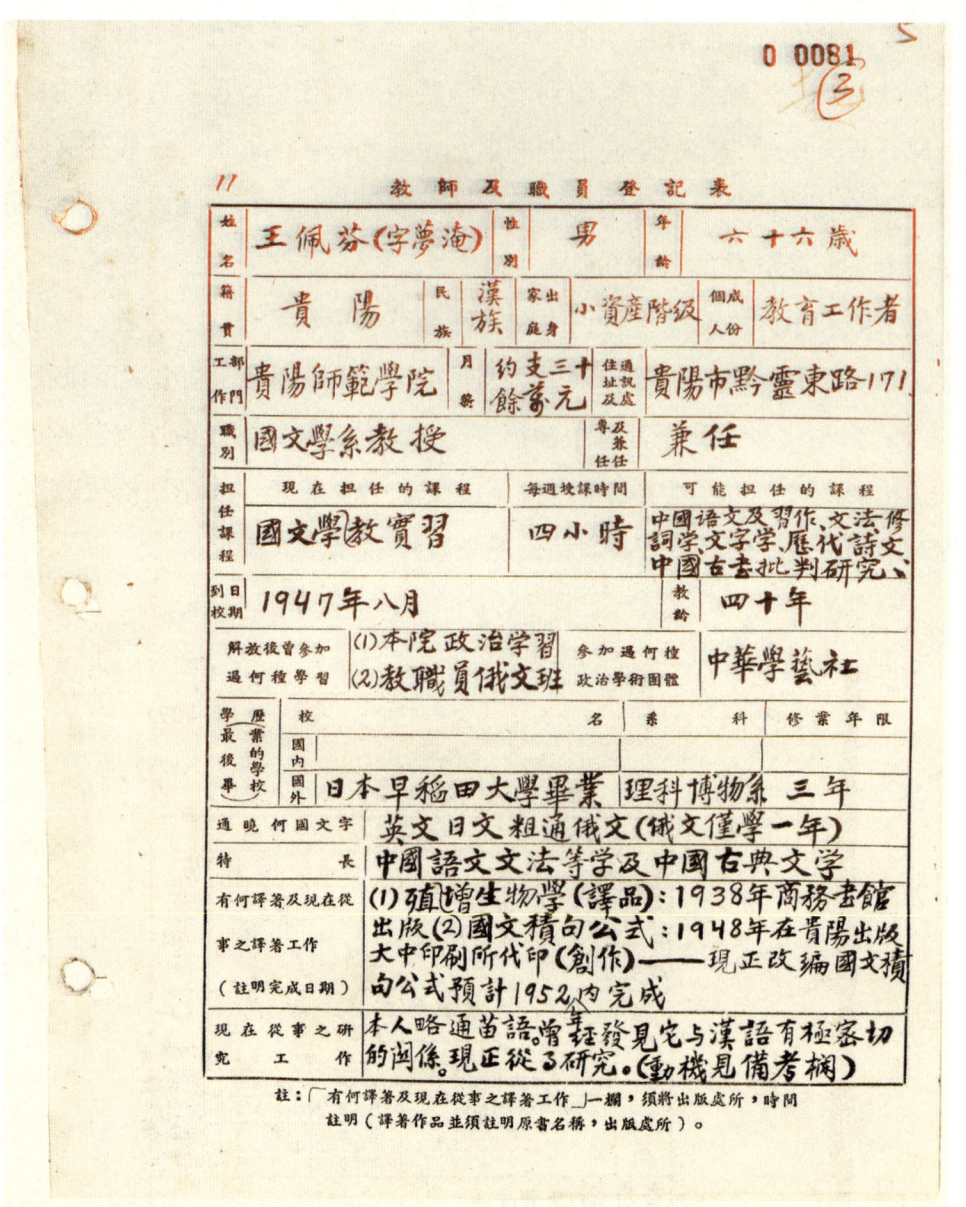

图 5 王佩芬教师及职员登记表

王佩芬擅长中国语言文字文学、古诗文辞及矿物学，而且精通日文、英文、俄文，在学校期间，曾承担"日文""国文""文字学声韵学""中国文法语法""中国文学史"等课程的教学工作。同时，他还勤于著述，主要著作有《国文积句公式》《识字法》《贵州方言考》《说文解字部首疏证》《名学滓逨》《先秦名理探》《和文猎要》《英语构造及分析图式》《结晶学入门》等；编有《现代汉语》《古代汉语讲义》等讲义。此外，他还翻译了日本寺尾新博士的《增殖生物学》一书。

晚年的王佩芬录曾作七言律诗一首，这首诗也是他人生的真实写照：

自戴儒冠便出君，百无一就鬂霜新。

玉堂金马当年梦，守缺抱残此日身。

老去不知勤学苦，历来都为买书贫。

扩充眼界前头望，行见花明夜里春。

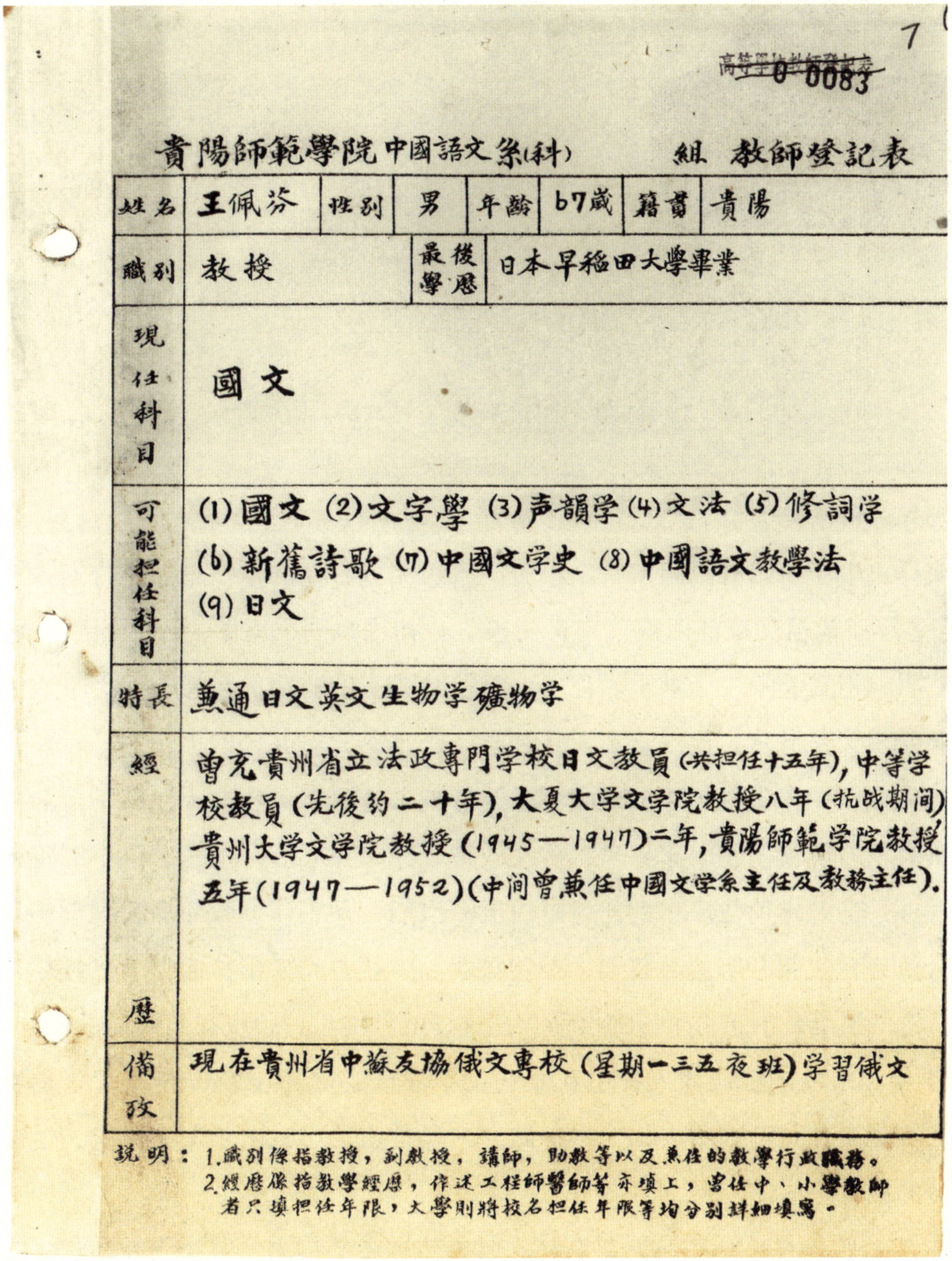

高等學校教師登記表 0-0083 7

貴陽師範學院 中國語文系(科) 組 教師登記表

姓名	王佩芬	性別	男	年齡	67歲	籍貫	貴陽
職別	教授			最後學歷	日本早稻田大學畢業		

現任科目：國文

可能擔任科目：(1)國文 (2)文字學 (3)聲韻學 (4)文法 (5)修詞學 (6)新舊詩歌 (7)中國文學史 (8)中國語文教學法 (9)日文

特長：兼通日文英文生物學礦物學

經歷：曾充貴州省立法政專門學校日文教員(共擔任十五年),中等學校教員(先後約二十年),大夏大學文學院教授八年(抗戰期間)貴州大學文學院教授(1945—1947)二年,貴陽師範學院教授五年(1947—1952)(中間曾兼任中國文學系主任及教務主任).

備致：現在貴州省中蘇友協俄文專校(星期一三五夜班)學習俄文

說明：1.職別係指教授,副教授,講師,助教等以及兼佳的教學行政職務.
2.經歷係指教學經歷,作述工程師醫師等亦項上,曾佳中,小學教員者只填擔任年限,大學則將校名擔任年限等均分別詳細填寫.

图6 王佩芬贵阳师范学院中国语文系教师登记表

（撰稿人：刘赟博）

曾庆祥

曾庆祥，贵州省贵阳市人，生于 1914 年 12 月 9 日，卒于 1989 年 8 月。

曾庆祥出生于贵州省贵阳市一个小资产阶级家庭。他的祖辈是江西吉安人。据曾母说，100 多年前曾祖父从江西逃荒来贵州谋生。初来贵州，以磨豆腐为生。曾祖父婚后有一女三男，祖父是第二个孩子。祖父一开始是买卖旧衣物的小摊贩，后来成为一个旧衣店店主。祖父是文盲，他深感不识字之苦，于是尽力供儿孙们去读书。祖父去世时，曾庆祥的父亲在一家省号（清末各县衙门在省城办零星事务收取手续费的行业）工作。父亲后来自己专门设立了一家省号，后又改行开糖果点心店，生意兴隆。因友人约父亲一起干实业，父亲遂前往广东到桂粤黔白层河汽船公司工作。数年后公司破产。父亲又与友人合资经营贵州开阳盐井公司，经营盐业。因盐井尚未出盐而财力已耗尽，公司倒闭。其父意气消沉，不想再干任何事情。在这样的环境里，曾庆祥出生了。

1921 年，六岁的曾庆祥入贵阳私立达德小学读书。幼年的曾庆祥就立志要学爱迪生、富兰克林、瓦特等这些人物，将来做一个科学家。当时由于家境贫寒，他课余时间在家里开的旅馆当伙计。

1925 年，曾庆祥小学毕业，父亲坚决要求他进私塾读书，并托人介绍他去陈耿民先生（时任贵阳市副市长）家所设的私塾读书，拜年过七十的杨馥芝先生为师。曾庆祥打小对私塾反感，于 1927 年写了一篇《私塾生活的回忆》发表于上海出版的少年杂志。

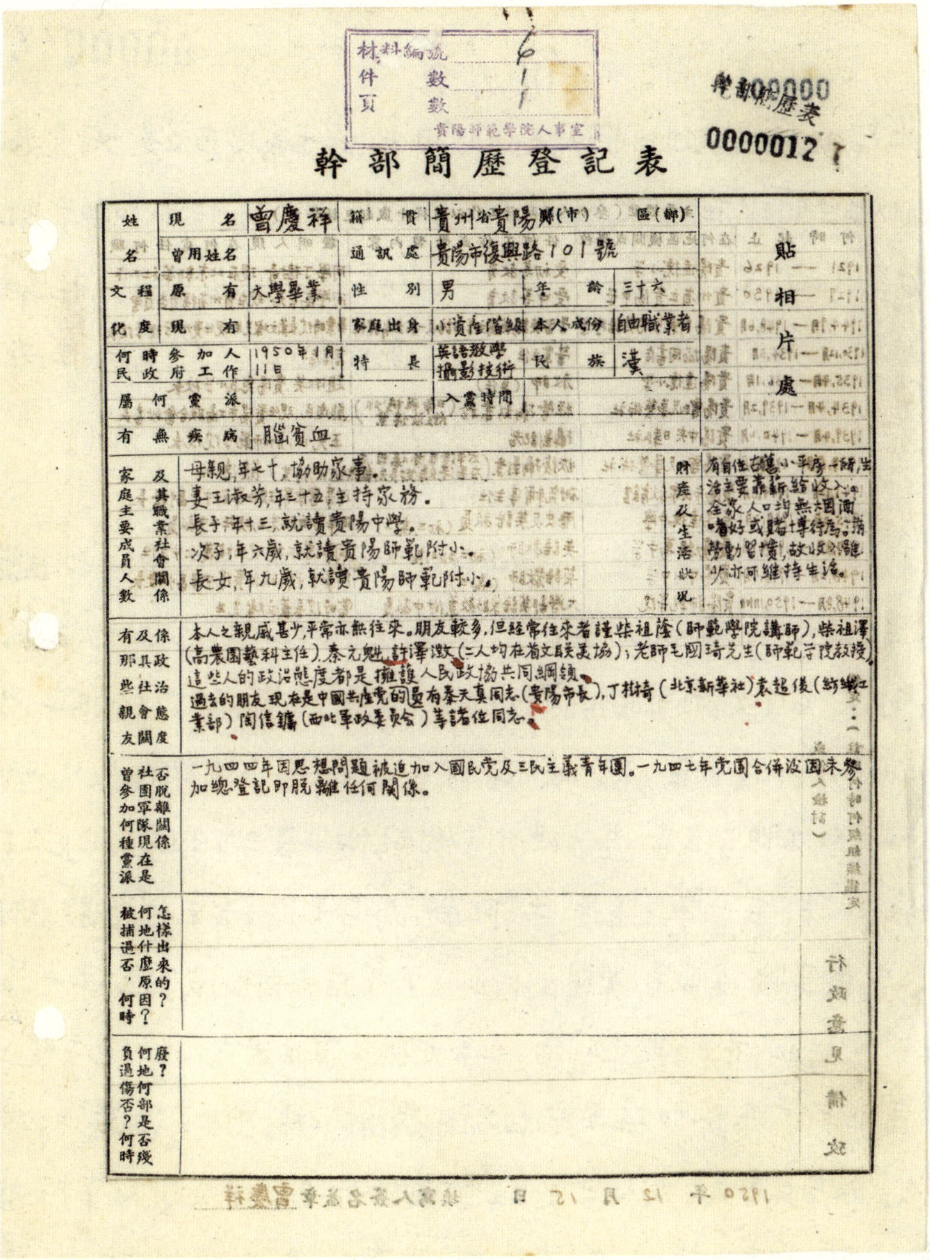

材料編號 6
件數 1
頁數 1
貴陽師範學院人事室

幹部簡歷登記表

0000012

姓名 現名	曾慶祥	籍貫	貴州省貴陽縣（市） 區（鄉）		貼相片處
曾用姓名		通訊處	貴陽市復興路101號		
文化程度 原有	大學畢業	性別	男	年齡 三十六	
現有		家庭出身	小資產階級	本人成份 自由職業者	
何時參加人民政府工作	1950年1月11日	特長	英語教學 攝影技術	民族 漢	
屬何黨派		入黨時間			
有無疾病	腦貧血				

家庭主要成員人數及其職業社會關係：
母親，年七十，協助家事。
妻王淑芬，年三十五，主持家務。
長子，年十三，就讀貴陽中學。
次子，年六歲，就讀貴陽師範附小。
長女，年九歲，就讀貴陽師範附小。

財產及生活狀況：有自住舊小平房一間，生活主要靠薪給收入。全家人口均無烟酒嗜好或賭博行為，消費勤習慣，故收入雖少亦可維持生活。

有那些社會親友及其政治態度關係：本人之親戚甚少，平常亦無往來。朋友較多，但經常往來者謹柴祖蔭（師範學院講師），柴祖澤（高農園藝科主任），秦元魁，許澤澂（二人均在省文聯美協）；老師毛闕琦先生（師範學院教授），這些人的政治態度都是擁護人民政協共同綱領。過去的朋友現在是中國共產黨的還有秦天真同志（貴陽市長），丁樹奇（北京新華社）袁超俊（紡織工業部）閻信鑣（西北軍政委員會）等諸位同志。

曾否參加何種黨派社團軍隊現在是否脫離關係：一九四四年因思想問題被迫加入國民党及三民主義青年團。一九四七年党團合併後因未參加總登記即脫離任何關係。

被捕過否？何時何地？怎樣出來的？什麼原因？

負過傷否？何時何地？何部是否殘廢？

图 1 曾庆祥干部简历登记表

1927 年，杨先生去世，因为找不到更好的老师，父亲送他到百货店当学徒。曾庆祥坚决要进学校学习，于是和家里谈判：“一、大哥、二哥没有当过徒弟，我不学；第二，大哥中学毕业，二哥进法政专门学校，为什么我不能进学校呢？第三，若不让我进学校，我决定不去学徒弟，瞎混一辈子好了”。经过多次谈判，父亲只好让步，但条件是只能进法政专门学校补习科，若考不上还要当徒弟。通过曾庆祥的努力，他考取了贵州省立法政专门学校补习科。一年后，法政专门学校停办，补习科学生由教育厅接收，进行编

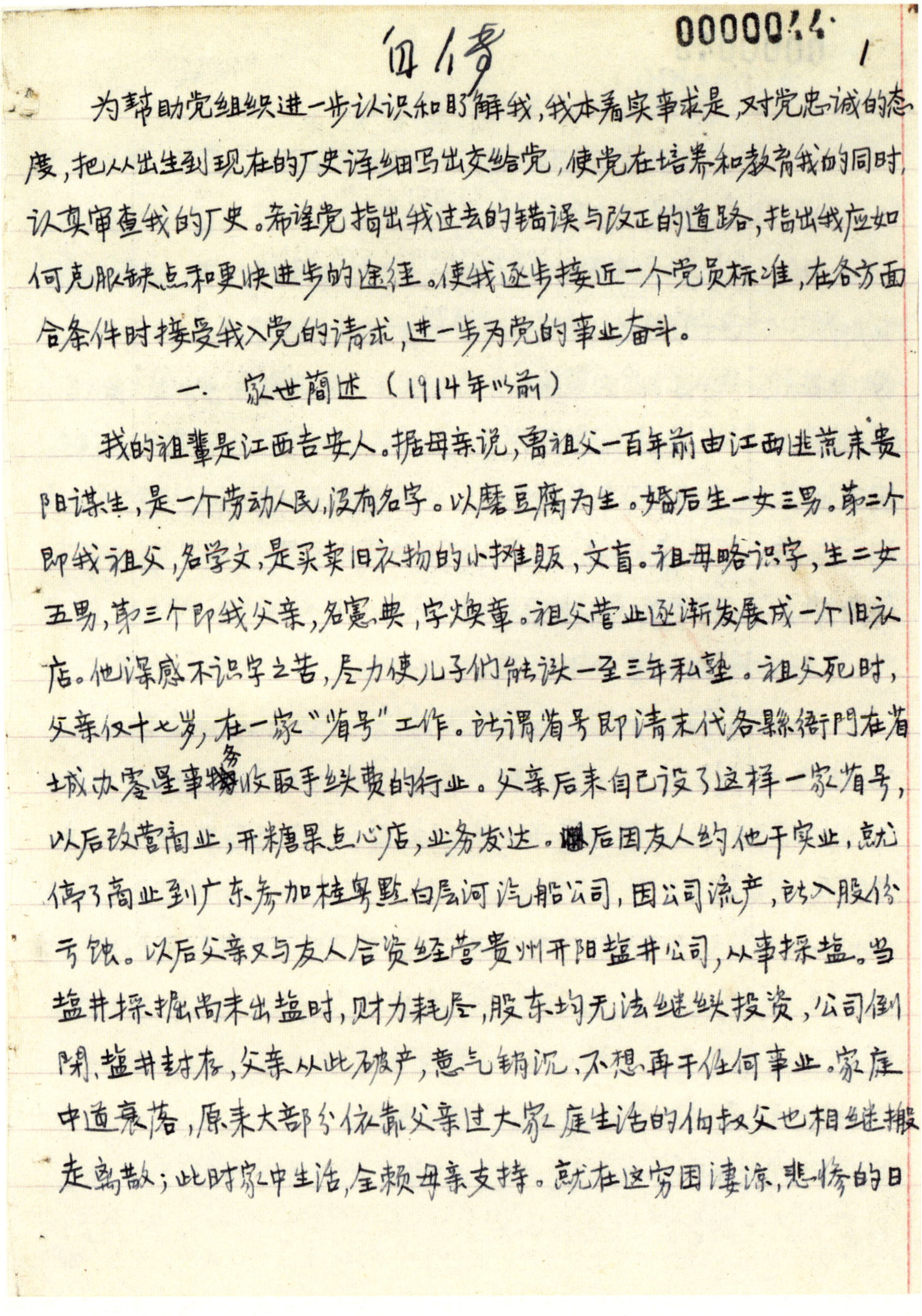

自传

0000044

为帮助党组织进一步认识和了解我，我本着实事求是，对党忠诚的态度，把从出生到现在的厂史详细写出交给党，使党在培养和教育我的同时，认真审查我的厂史。希望党指出我过去的错误与改正的道路，指出我应如何克服缺点和更快进步的途径。使我逐步接近一个党员标准，在各方面合条件时接受我入党的请求，进一步为党的事业奋斗。

一. 家世简述（1914年以前）

我的祖辈是江西吉安人。据母亲说，曾祖父一百年前由江西逃荒来贵阳谋生，是一个劳动人民，没有名字。以磨豆腐为生。婚后生一女三男。第二个即我祖父，名学文，是买卖旧衣物的小摊贩，文盲。祖母略识字，生二女五男，第三个即我父亲，名宪典，字焕章。祖父营业逐渐发展成一个旧衣店。他深感不识字之苦，尽力使儿子们能读一至三年私塾。祖父死时，父亲仅十七岁，在一家"省号"工作。所谓省号即清末代各县衙门在省城办零星事务，收取手续费的行业。父亲后来自己设了这样一家省号，以后改营商业，开糖果点心店，业务发达。嗣后因友人约他干实业，竟丢停了商业到广东参加桂粤黔白层河汽船公司，因公司流产，所入股份亏蚀。以后父亲又与友人合资经营贵州开阳盐井公司，从事探盐。当盐井探掘尚未出盐时，财力耗尽，股东均无法继续投资，公司倒闭，盐井封存，父亲从此破产，意气销沉，不想再干任何事业。家庭中道衰落，原来大部分依靠父亲过大家庭生活的伯叔父也相继搬走离散；此时家中生活，全赖母亲支持。就在这穷困凄凉，悲惨的日

图 2 曾庆祥自传

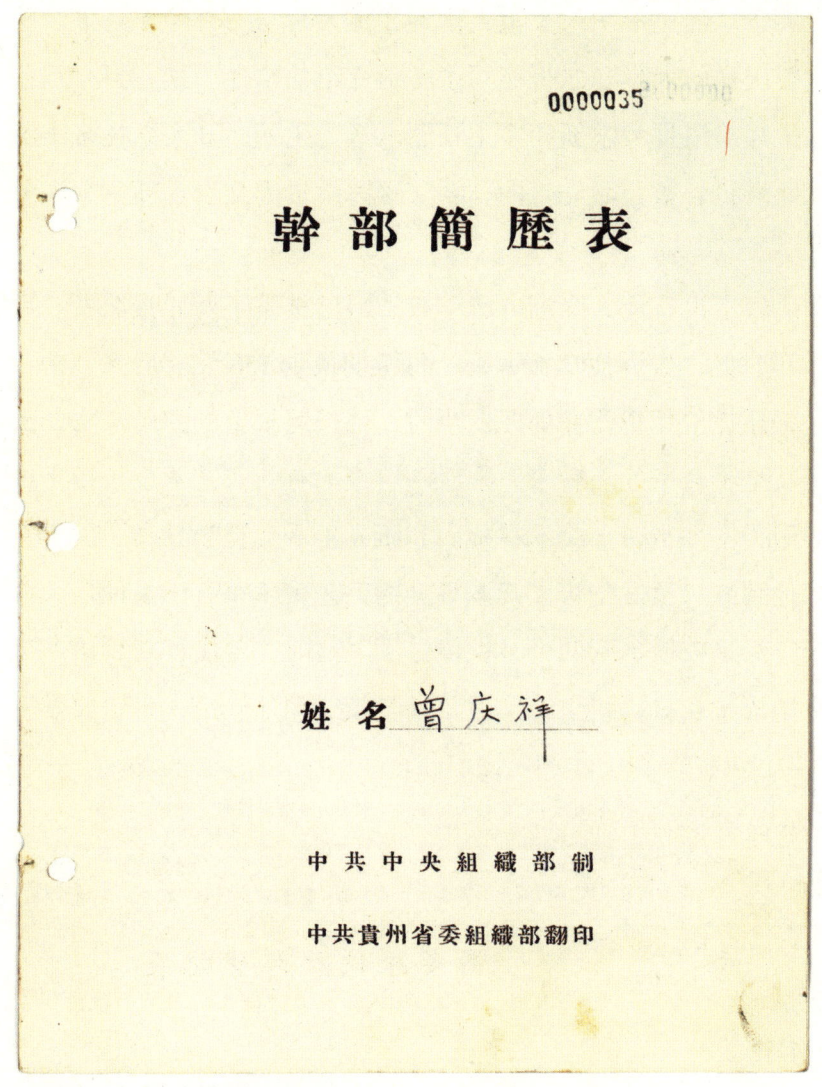

干部簡歷表

姓 名 曾庆祥

中共中央組織部制

中共貴州省委組織部翻印

（簡）图 3 曾庆祥干部简历表

级测验，分别编入省立一中二年级和贵阳师范学校一年级。曾庆祥被编入省立一中二年级。到一中后，课程非常紧，由于没有上过高小，很多理科课程没有基础，曾庆祥学起来很费力。在一中学习期间，他刻苦学习，酷爱读课外书籍，特别是俄国文学和日本文学。三年的学习过程中，曾庆祥由于品学兼优而免缴学费。曾庆祥自己很想毕业后考大学预科或升入高中，但是目睹家中窘迫的情况，不敢再考虑这个问题。

1930 年，曾庆祥毕业后到协同书店工作。无论白天生意再忙，晚上他都要读书。他最喜欢读的是戏剧书，其次是文学、电影、音乐、绘画、摄影等方面的书籍。

1933 年，曾庆祥怀揣在书店辛苦挣来的 170 多块钱，去上海求学。他最想学的是电影摄影，其次是绘画，再次是新闻。最想报考的学校首先是绿洲电影学校，其次是上海美术专科学校，最后是复旦大学。经过多次与家里人沟通，在大哥与二哥的支持下，曾庆祥终于如愿到上海求学。曾庆祥的大哥和二哥还写了三封介绍信给他。这三封介绍信分别是：①大哥托贺梓齐先生写给复旦大学新闻系主任谢六逸先生的；②大哥托张士美先生写给上海商务印书馆交际科科长黄警顽先生的；③二哥写给贵阳全泰永商店上海分庄负责人张笑麈先生的。

到上海后，曾庆祥才知道根本没有什么绿洲电影学校，自己被骗了两元报名费。后来又到复旦大学找到老同学邓时铨，告诉他学费太高，每学期最少 150 元。后来，他找到张笑麈先生，对方很热心，还让他免费住在那儿。当时，他按照报上的招聘广告，去找工作，结果不是早已满额就是不合条件。后来，他看到申报上有新亚艺术夜校招生广告，于是报名入学，学习实用美术。当时，美术教师周和康先生劝他自学日文，因为日本的工艺美术很发达，又带他到虹口至诚堂买了几本日文的工艺美术书。于是他白天画画、自学日文，晚上上夜校，但是夜校不到两个月就停办了。这时，曾庆祥对日语产生了浓厚的兴趣，想到上海外国语学校日语科学习，但是到学校一问才知道，日语要学习 5 年，英语和俄语要学习 7 年，每学期得先交 90 元学费，学生一定要住校，早、午、晚都有课，不能去做兼职。由于学费问题，他没法继续学习。

最后，他到商务印书馆找黄警顽先生，对方听说他想学摄影，就把他介绍给世界著名的艺术摄影家郎静山先生，请他给予曾庆祥指导和帮助。郎先生对他很好，让他先买一个普通照相机，照了照片拿给他看。于是曾庆祥经常去请教郎先生。然而这时，父母来信让他及早回家，加上没有收入继续生活，在上海住了将近七个月后，曾庆祥决定回去做生意

图 4 曾庆祥高等学校教师登记表

赚了钱再考大学，于是回贵阳开了一家小照相馆。

1934 年，曾庆祥在贵阳开设曾氏兄弟照相馆。经过四年的努力，他的照相馆已成为贵阳最大的照相馆之一。1939 年日本飞机轰炸贵阳，他的照相馆也被炸毁。

1939 年 3 月，曾庆祥的大哥托何玉书（当时贵州省政府委员）写信介绍他到重庆中央电影摄影坊工作。但当时中央电影摄影坊正在裁员，所以没法进去。

由于在重庆找不到工作，于是曾庆祥于 1939 年 4 月又回到贵阳，重开照相馆。同时，他的大哥请王克仁介绍他到贵阳《中央日报》做兼职摄影记者。但是每月所得薪资只有正式摄影记者工资的四分之一，只有十几块钱。当时通货膨胀严重，十几块钱根

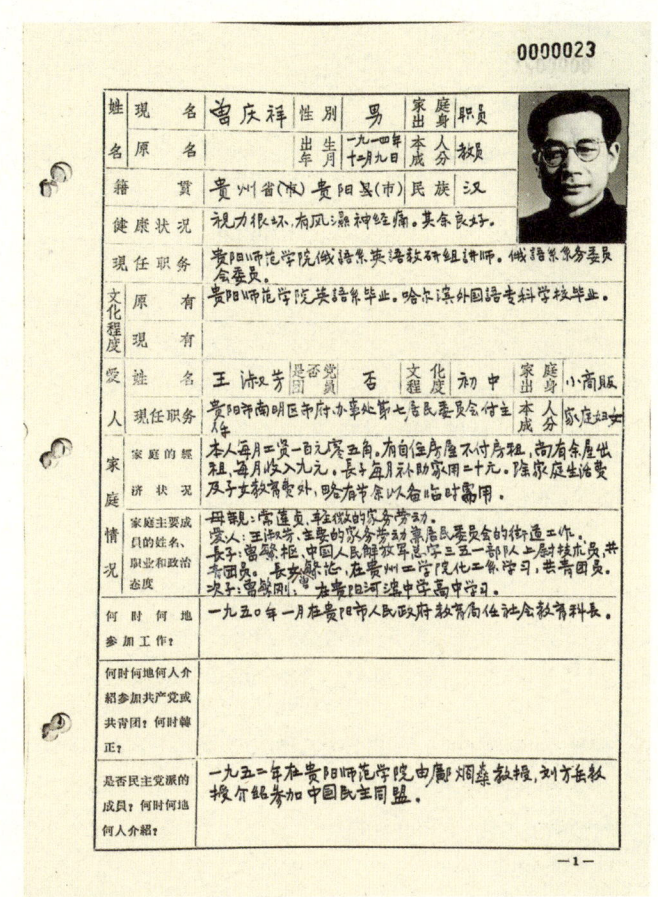

图 5 曾庆祥干部简历表

本不够家用，这个工作曾庆祥干了一年左右就辞去了。

1941 年 12 月，在朋友宋怀中的邀请下，曾庆祥到贵阳市立民众教育馆艺术组做干事，不久又调到研究辅导组做主任。因为收入微薄，他又在贵阳进修书店兼职画图书广告。

1944 年，曾庆祥辞去了教育馆的工作，考取了国立贵阳师范学院英语系。他在自传里提到自己考英语系的目的："学英语在毕业后可作中学英文教员，同时在业余时间利用英语作进一步学习与研究摄影的工具，因为国外出版很多摄影书籍都是英文的。"在校学习期间，他非常努力，为了养家，他必须在外面做兼职。先后在达德中学、程万中学、中山中学兼课。

1948 年，曾庆祥毕业后留在国立贵阳师范学院英语系做助教。后经秦天真（当时贵阳市市长）介绍，1950 年，曾庆祥到市政府教育局工作。

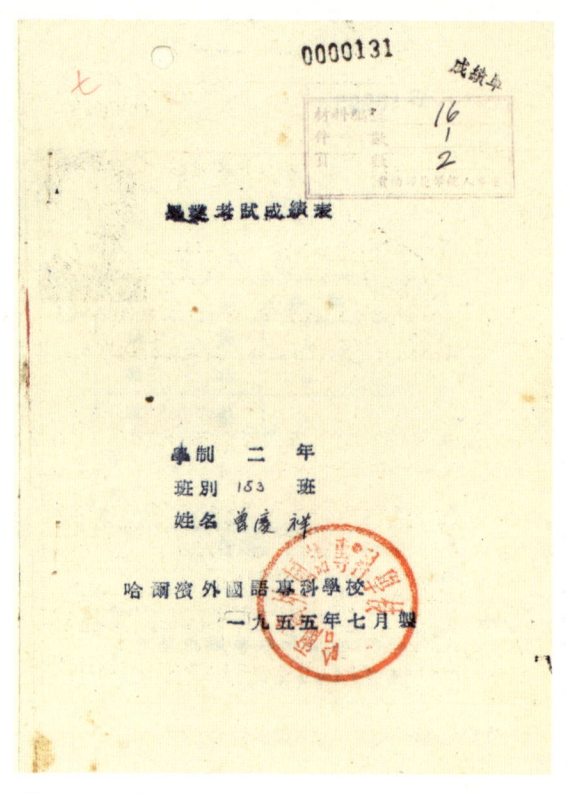

图 6 曾庆祥哈尔滨外国语专科学校毕业考试成绩表（一）

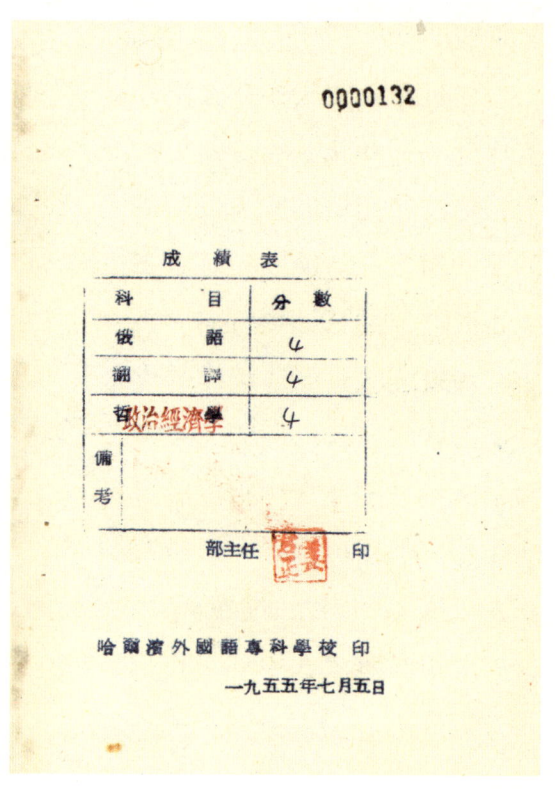

图 7 曾庆祥哈尔滨外国语专科学校毕业考试成绩表（二）

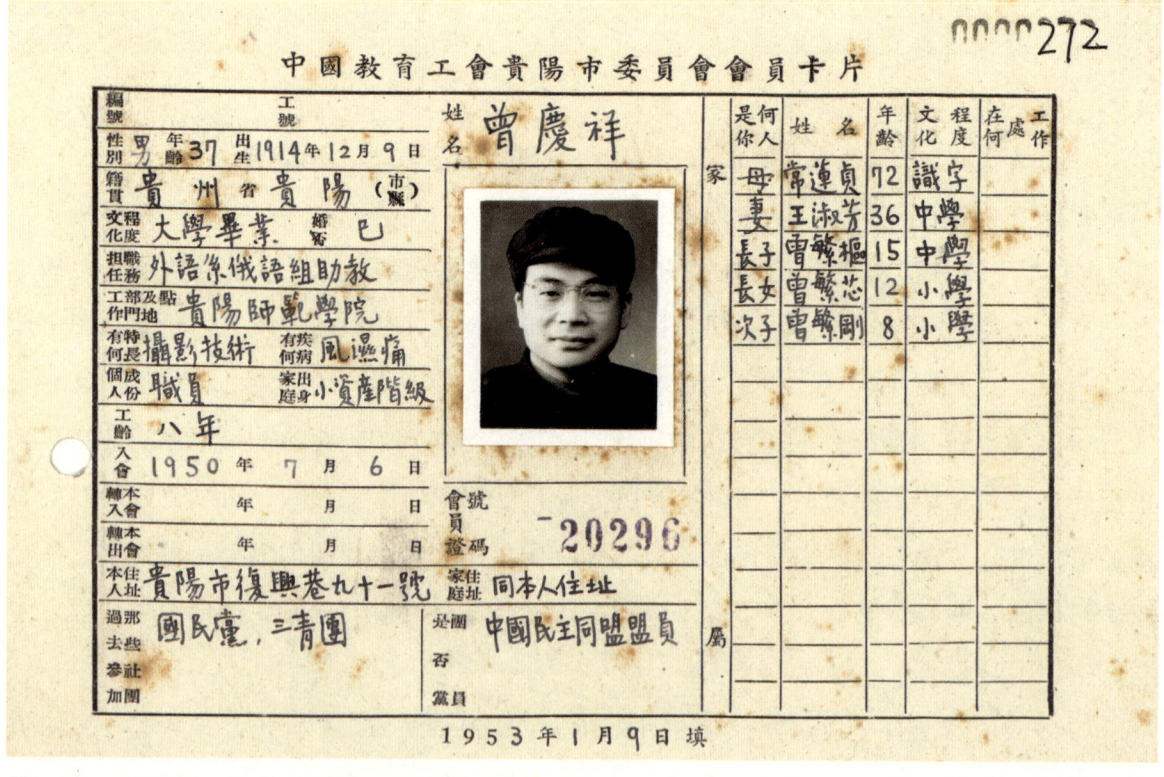

图 8 曾庆祥工会会员卡片

　　1951 年 8 月，曾庆祥重回贵阳师范学院，在政治课研究组任助教，暑假后被调到外语系工作。1953 年被派到哈尔滨外国语专科学校学习俄文，1955 年 7 月回到贵阳。

　　在贵阳师范学院工作期间，曾庆祥曾担任"社会发展史""英语发音训练""英国文学作品选读""俄语语法""摄影"等教学工作。他备课既充分又认真，还经常帮助青年教师。1983 年他被评为"五讲四美 为人师表"先进个人。他熟悉英语、俄语、日语，曾发表过九篇译文。他翻译苏联科学院出版的《发展英语口语技能使用的语法手册》还被相关部门审阅出版。

（撰稿人：刘赟博）

杜化居

杜化居，吉林省大安县人，生于1912年4月12日，卒于1999年12月25日。

杜化居出生于吉林省大安县一个农民家庭，1936年8月在北京市立体育专科学校读书。由于"七七"事变的影响，杜化居于1938年4月由北京去天津乘坐英国湖北号货轮经上海、香港、广州去重庆。1938年8月，杜化居在教育部登记借读重庆大学体育科学习，后于1939年7月毕业，毕业后留任重庆大学体育科助教。

1939年8月，杜化居被派往湖南大学体育组任助教，后于1940年8月调回重庆大学体育科工作。

1946年，杜化居受当时体育童子科主任黄桂清邀请，到贵阳师范学院工作。

1948年8月，杜化居到贵州大学体育组任副教授。

1950年，省文教接管部管理贵阳师范学院。经学院体育童子科学生和老师多次反映，文教接管部几次找杜化居谈话，说服他重回贵阳师范学院工作。1950年4月，杜化居回到贵阳师范学院体育科（后改为体育系）。1951年，杜化居参加中国民主同盟会，1960年，他被选为贵州省民盟委员会委员。1952年至1956年，杜化居被选为贵州省大学体育教育研究会主任委员。1954年至1965年，杜化居被选为贵州省第一、二、三届省人民代表。1961年贵州省体育专科学校并入贵阳师范学院，贵阳师范学院成立体育系，杜化居担任系主任。1977年，杜化居被选为贵州省第四届政协委员。1980年至

贵阳师范学院

自 传 杜化居 1956.9.13

杜化居，男，44岁（1913生），吉林省大赉县人。我的家庭成分是富农（土改后在杜田家知道的）。但现在东北的家庭十年来也不知道有些什么人了。因为我自1932年离开家后就没有回过家了，也没有联系了。又因我们这支人都住在北京（只有二嫂在外地女儿家）。我的父母已故去多年了。我们兄弟三人，大兄杜化学（铭三），二兄杜化墉已死多年了。我是老三。大兄有三个女孩，大女杜镜（秋）随她爱人在北京住，二女杜镜湖（杜田）共产党员，在北京市妇联组织部工作，三女杜校随她爱人在北京某工厂工作（门各不知道）。大兄杜超寿，毕业俄文法政大政大学毕，现在北京外交学院任行政科长（去年在家知道的）。他是否是党员我没有问过他，据叔父说他不是党员的。因为他是一个自高自大，骄傲自满的人，谁都跟他谈不来的。过去他与高崇民，于一夫，闫保航从经在一起（1932年）那时住北京东城西堂子胡同2号，我住在他家里。他后来与他爱人离婚了。叔父杜春芝（青轩）无党派，北京师大化学系毕业，德国留学生，曾任中央工业试验所长，因病调到科学院工作，婶母蒲洁修，民建，北京师大化学系毕业，德国留学生，现任北京市粮食局局长（去年知道的），全国人民代表大会代表。叔父有二个孩子，男孩杜刚共青团员，现在北京航委会工作，女孩杜莹共青团员，北京俄学院毕业，现在俄学院担任助教工作。他们的家庭经济特况，均以工资维持生活。我在中学及大学念书时一切

图1 杜化居自传（一）

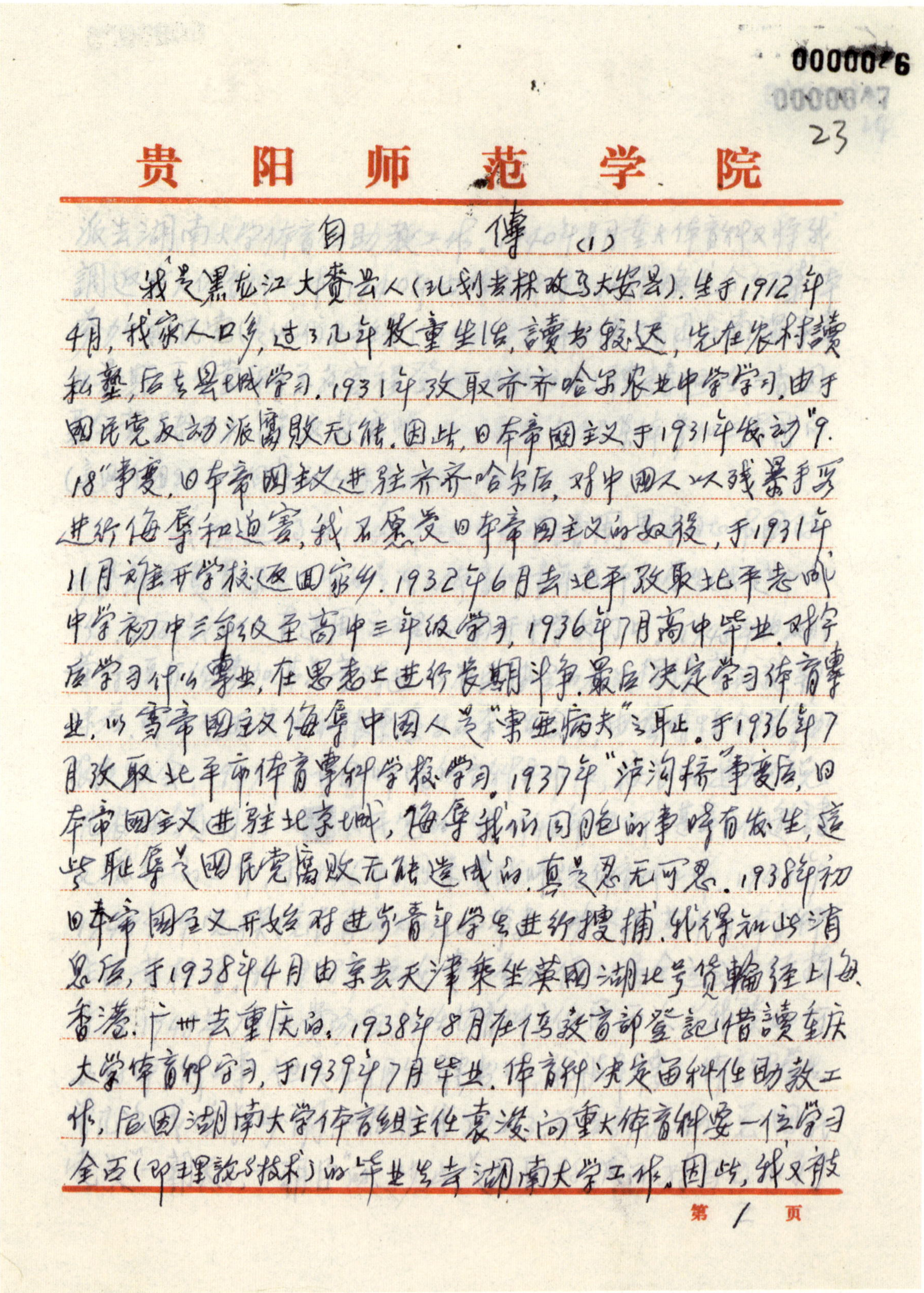

贵阳师范学院

自传 (1)

我是黑龙江大赉当人（孔划去採改为大赉县），生于1912年4月。我家人口多，过了几年救重生活，读书较迟，先在农村读私塾，后去县城学习。1931年考取齐齐哈尔农业中学学习。由于国民党反动派腐败无能，因此，日本帝国主义于1931年发动"9.18"事变，日本帝国主义进驻齐齐哈尔后，对中国人以残暴手段进行侮辱和迫害，我不愿受日本帝国主义的奴役，于1931年11月离开学校返回家乡。1932年6月去北平考取北平志成中学初中三年级至高中三年级学习，1936年7月高中毕业。对学后学习什么专业，在思想上进行长期斗争，最后决定学习体育专业，以雪帝国主义侮辱中国人是"东亚病夫"之耻止。于1936年7月考取北平市体育专科学校学习。1937年"泸沟桥"事变后，日本帝国主义进驻北京城，侮辱我们同胞的事时有发生，这些耻辱是国民党腐败无能造成的，真是忍无可忍。1938年初日本帝国主义开始对进步青年学生进行搜捕，我得知此消息后，于1938年4月由京去天津乘坐英国湖北号货轮经上海、香港、广州去重庆的。1938年8月在渝教育部登记借读重庆大学体育科学习，于1939年7月毕业。体育科决定面科作助教工作，后因湖南大学体育组主任袁浚向重大体育科要一位学习全西（即理论与技术）的毕业生去湖南大学工作，因此，我又被

第 1 页

图2 杜化居自传（二）

1985 年，杜化居被选为中华全国体育总会贵州省分会副主席。

　　杜化居投身体育教育事业四十多年，曾担任"体育概论""教材教法""运动裁判法""体操""田径""游泳""垒球"等课程的教学工作。编著有《垫上运动》《双杠运动》《单杠运动》《跳箱运动》等。

　　杜先生热爱事业、治学严谨、豁达大度、品德高尚，在贵州体育教育界辛勤耕耘半个世纪，为贵州省培养了大批体育人才。

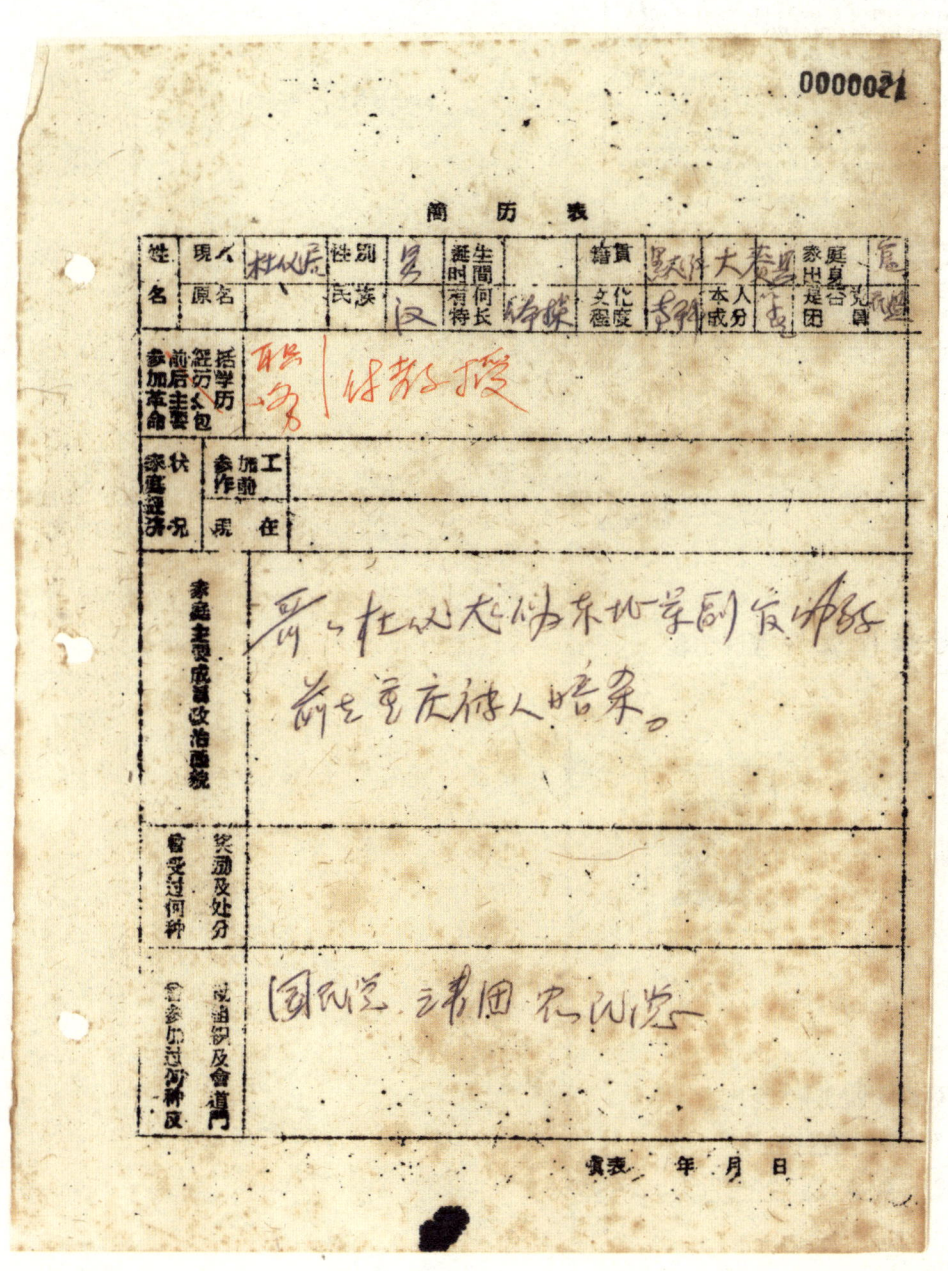

图 3　杜化居简历表

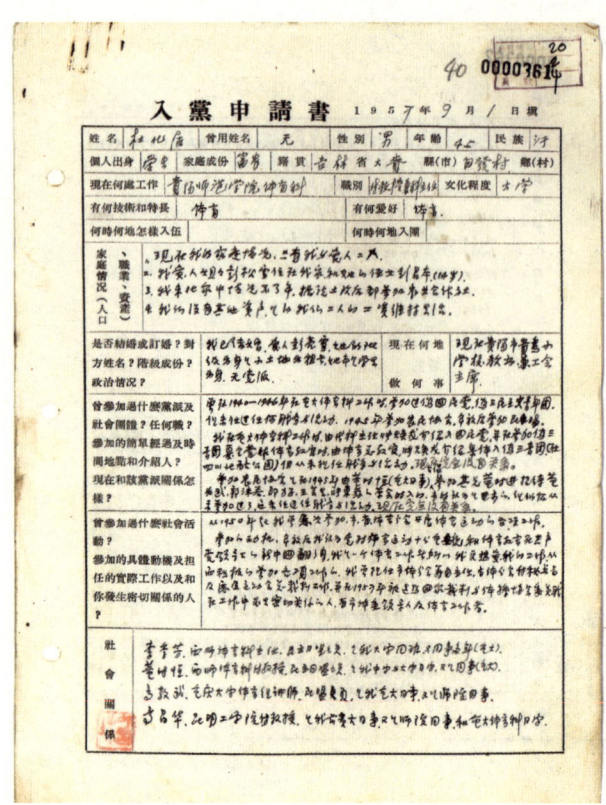

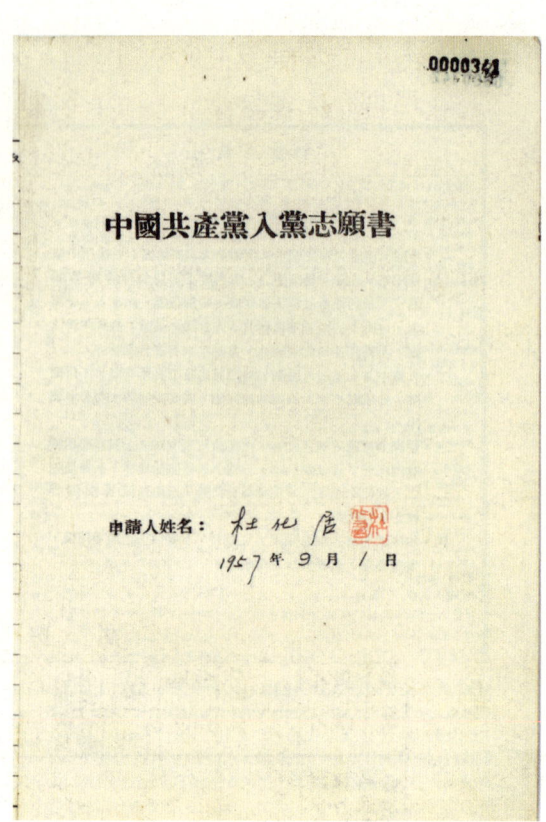

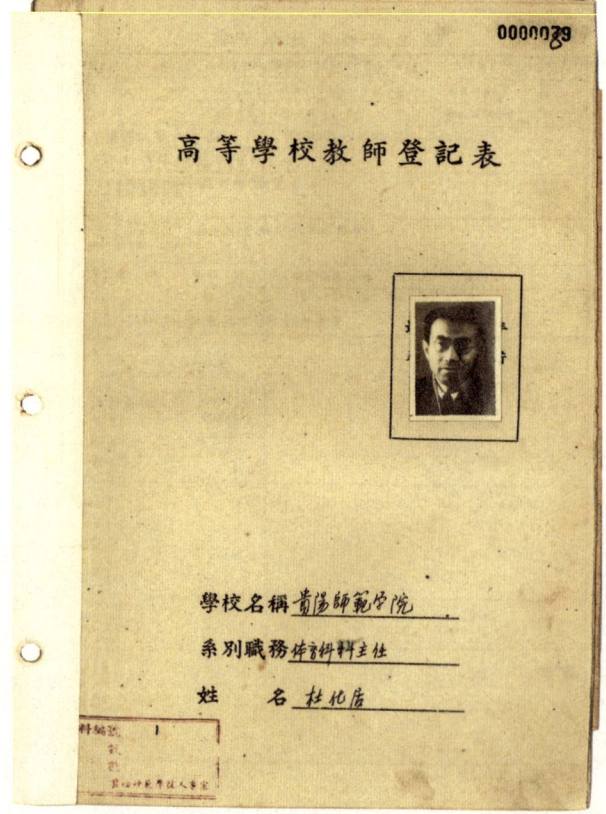

图 4 杜化居
入党申请书

图 5 杜化居
入党志愿书

图 6 杜化居高等学校教师登记表

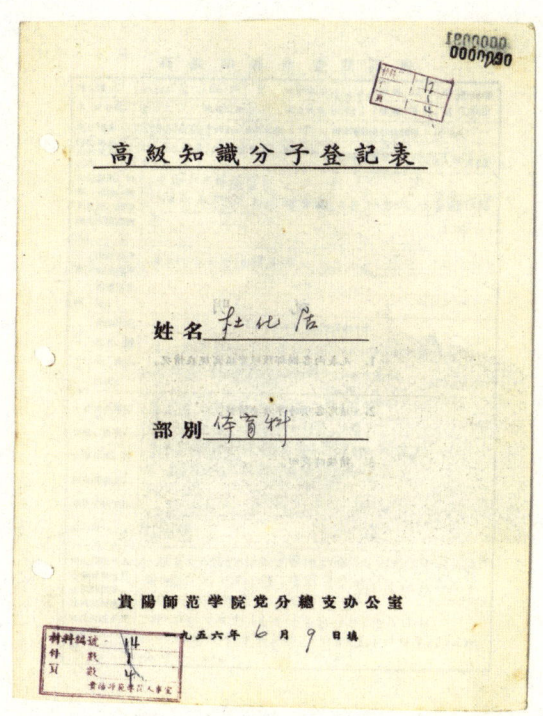

图 7 杜化居高级知识分子登记表

图 8 杜化居贵阳师范学院体育科教师登记表

（撰稿人：刘赟博）

栗庆云

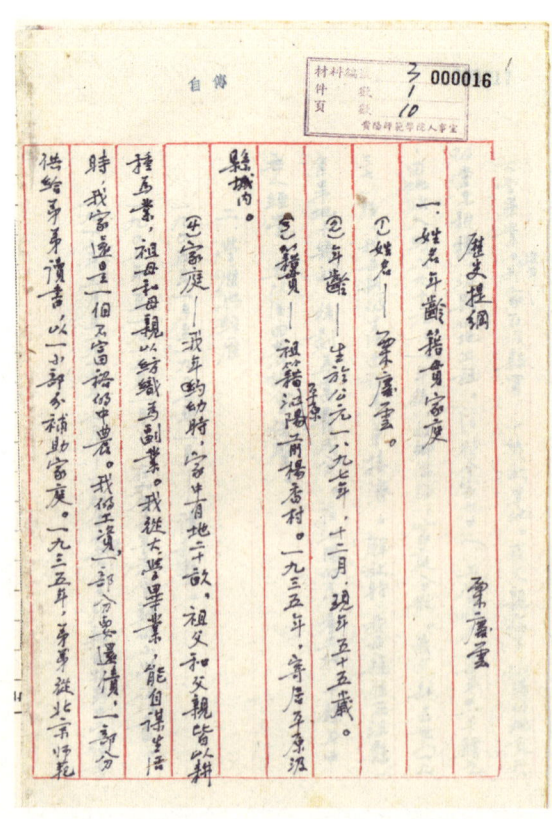

图 1 栗庆云简历表

图 2 栗庆云历史提纲

栗庆云，字翊化，河南省沁阳（今属于焦作市）人，生于 1897 年 12 月，卒于 1966 年 11 月。

栗庆云出生于河南沁阳一个农民家庭。七岁时，栗庆云开始进入村里的私塾学习。当时，科举制度已被废除，他觉得读私塾没有什么前途。1907 年，基督教长老会在沁阳创办了一所小学。他祖父听到这个消息，认为外国科学昌明，不是我们中国所能相比的，"教会学校能开风气之光"。于是，时年 11 岁的栗庆云和两个叔父被送到加拿大基督教长老会所创办的小学读书。

1912 年，栗庆云到汲县（现改名卫辉市）牧野中学读书。当时，栗庆云家境窘迫，这种环境促使他发奋读书。不仅如此，每年暑假，他都回家帮忙干农活。每次考试他都名列前茅，老师很看重他。

1917 年 6 月，栗庆云中学毕业。由于成绩优异，校长加拿大人宓记励以毕业后回校服务为条件，愿意以一半补助一半借贷的方式送他到南京金陵大学师范专科学校学习中国文学。当时栗庆云正因为家境贫寒而苦于无法升学，得到这个宝贵的机会，他很高兴地答应了。此外，金陵大学师范专科学校得知他家境贫穷，特许他免交学费。同年 9 月，他到金陵大学师范专科学校学习中国文学。暑期，栗庆云到河南鸡公山（当时外国人避暑之地）教外国人学习中文，借以贴补家用。1919 年，"五四运动"爆发，这股潮流传到南京，金陵大学师范专科学校学生罢课游行，并发动商人罢市。

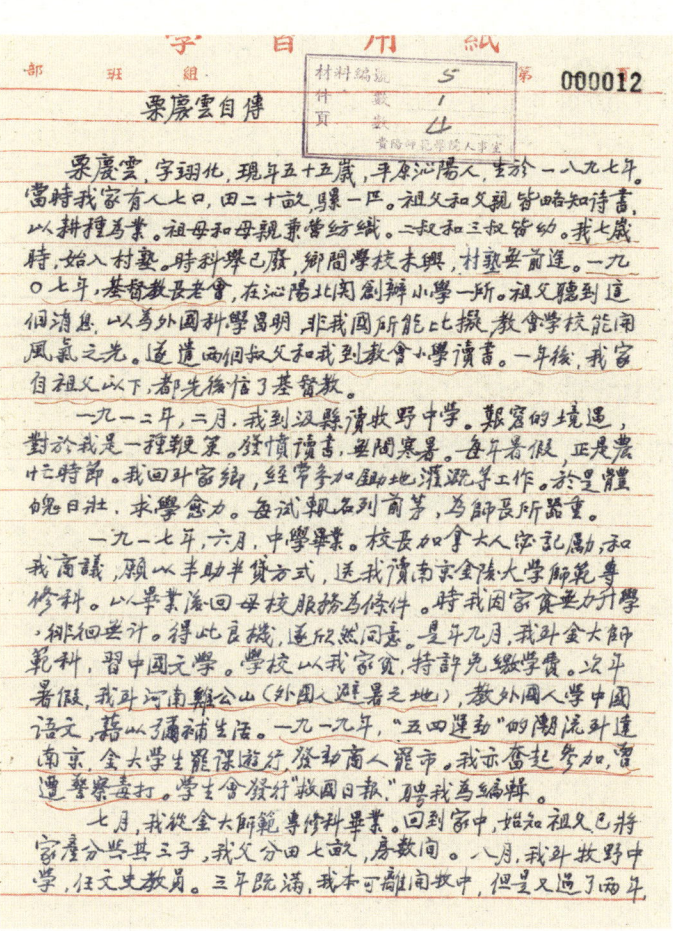

图 3 栗庆云自传

1919 年 7 月，栗庆云从金陵大学师范专科学校毕业回家。八月，他到牧野中学任文史教员。

1924年，在好友刘锡麟的资助下，栗庆云到燕京大学历史系学习。1927年，栗庆云顺利毕业，获得了文学学士学位。1928年，栗庆云到省立开封中学教历史。与此同时，他的老师简又文在洛阳创办今是中学，邀请栗庆云前去任教，于是，栗庆云5月份到今是中学做历史教员兼课务主任。

1929年，因不满学校闹派系，栗庆云辞职。后经友人介绍，栗庆云到省立汲县第五师范学校做史地教员。暑假过后，栗庆云经同学李忠告介绍到湖北宜昌女子初级中学教书。

此时，原湖北宜昌女子初级中学校长李玉英在武汉汉口创办了一所规模宏大的武汉女子中学，邀请栗庆云前去协助。于是栗庆云于1934年8月辞去宜昌女子初级中学校长职务，前往武汉女子中学任教务主任。

1938年1月，因抗日战争战事吃紧，栗庆云离开武汉，去宜昌避难。因为宜昌好友很多，他本来打算借此机会创办一所高中，但是由于日机经常滋扰，此事只能作罢。后来，他到私立华英中学做教员兼文书主任。因为学校靠近机场，过于危险，8月他无奈逃难到重庆，9月又辗转到贵阳。后经同学介绍，栗庆云到都匀县立中学做教员。

1939年8月，栗庆云被委派参加"贵州中等学校教师暑期讲习会"。后来因为学校待遇低，栗庆云转到贵州省农矿工商调整委员会做办事员。

1940年3月，栗庆云到贵阳女子师范学校做文史教员。

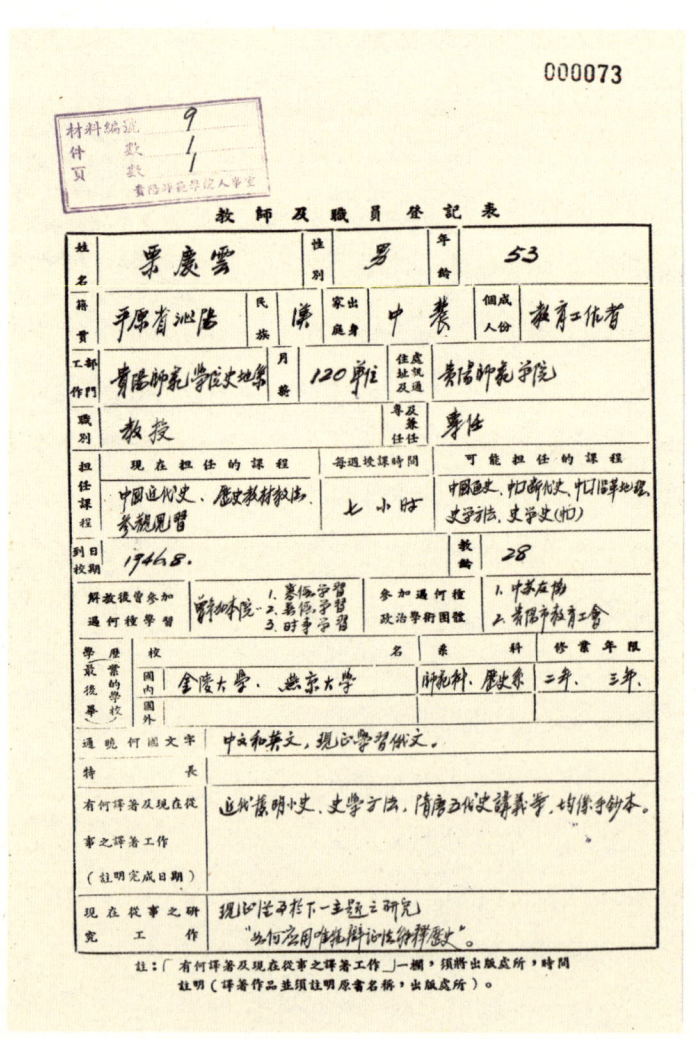

图4 栗庆云教师及职员登记表

当时学校被疏散至青岩，栗庆云住在川祖庙内，晚上经常点着菜油灯为学生改作文。

1940 年 8 月，经同事朱淑筠介绍，栗庆云认识了大夏大学秘书长王裕凯。后经王裕凯介绍，他被聘为大夏大学文学院史社系讲师，讲师证书由当时教育部部长陈立夫颁发。

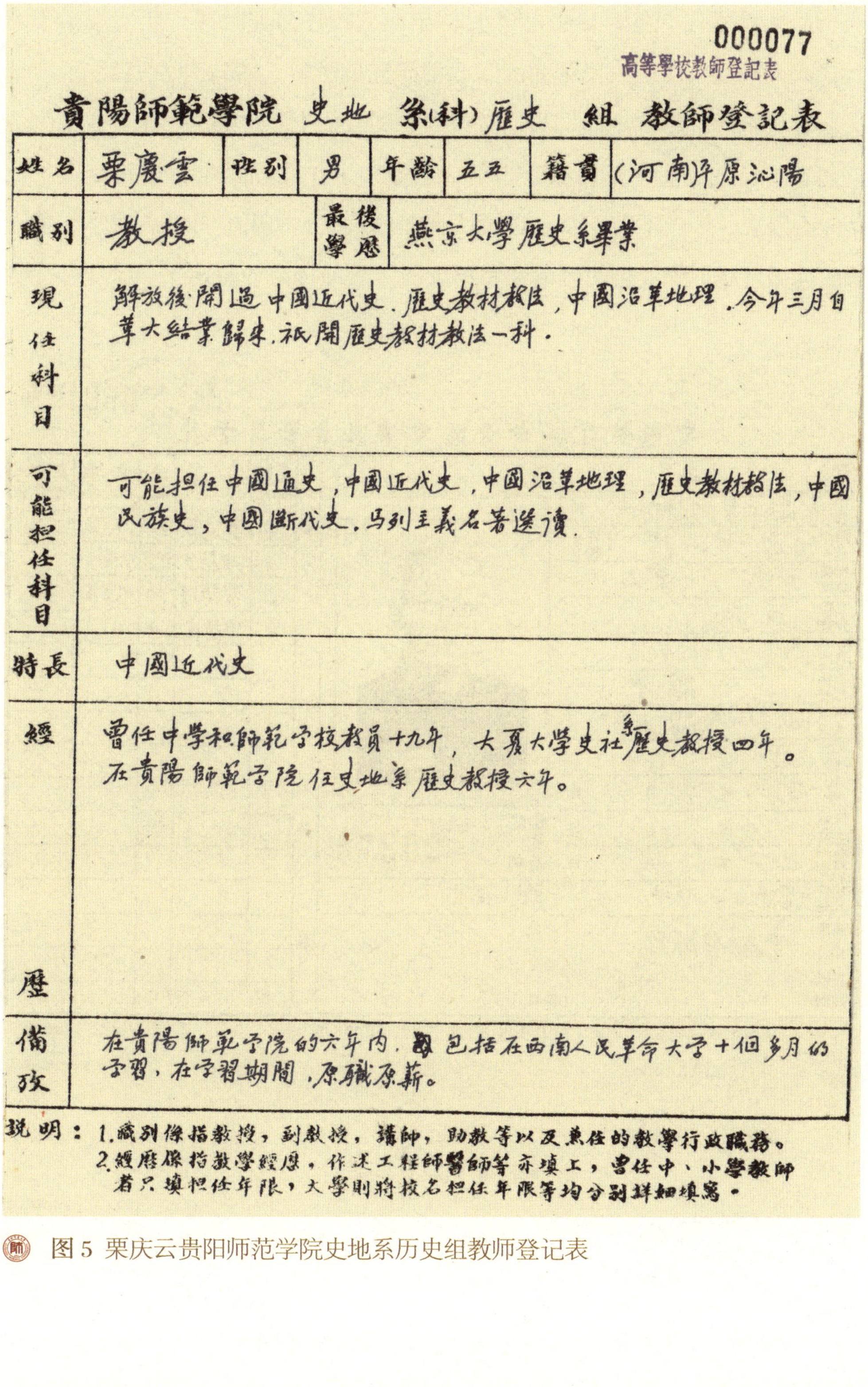

000077
高等學校教師登記表

貴陽師範學院 史地 系(科) 歷史 組 教師登記表

姓名	栗慶雲	性別	男	年齡	五五	籍貫	(河南)平原沁陽
職別	教授	最後學歷	燕京大學歷史系畢業				
現任科目	解放後開過中國近代史．歷史教材教法，中國沿革地理．今年三月自革大結業歸來．祇開歷史教材教法一科．						
可能担任科目	可能担任中國通史，中國近代史，中國沿革地理，歷史教材教法，中國民族史，中國斷代史．马列主義名著選讀．						
特長	中國近代史						
經歷	曾任中學和師範学校教員十九年，大夏大學史社系歷史教授四年。在貴陽師範学院任史地系歷史教授六年。						
備考	在貴陽師範学院的六年内，包括在西南人民革命大学十個多月的学習，在学習期間，原職原薪。						

說明：1.職別係指教授，副教授，講師，助教等以及兼任的教學行政職務。
2.經歷係指教學經歷，作述工程師醫師等亦填上，曾任中、小學教師者只填担任年限，大學則將校名担任年限等均分別詳細填寫。

图 5 栗庆云贵阳师范学院史地系历史组教师登记表

当时，由于物价暴涨，生活困难，栗庆云还在豫章中学、永初中学及贵阳师范学院兼课。

1944 年，日寇进犯黔南，贵阳紧急疏散。大夏大学迁至赤水。随着抗日战争的胜利，大夏大学迁回上海，裁减了很多教员。栗庆云也在其中。由于他曾在贵阳师范学院讲课，院长齐泮林邀请他到贵阳师范学院任教。1947 年，他被提升为副教授。曾景做院长期间，栗庆云被聘为史地系主任。但是由于经费紧张，史地研究室无法成立。1949 年春，栗庆云辞去系主任职务。1950 年 4 月，栗庆云改任研究教授，负责政治学习。1951 年 4 月，栗庆云到重庆西南人民革命大学政治研究班学习，1952 年 2 月结业。

栗庆云在贵阳师范学院期间，长期教授"中国近代史""中国通史""中国史学史"等课程。他把自己的一生奉献给教育事业，对教学工作勤勤恳恳，认真负责。他编写讲义、讲稿专心致志，一丝不苟；课堂讲授认真细致，深入浅出，善于启发学生独立思考，辅导答疑、循循善诱；积极热忱地帮助和指导青年教师提高业务水平，深受师生的敬佩。

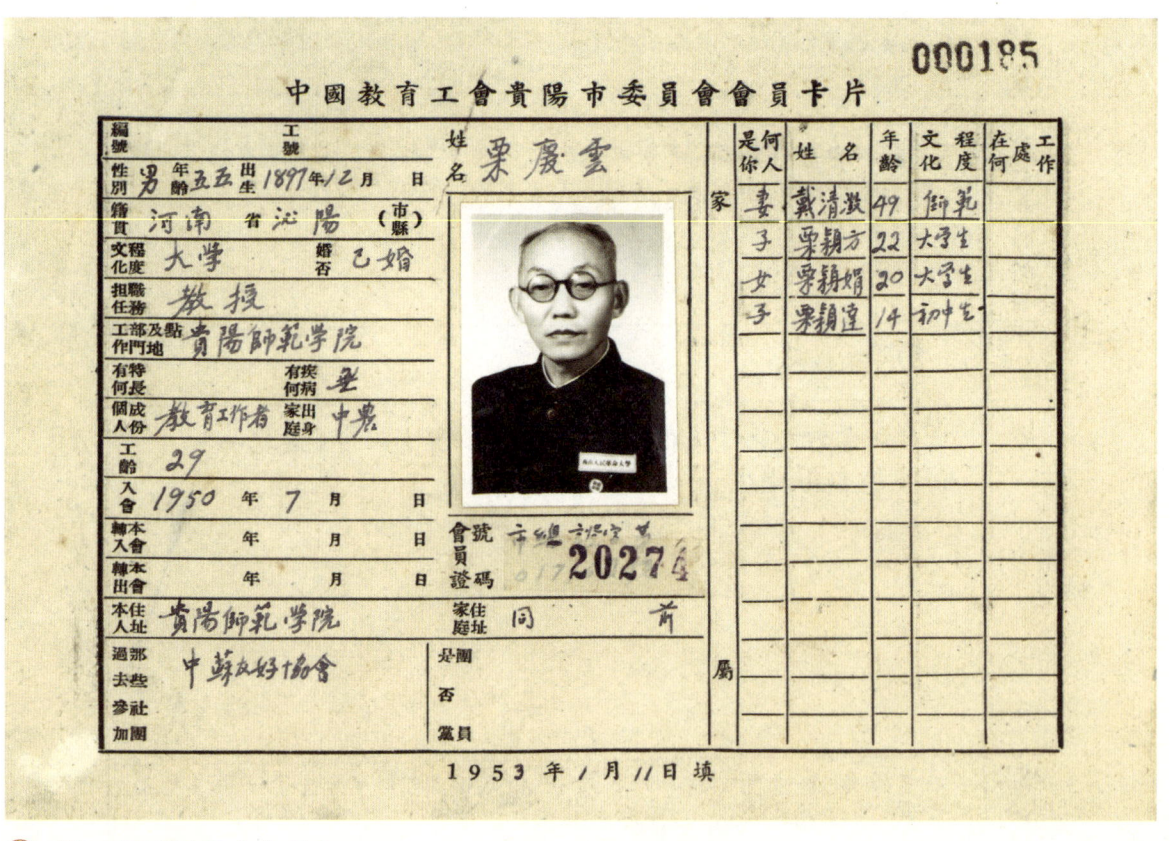

图 6 栗庆云工会会员卡

（撰稿人：刘赟博）

刘德文

刘德文，安徽省巢县人，生于 1923 年 8 月 29 日，卒于 2006 年 11 月 28 日。

刘德文出生于安徽省巢县一个农民家庭。刘德文自幼家境贫寒，抗日战争时期父母先后病故。1938 年由于日寇入侵，家乡沦陷，他随大姐流亡至湖南长沙市难民收容所。1939 年，刘德文考入国立第十一中学就读，后因经济困难只能辍学。1944 年他去湖南黔阳县简易师范学校当事务员，并兼初中一年级的体育课教师。

1946 年 8 月，刘德文考入国立贵阳师范学院体育童子科。毕业后，他被分配到安顺师范学校担任体育教学工作。

1949 年 4 月，刘德文应贵阳私立伯群中学聘请到该校担任体育教学工作。同年 8 月到毕节师范学校担任体育教学工作。同年 11 月，刘德文参加了毕节地区举办的中学教师师训班学习。结束后，学校复课，他继续回校担任体育课的教学。

1951 年 4 月，刘德文被调往贵阳师范学院体育科任教。

1952 年至 1954 年，他被借调到贵州省体工队担任篮球、排球教练。1954 年，他被正式调到贵州省体工队担任排球教练，兼总教练。

1955 年 8 月，由于贵阳师范学院体育科需要球类教练，刘德文又被调回贵阳师范学院体育科任教，负责球类教学。

1958 年贵州省准备成立贵州省体育学院，后因种种原因仅创办了贵阳体育专科学

贵 阳 师 ² 范 学 院

刘德文，男，1923年8月而生，家庭出身资农，本人成份学生，安徽省蒙县人，文化程度大专毕业，1948年7月毕业贵阳师范学院即从事教学工作至现在，现为贵阳师范学院体育系付教授，任球类教研室支书。

家庭主要成员受人吴月屏，本人成份学生，为贵州省运二公司干部，现已退休。大女刘明贵州省有机化工厂统计员，二儿刘京李贵阳市物价局干部，三女刘佳贵阳师范学院电教中心工作人员，四儿刘洪贵州省供销学校教学师，四个子女均为团员。

我而生在安徽省蒙县，炯炀河镇，刘家巷村的一个贫苦农民家庭，家中一无所有，母亲种中祠堂公地三小块，父亲有染布手艺，长期在外帮工谋生，双亲在抗日战争时期先后病故，两个姐々，大姐已病故，二姐从小给人当童养媳，我从小随母亲在家劳动，八岁时入当地小学读书，1937年小学毕业，家中无力让我升学，辍学在家同母亲从了农业劳动。1938年日寇入侵家乡渝陷，我随大姐流亡湖南长沙市收难民收容所，因生活无着，经同乡介绍在长沙市小四方坪缝纫店当学徒，不久长沙大火，随店迁到湖南沅陵县，仍当学徒。

1939年8月我考入国立第十一中学就读（湖南武岗县、竹蒿圩镇）因经济困难无法继续读下去，乃中途退学，在1944年7月去湖南黔阳县简易师范学校当务员，并兼上了初中一年级的体育课。

1945年元月日寇逼近湖南当时我居异乡，生活无着，正在此时仍寄写在湖南

图1 刘德文自传

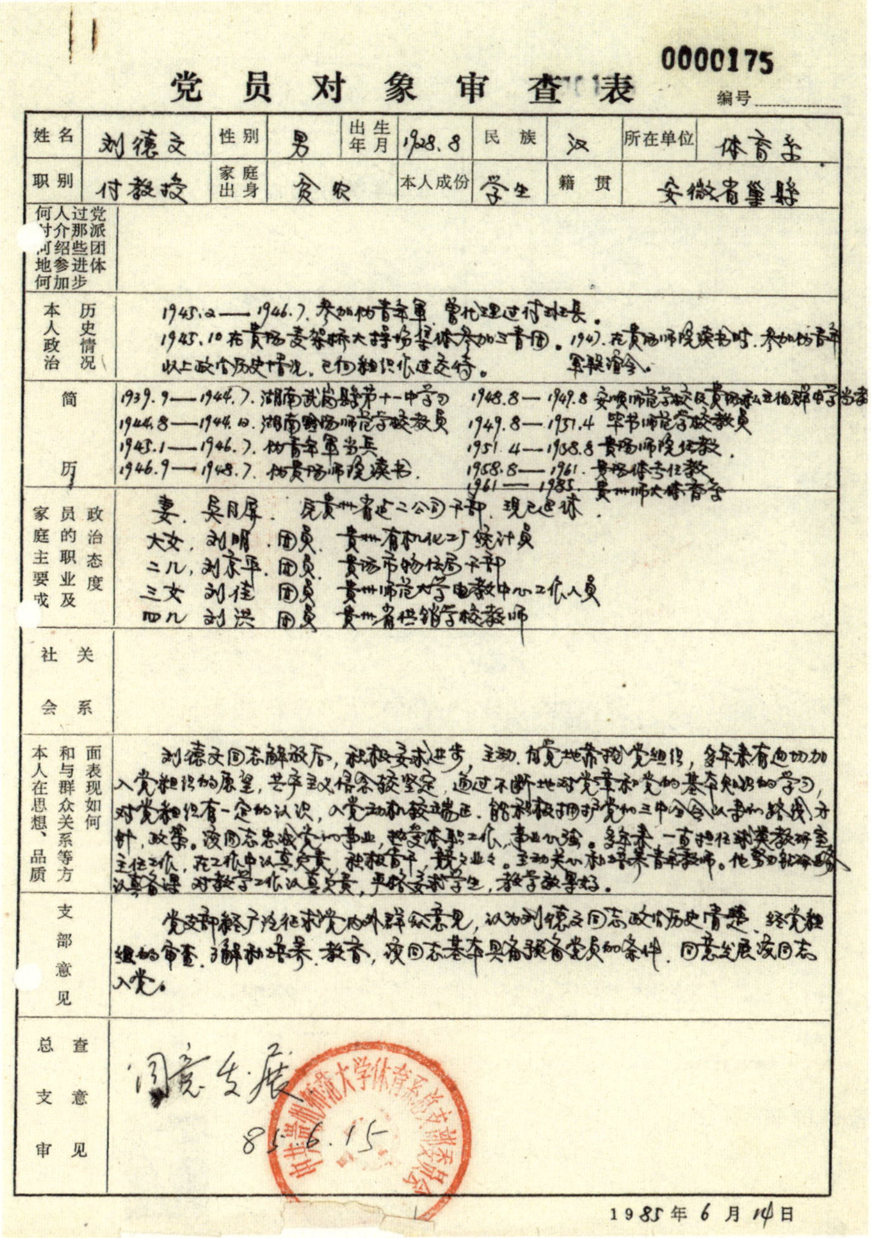

图 2 刘德文
党员对象审
查表

校，后来贵阳师范学院体育科和贵阳体育专科学校合并，刘德文被派到贵阳体育专科学校负责篮球、排球教学，并兼任球类教学小组组长。

1961 年贵阳体育专科学校撤销，成立贵阳师范学院体育系，刘德文又回到贵阳师范学院担任篮球、排球、足球、垒球等球类课教学，并负责球类教研室的工作。1981 年刘德文被评为副教授，1986 年被评为教授。

刘德文在近四十年的教学、训练生涯中，兢兢业业、严谨求实。他深入开展学术研究，取得了丰硕的成果。他还担任了体育专业多门课程的教学，教学认真负责，治学严

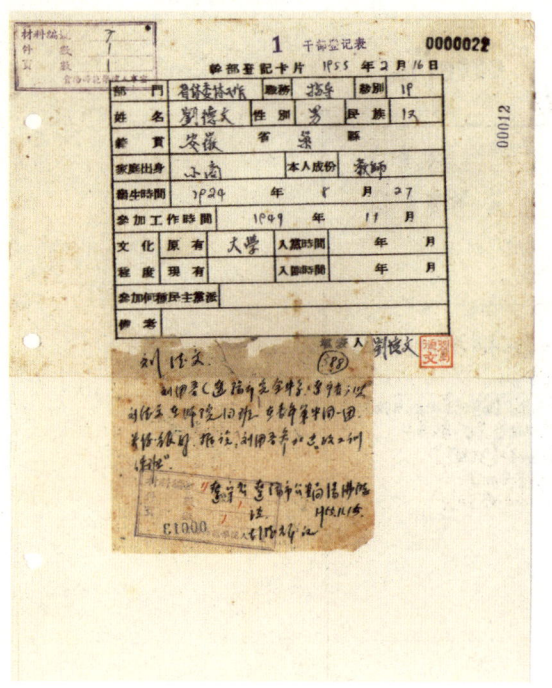

图3 刘德文干部登记卡片

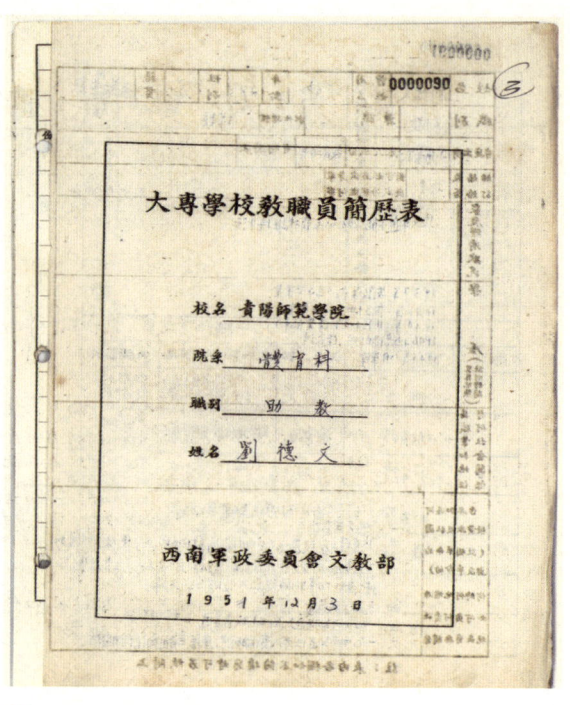

图4 刘德文大专学校教职员简历表

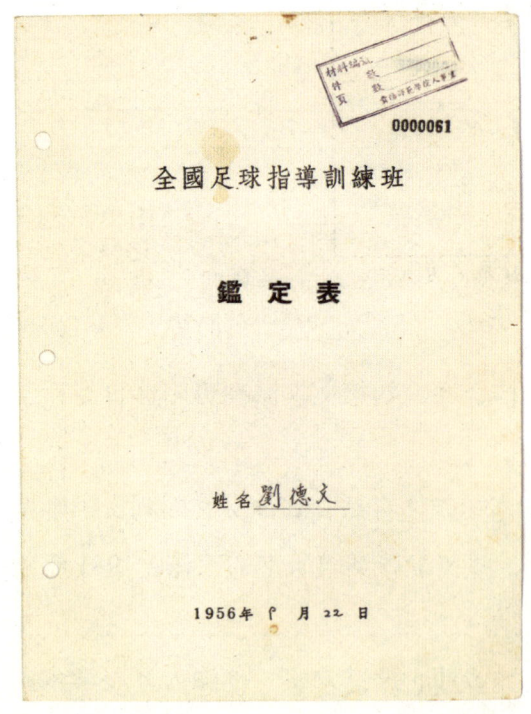

图5 刘德文全国足球指导训练班鉴定表

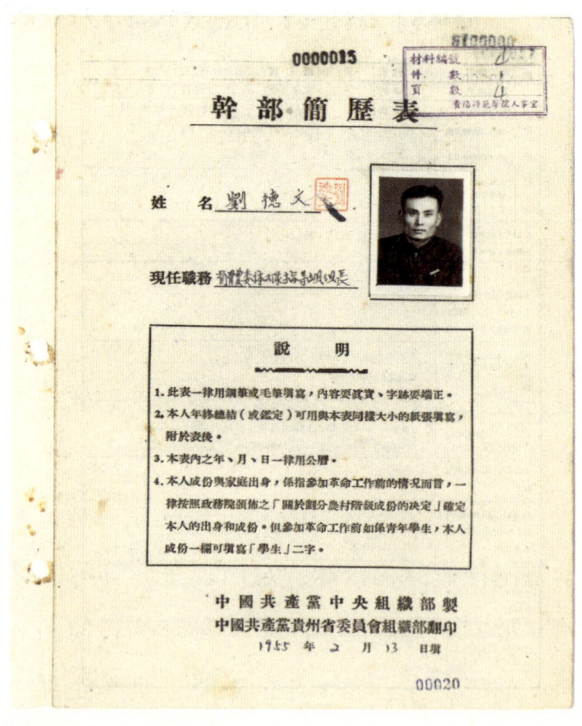

图6 刘德文干部简历表

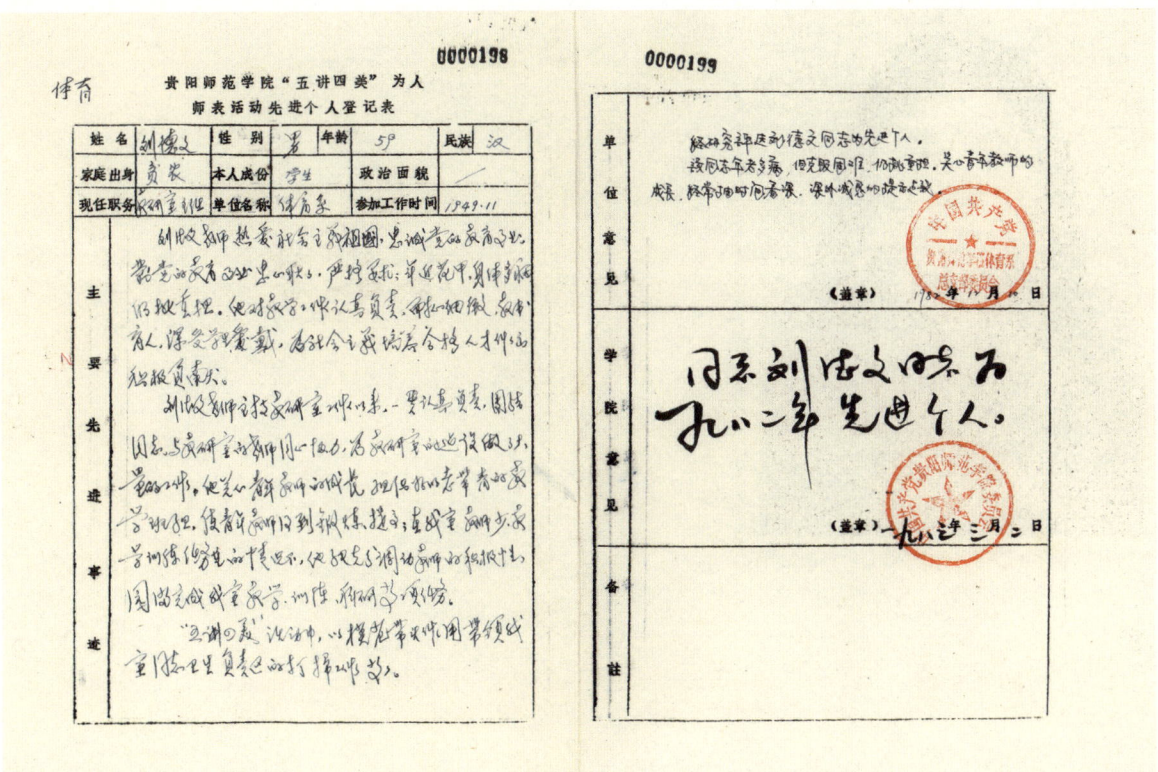

图 7 刘德文贵阳师范学院"五讲四美"为人师表活动先进个人登记表

谨，因材施教，言传身教，深受学生的尊敬和爱戴。刘德文长期担任教研室主任，认真组织教研室的同志开展教学研究和讨论，严格规范教学环节，积极提高教学质量和水平，为青年教师的成长做了大量工作，为贵州省体育界培养了大批精英，为贵州省体育事业的发展和体育教育的发展做出了重要贡献，在贵州省体育界德高望重。

（撰稿人：刘赟博）

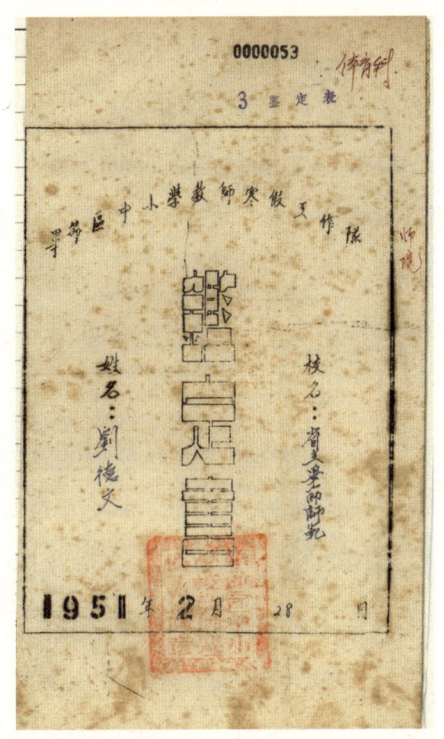

图 8 刘德文毕节区中小学教师寒假工作队鉴定表

廖承馨

　　廖承馨，四川省江北县人，生于 1936 年 9 月，卒于 1998 年 2 月。

　　廖承馨出生在四川省江北县农村的一个小地主家庭，家庭条件尚可，后没落。1942 年至 1948 年，廖承馨先后在江北大石乡吴家桥小学、江北大石乡中心学校和江北师范附小就读，当时家里的经济来源主要靠祖父"剥削"农民和父亲在外教书所得。1948 年至 1949 年，她先后在江北柏溪中学和江北志成中学读书。廖承馨在自传中写道："在校期间，成绩优秀，差不多都是一二名，所以学校老师和父母都叫我用功读书。"1950 年，廖承馨考入江北县第一中学读高中。因为出身地主家庭，当时周围都是"地主恶霸"，身上难免会有一些旧社会的陋习，但是为了打破人们对于地主身份的偏见、去除身上固有的"自私自利""自高自大"的烙印，廖承馨在江北一中上学期间不断学习新知识、新文化，积极参加学校组织的各种进步活动，对待学习和工作丝毫不敢懈怠。上学期间，她多次被评为"三好"学生、勤工俭学先进个人和体力劳动积极分子。

　　1955 年，廖承馨高中毕业后，考入贵阳师范学院数学系学习。在校期间，廖承馨成绩优异，表现出对学习数学的天赋，于 1958 年提前一年学成毕业，并留校任教。1958 年 9 月，因工作需要，廖承馨被选派到中国科学院数学研究所常微分方程组进修学习，进修期间，因表现优异，曾获全国"三八"红旗手称号。大学期间对数学专业理论知识的系统学习和进修期间的大量学习实践为廖承馨以后的教学生涯奠定了重要的理论基础。1961

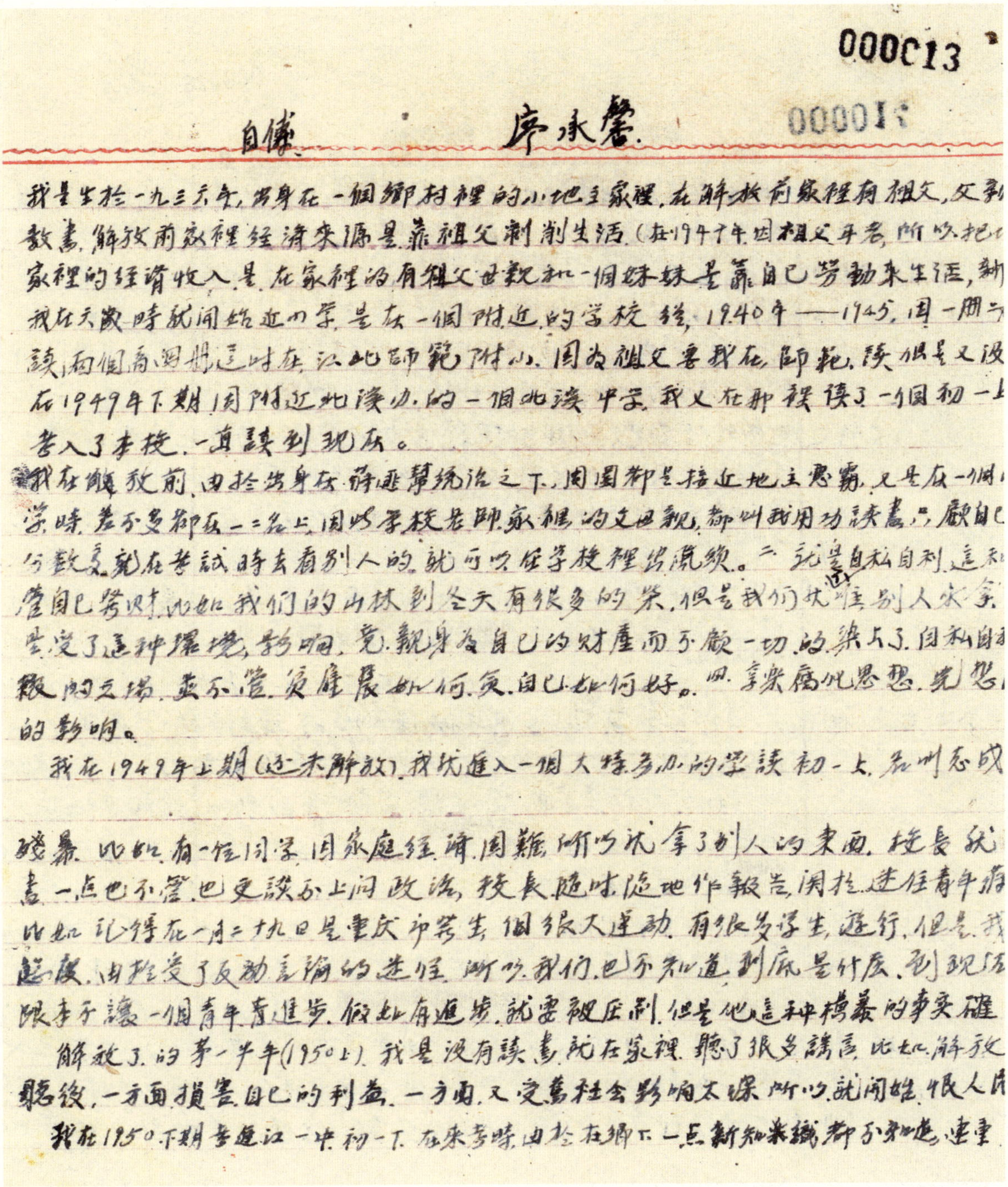

000C13

000017

自傳　廖承馨

我是生於一九三六年，出身在一個鄉村裡的小地主家裡，在解放前家裡有祖父、父親
教書，解放前家裡經濟來源是靠祖父剝削生活（在1947年因祖父年老，所以把
家裡的經濟收入是，在家裡的有祖父母親和一個妹妹是靠自己勞動來生活，新
我在六歲時就開始進小學，是在一個附近的學校[illegible]，1940年——1945，因一冊
讀，兩個高四冊是時在江北師範附小，因為祖父要我在師範讀，但是又沒
在1949年下期因附近地方辦的一個地方中學，我又在那裡讀了一個初一上
考入了本校，一直讀到現在。
我在解放前，由於出身在舊社會統治之下，周圍都是接近地主惡霸，又是在一個
學時，差不多都在一二名上，因此學校老師家裡的父母親，都叫我用功讀書。一、顧自己
分數[illegible]就在考試時去看別人的，就可以在學校裡得高級。二、就是自私自利，這和
管自己發財，比如我們的山林到冬天有很多的柴，但是我們就不准別人來拿
是受了這種環境影響，竟親身為自己的財產而不顧一切的[illegible]了，自私自利
級的立場，並不管貧雇農如何窮，自己如何好。四、享樂腐化思想，光想
的影响。
我在1949年上期（還未解放），我就進入一個大族[illegible]辦的學讀初一上，[illegible]

殘暴，比如有一位同學，因家庭經濟困難，所以就拿了別人的東西，校長就
書一点也不管，也更談不上問政治，校長隨時隨地作報告，關於進任青年
比如記得在一月二十九日是重庆市發生個很大運動，有很多學生遊行，但是我
態度，由於受了反動言論的迷住，所以我們也不知道，到底是什麼，到現在
跟本不讓一個青年有進步，假如有進步，就要被压制，但是他這种橫暴的事实確
解放了的第一半年（1950上），我是沒有讀書，就在家裡，聽了很多謠言，比如解放
聽後，一方面損害自己的利益，一方面又受舊社会影响太深，所以就開始，恨人民
我在1950下期考進江一中初一下，在來考時由於在鄉下一点新知識都不知道，連重

图1 廖承馨自传

年8月，廖承馨从中科院进修结束回到贵阳师范学院数学系任教，直到1996年退休。

从教期间，廖承馨主要承担“高等数学”“常微分方程”“数学分析”等课程的教学工作，多次指导学生毕业论文和教育实习。其教学认真负责，生动有趣，教学方法新颖，表达能力强，基础理论扎实，很受学生爱戴，并且得到了专家的认可。廖承馨还曾

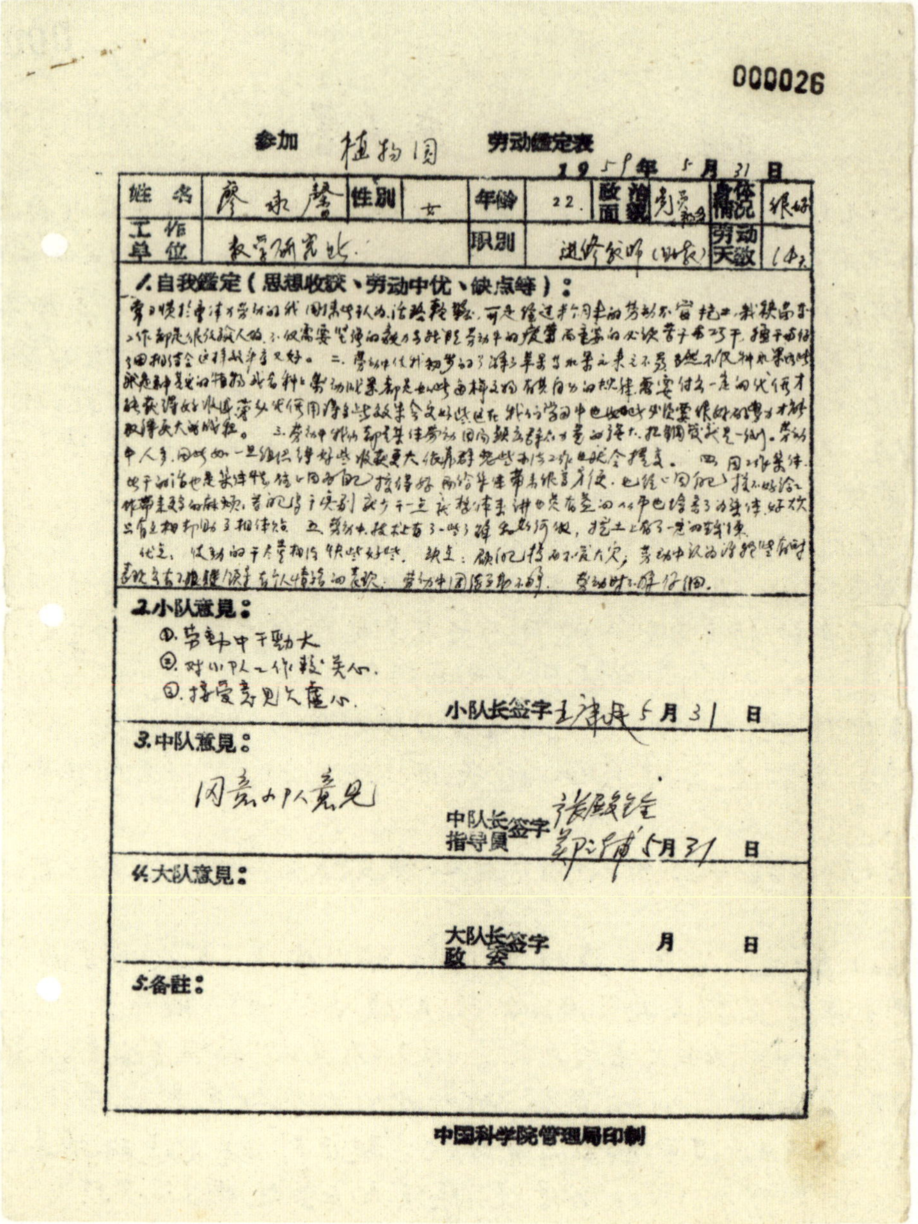

图2 廖承馨劳动鉴定表

参编《高等数学》和《成人高校大专起点考试复习纲要》（高等数学部分）。

廖承馨除了钻研自己的专业知识外，还系统学习过俄语，且具有一定的英语基础，因而能阅读很多英语和俄语专业书籍。

从1958年正式分配到贵阳师范学院任教，到1996年退休，廖承馨为贵州师范大学的教育事业奉献了38年。38年的教学生涯中，她始终坚持用共产党员的标准规范自己的思想和言行，热爱党，热爱社会主义，始终把自己与党的事业联系在一起。工作中，

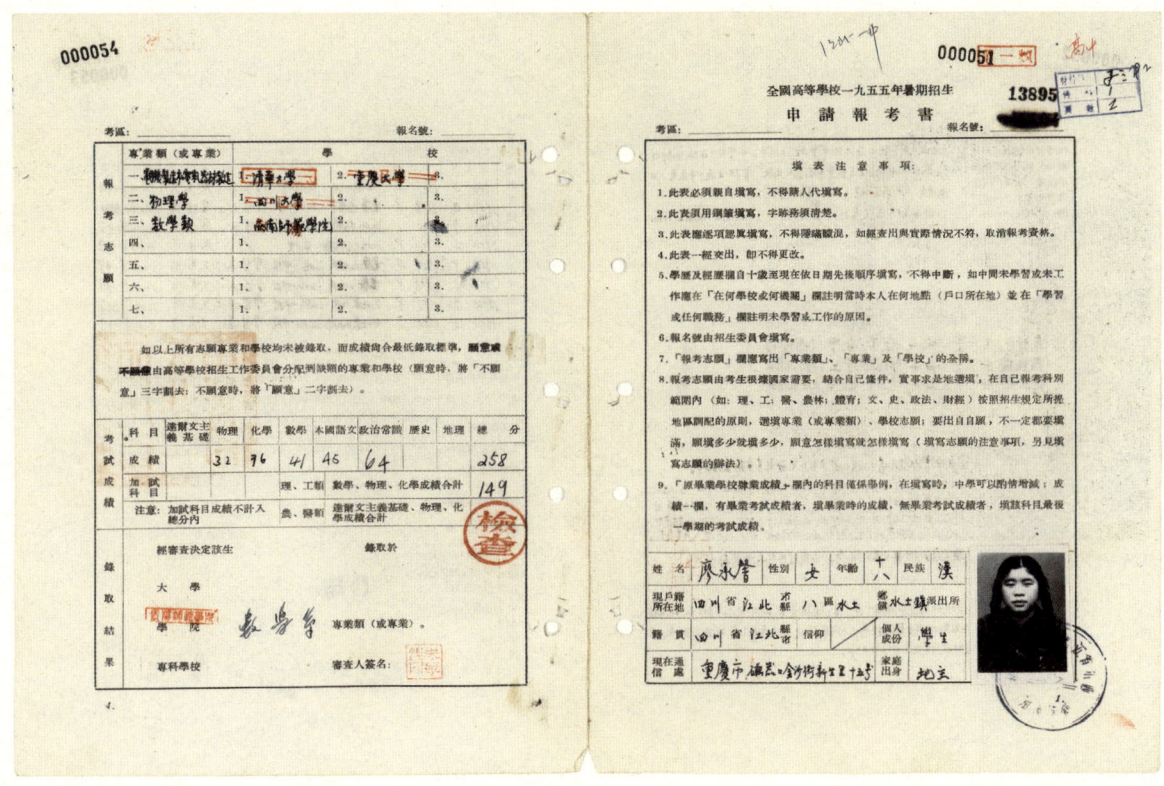

图 3 廖承馨申请报考书

她任劳任怨，不计名利，甘于奉献，时刻关心学校的建设与发展，把毕生精力都献给了教育事业，是个称职的人民教师。

（撰稿人：吴建凤）

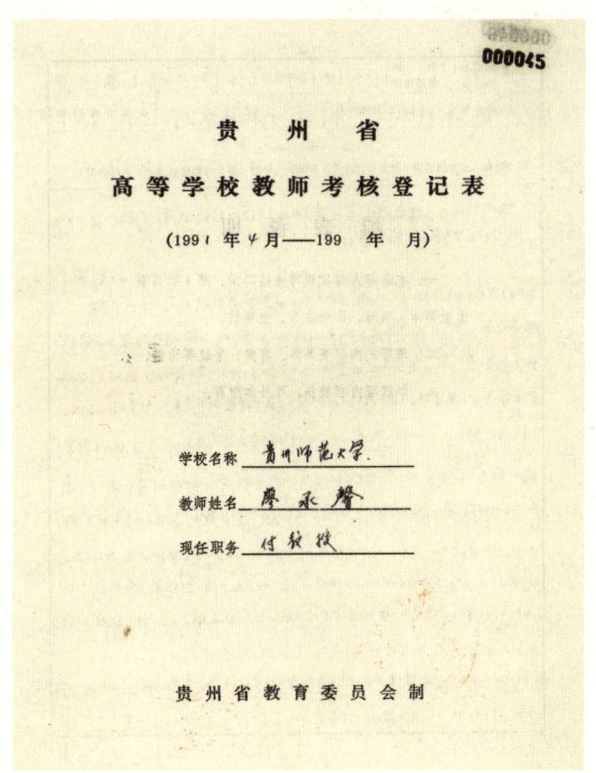

图 4 廖承馨贵州省高等学校教师考核登记表

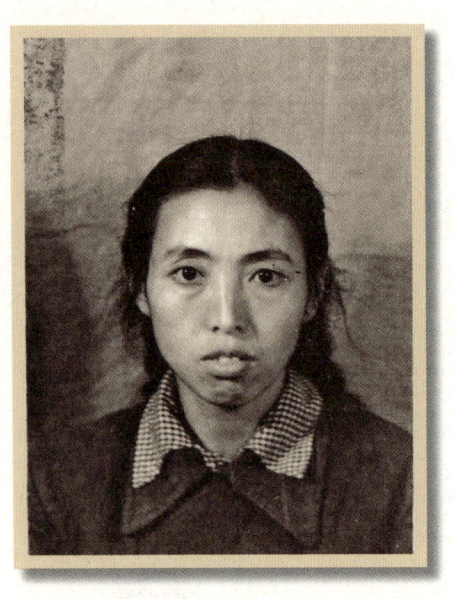

罗文宪

罗文宪，湖南保靖人，生于1921年，卒于2004年。

罗文宪出生在湖南保靖一个中等地主家庭，因家道中落，少年时期生活极其穷困。1928年至1933年，罗文宪就读于湖南省保靖县立女子小学，因家庭经济困难，小学毕业后，休学半年。后在亲友帮衬下，于1934年进入湖南桃源女中读书。上学期间，由于家庭环境的关系，其与周围同学格格不入，性格十分孤僻。1937年，罗文宪初中毕业，由于经济条件限制没有继续读高中，只读了当地的高师。1940年，罗文宪高师毕业回到家乡，为了贴补家用，也为了历练自己，她后在湖南保靖模范小学、湖南辰溪桃源女中附小、湖南芷江中央日报社、湖南芷江豫章小学工作。

读大学一直是罗文宪的梦想，尽管当时的经济和社会大环境条件的各种限制，也没有让她知难而退。1942年7月，离开芷江后，罗文宪一心想到重庆，和同学把仅有的衣物拍卖换作路费，也仅仅能支撑她到达贵阳。到贵阳后，她的差旅费全部花光，庆幸的是，他乡遇贵人，经一位曾经在桃园女中任教的老师帮忙介绍，罗文宪到一个小学教员训练班工作，后又遇到自己的族兄路过贵阳，在经济上给予了她一定的支持。1942年9月，罗文宪顺利到达重庆，不巧的是，刚好错过大学考试时间。后罗文宪经人介绍到北碚慈幼院教书，在那里碰到了桃园女中同学，该同学将罗文宪介绍给社会教育学院艺术科的教授，这位教授当即接受她入院学习，同时让她参加来年的补考。1944年7月，从

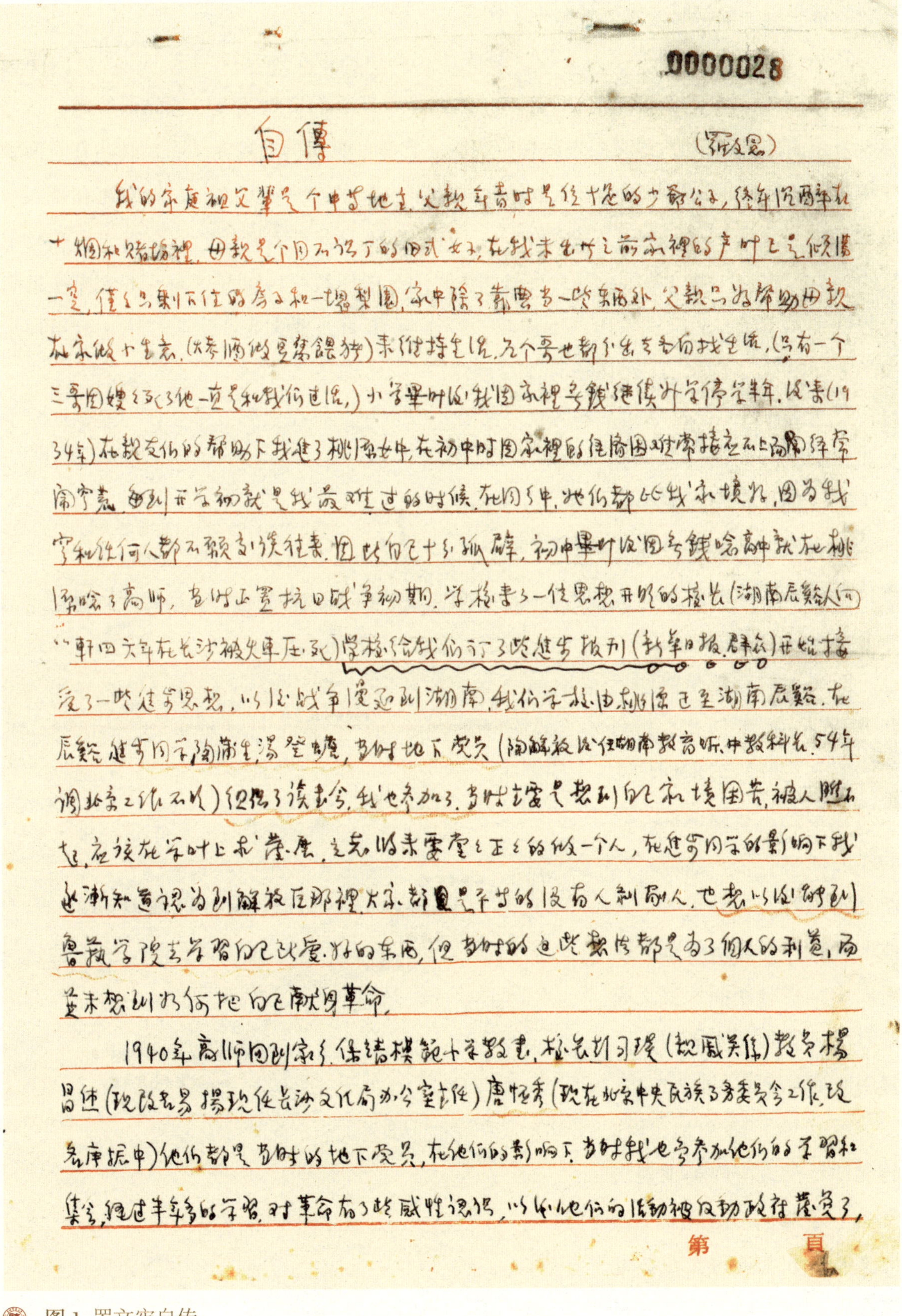

0000028

自传 （罗文宪）

我的家庭祖父辈是个中等地主，父亲年青时是徐十级的步兵会长，终年在外两年在烟和嫖赌场里，母亲是个用两个钱丁的旧式女子，在我未出生之前家里的产叶已在候偶一空，仅仅剩下住房子和一坝梨园，家中除了靠农去一些血病外，父亲另为帮助母亲在家做小生意（大参师傅是熟钱彿）来维持生活，几个哥也都先后各自找生活，（只有一个三哥因嫂给他一直是和我们连住，）小学毕叶后我因家裡无钱继续外亭停学半年，民卖（1934年）在我亲友的帮助下我进了桃源女中，在初中时因家裡的住侨困难常接济不上向同学牵窗窄熹，每到开学初就是我最难过的时候，在同学中，地们都比我家境好，因为我穷和任何人都不频亭换往来，因此自己十分孤辟，初中毕叶後因无钱唸高中就在桃园唸了高师，当时正置抗日战争初期，学校来了一任思想开明的校长（湖南辰谿人何"斩四次年在长沙被火车压死）学校给我们订了些进步报刊（新华日报群众）开始接受了一些进步思想，以後战争便延到湖南，我们学校由桃源迁至湖南辰谿，在辰谿迁至同学陶维生汤登魁，当时地下党员（陶解放以住湖南教育床中教科长54年调北京工作不灭）红傶了读书会，我也参加了，当时主要是教到的家境困苦，被人瞧不起，在後在学叶上求发展，主要咱未重室王二的似一个，在进步同学的影响下我逐渐知道认为到解放区那裡大家都是平等的没有人剥削人，也老以但到到鲁艺学院去学习的比望，好的东西，但当时的这些幻想都是为了个人的利益，而並未想到如何地白C献身革命。

1940年高师同到家乡保结模范十学教去，核长村习琬（现感失伥）教务楊昌连（现改名昌扬现後长沙文化局办公室主任）唐怕秀（现在北京中央民族三方委会工作现名度振中）他们都是当时的地下党员，在他们的影响下当时我也曾参加他们的亭習和集会，经过半年多的学習对革命有了些感胜认识，以长他们的活动被反动政府查觉了，

图1 罗文宪自传

社会教育学院毕业的罗文宪又开始为工作奔波。

1944 年 8 月至 1945 年 8 月，罗文宪先后在四川白沙女师学院当文书、重庆大学工学院任绘图员。罗文宪一边努力工作，一边盘算着挣够学费到艺专继续钻研绘画。1945 年 9 月至 1947 年 7 月，罗文宪先后在重庆国立艺专、杭州国立艺专学习绘画。其间为了挣学费，还在南京社学院附小和杭州女子职业学校兼职。1947 年 8 月，罗文宪和爱人一同转到贵州贵定，做点小生意维持生计。1949 年 11 月，经人介绍，罗文宪先后在贵定完小、贵定中学任教。随后，罗文宪被调往贵阳五中任教。1958 年 5 月，罗文宪在贵阳日报任美术编辑，后又在贵阳八中任教。1961 年 10 月，罗文宪在贵阳二中（贵州师范大学附属中学）任教，直至 1985 年 6 月离休。

罗文宪在贵州工作期间，多次获得奖励。1956 年，她在贵阳五中被评为建设社会主义积极分子，参加过省里代表大会。同年，她在五中被评为优秀教师代表，参加全省优秀教师代表大会并在大会上介绍教学经验。

罗文宪的专长是雕塑，其次是绘画和创作。1943年，罗文宪开始美术创作，又对雕塑艺术造诣颇深。她的作品题材广泛，热情奔放而又自然朴实，贴近生活、技艺独特。在贵州师范大学附属中学任教期间，罗文宪培育了一大批美术新秀，同时创作了大量优秀雕塑作品。

1952 年，罗文宪创作的雕塑作品《苗族英雄刘兴文》（园雕），先后在《西南文艺》和《贵州文花》发表；1955 年，她的作品《布

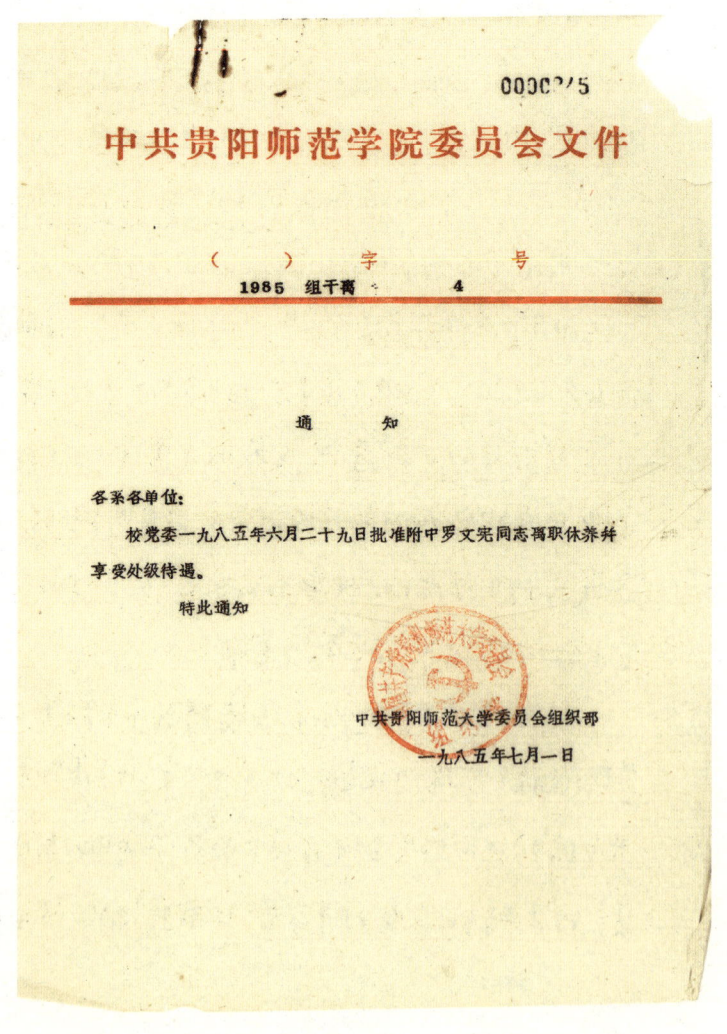

图 2 罗文宪离休文件

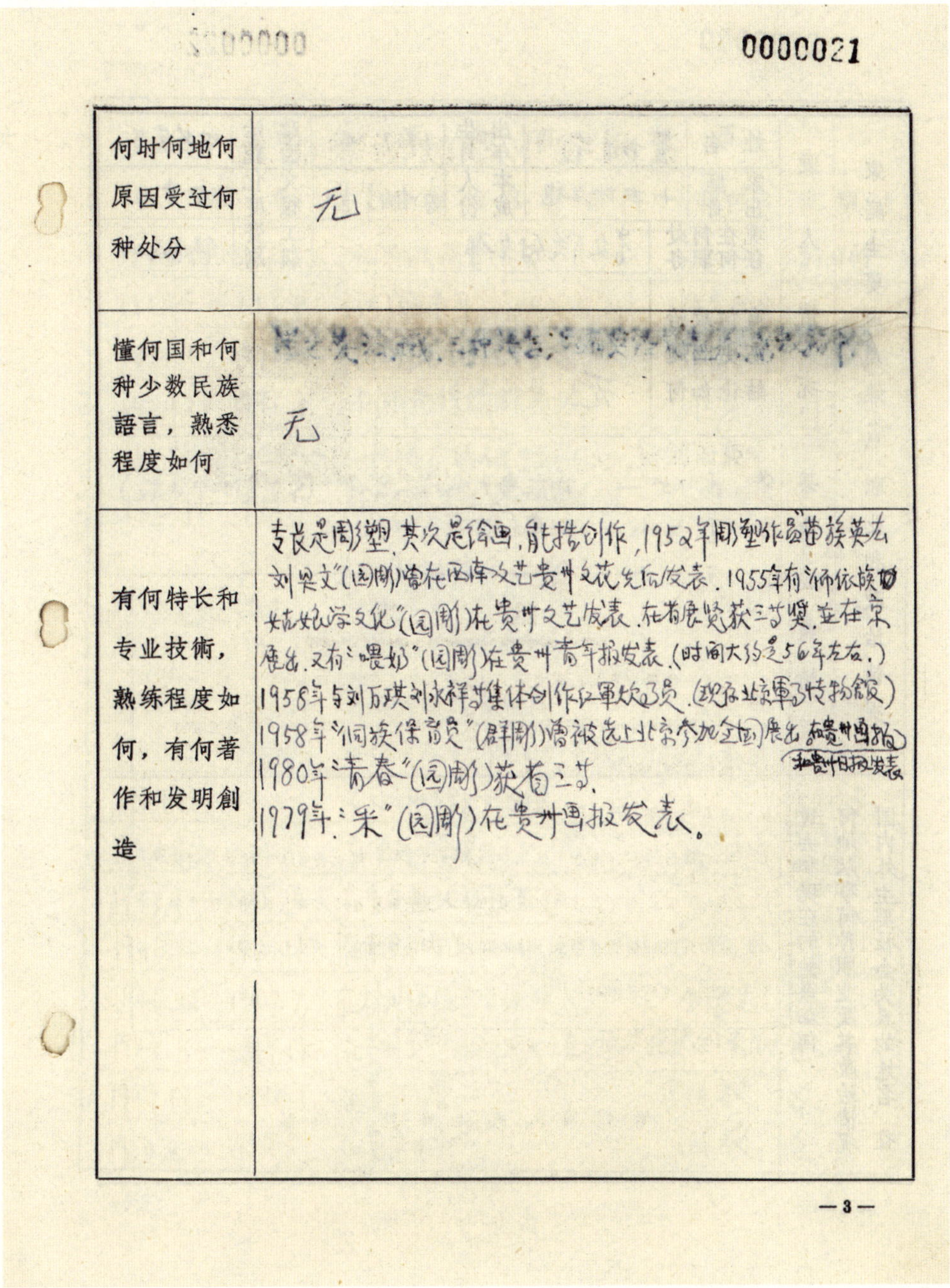

图 3 罗文宪履历表

依族姑娘学文化》（园雕）在《贵州文艺》发表，还在省展览会上获三等奖并在京展出；1956 年，她的作品《喂奶》（园雕）在《贵州青年报》发表，同年获贵州省首届青年美展三等奖奖金和奖章；1958 年，罗文宪与刘万琪、刘永祥等集体创作《红军炊事员》（现存北京军事博物馆）。同年，她的作品《侗族保育员》（群雕）先后在《贵州画报》和《贵州日报》发表，还被选中参加全国展出。1979 年，她的作品《采》在《贵州画

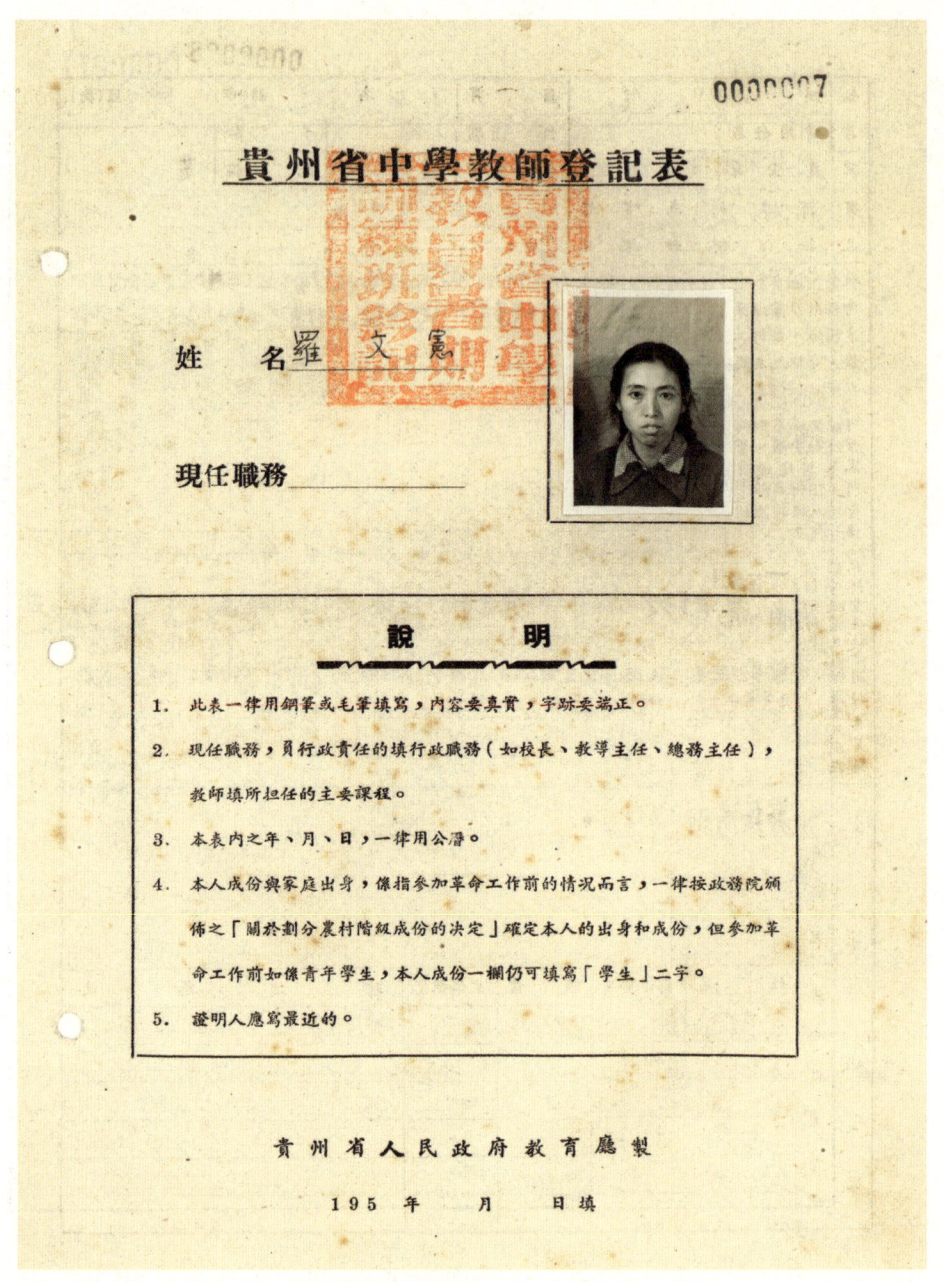

（图4 罗文宪贵州省中学教师登记表）

图 4　罗文宪贵州省中学教师登记表

报》发表；1980 年，她的作品《青春》在《山花》发表，参加贵州省美展并获三等奖。

　　罗文宪自参加工作以来，不断创作美术和雕塑作品，为雕塑和美术教育事业贡献了毕生的力量。她在艺术道路上不断追求卓越和精益求精的精神令人敬仰。

（撰稿人：吴建凤）

李独清

　　李独清，汉族，原名忠信，字笃卿。后改名源，字独清，别号洁园。贵州贵阳人，祖籍陕西临潼，生于 1909 年。1985 年 7 月 12 日，李独清因患脑溢血猝然辞世，享年 76 岁。

　　1909 年 8 月 9 日，李独清出生于贵阳一个书香世家。父李天锡，清光绪丁丑（1877）进士，由知县、知州、同知、知府累官至霸昌道。李天锡雅好古籍，毕生搜求甚勤，任上俸金多作购书之用，尤珍黔省明清文献。李独清幼承庭训，聪慧好学，植下了良好的学术根柢。

　　1920 年 10 月，李天锡过世，李独清年仅 12 岁，家产虽裕却遭族人把持瓜分，与弟弟李忠恕孤苦伶仃，贫乏几不能自给。虽困顿至此，李独清仍不坠向学之志。1923 年和 1926 年，李独清相继毕业于贵阳达德小学和贵阳达德中学。1927 年 8 月，他考入贵州大学经济专科攻读。虽选习经济，但李独清对诗文词曲及考据训诂之学尤为酷嗜，自学甚力。1930 年大学毕业后，他因文学优异，经彭公武介绍入贵州省政府任三等秘书，从事撰拟应酬文字、编辑公报等工作。

　　1936 年，贵州省文献征辑馆成立，李独清旋被聘为采访兼编纂。1937 年 8 月，省文献征辑馆改组为省文献委员会，李独清又被聘为委员。1940 年，日寇将陷杭州，浙江图书馆将所藏文渊阁《四库全书》迁至贵阳地母洞。李独清受省文献委员会委托，入地母洞阅书。自 1940 年 5 月至 1941 年 8 月，历时年余，遍览文渊阁《四库全书》4 万余册，并将其中关涉黔省者全部抄录在案。

1942年，李独清经尹石公介绍，至新设国立贵阳师范学院任教，初任副教授，后改任教授，讲授诗选、词选、专书选读等内容。1943年，李独清经张西堂介绍，又兼任贵州大学中文系教授。1953年，贵州大学与贵阳师范学院中文系合并，李独清奉调贵阳师范学院任教，为历史系、中文系学生讲授"先秦古典文学""魏晋六朝古典文学""唐宋古典文学"等课程。此后，李独清长期在贵阳师范学院从事教学科研工作，并担任中文系副主任和学校学术委员会委员。因贡献突出，李独清还曾当选为贵州省人大代表、

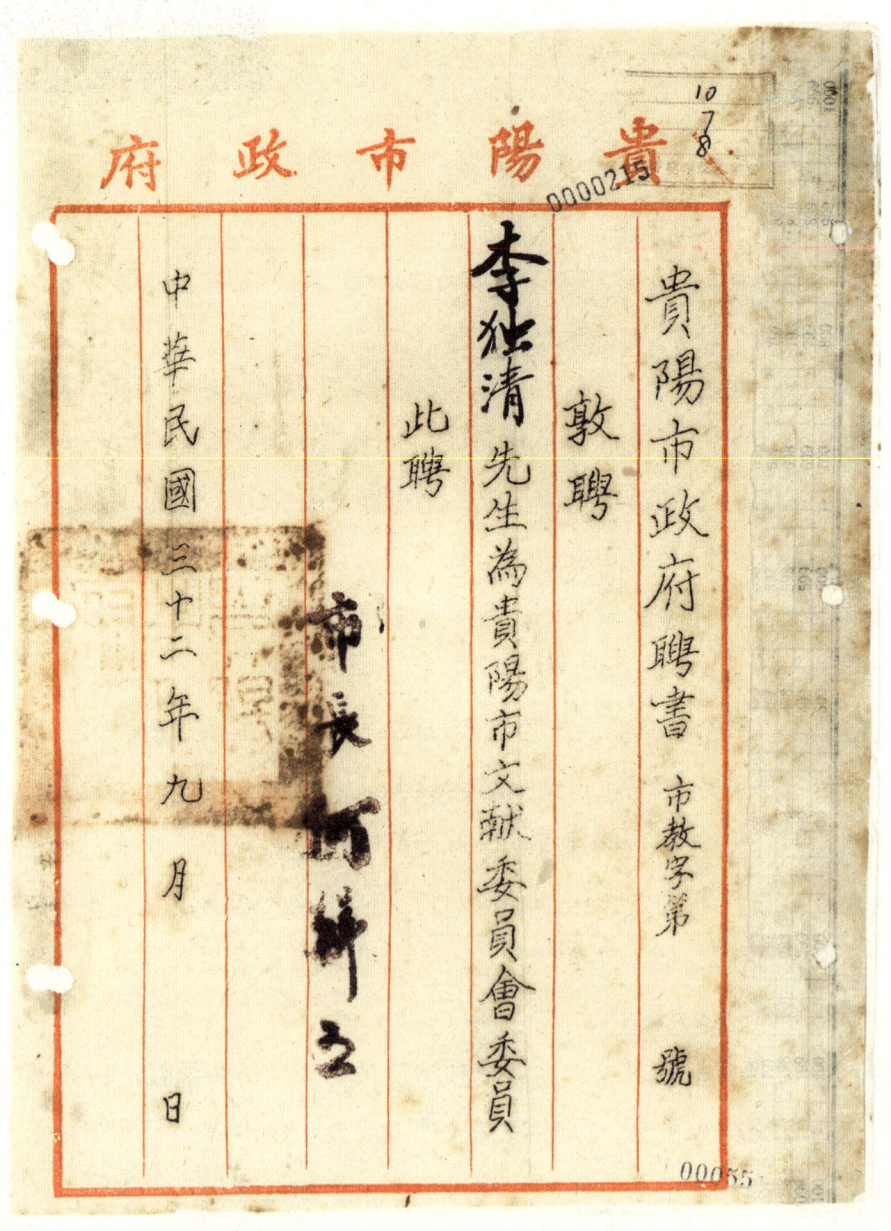

图1　李独清贵阳市政府聘书

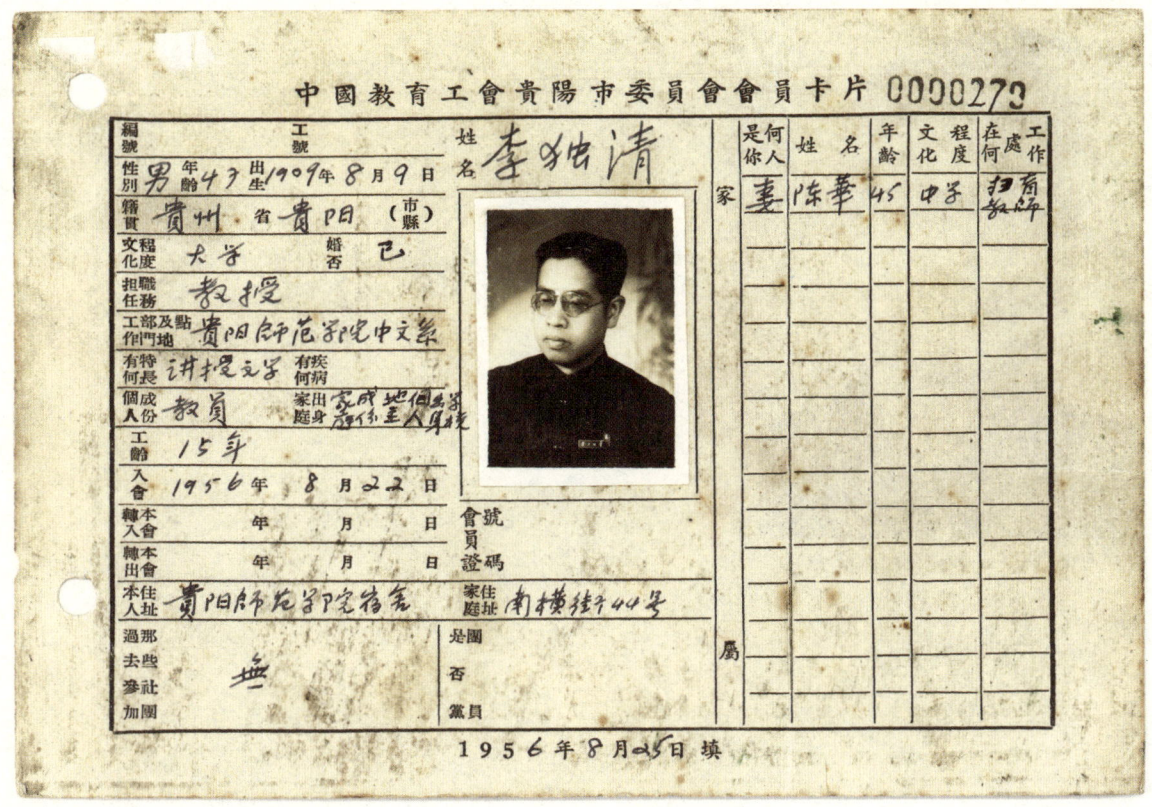

图 2 李独清工会会员卡

省政协委员，同时兼任贵州省教育学会中学语文教学研究会名誉理事长、贵州省和贵阳市地方志编纂委员会顾问等职。

李独清执教高校杏坛四十余年，学而不厌，诲人不倦，为贵州培养了众多优秀人才。凡聆听其授课者，无不钦佩其对我国古代文献的旁征博引和透辟讲解。作为一名师者和长者，李独清还乐于提携同事，奖掖后学，热心帮助中青年教师开展业务进修，释疑解惑，任劳任怨。后期虽年逾古稀，目力不济，他仍坚持每周为中文系部分中青年教师讲授贵州乡贤文学，谈古论今，如数家珍。

李独清学殖深厚，治学严谨，尤精于中国古代文学和贵州地方文献研究。他一生著述颇丰，曾主编民国《贵州通志》中的《艺文志》《金石志》和《秩祀志》·三志，并撰有《洁园剩稿》《五知轩文钞》《孙文恭年谱》《东轩笔记》以及各种学术论文多篇，旧体诗词数以千计，嘉惠学林，沾溉后世，在贵州文史界及教育界享有崇高声誉，允为名重黔中的一代学人和贵州师范大学杰出的专家学者。

（撰稿人：梁春燕）

李高华

李高华，男，汉族，四川省威远县云连镇人，生于 1941 年 11 月，卒于 2009 年 10 月。

李高华父亲李占赢，又名李仁义，幼孤，早年靠割牛草、帮人做工为生，后来在云连镇经营酒、盐、烟等生意，解放初曾任贫协小组长。母亲黄九仙，家庭主妇，帮助丈夫经商的同时，负责料理家务。

1941 年 11 月 7 日，李高华出生时，父亲李占赢在云连镇的生意还算不错，不仅小有积蓄，还置买了一些树山田产，租给当地农民耕种。随着家庭经济状况的好转，李占赢对孩子们的教育也非常投入。据李高华后来回忆，父亲对他和三个哥哥的要求相当严格，总是想方设法送他们读书，希望他们念好书，将来能出人头地。但对于一个普通的小商人来说，要供养四个孩子读书却并非易事，尤其是两个大的孩子还同时在省城成都读书。李高华在自传中说："为了供孩子们读书，父亲很快就卖掉了田产土地，但还是入不敷出，后来便不得不挤挪生意用钱，于是家里的情况就开始一天天恶化"。

李高华 1946 年 6 月进入云连镇小学读书，但就在他高小还没有念完的时候，就遭遇了重大的家庭变故。李高华在自传中说："大哥高中修业后从成都回家，仅教了半年的书，就生了重病，最后医治无效死去，他的儿子也随后死去。当时父亲又染了重病，家里的钱都快用光了，在这个过程中，家庭的变化是比较大的，经济和生活情况也就变坏了。"

李高华父亲和大哥的离世，本来就够不幸了，然而祸不单行，不久李高华二哥又因为闹分家迁往其岳母处居住，从此与家庭脱离了关系。1961年4月，初中毕业后回家务农的三哥，又得病死去。于是，原本团圆的大家庭，就仅剩下李高华和母亲两个人相依为命。

尽管迭遭变故，李高华还是在母亲和乡亲们的帮助下，艰难地完成了自己的学业。1952年8月，他在云连镇小学念完高小。同年9月至1958年8月，他又先后在威远县第一中学念完了初中和高中。1958年9月，李高华顺利考入贵州大学外语系攻读俄语专业四年制本科，终于实现了父亲当年对自己的殷切期望。

1962年8月，李高华以优异的成绩从贵州大学毕业。同年9月，他被分配至贵阳师范学院外语系工作，从此开始了将近四十年的高校教师生涯。参加工作之初，李高华先是担任俄语专业一年级基础课和三、四年级实践课的辅导教师。一年试用期满定为助教后，便开始独立承担俄语专业一年级苏联概况课的教学任务，同时担任英语专业第二外语俄语的教学工作。经过几年的实践锻炼，李高华的业务水平有了很大提高。但他对此并不满足，而是主动坚持在职进修，不断实现对自我的超越。

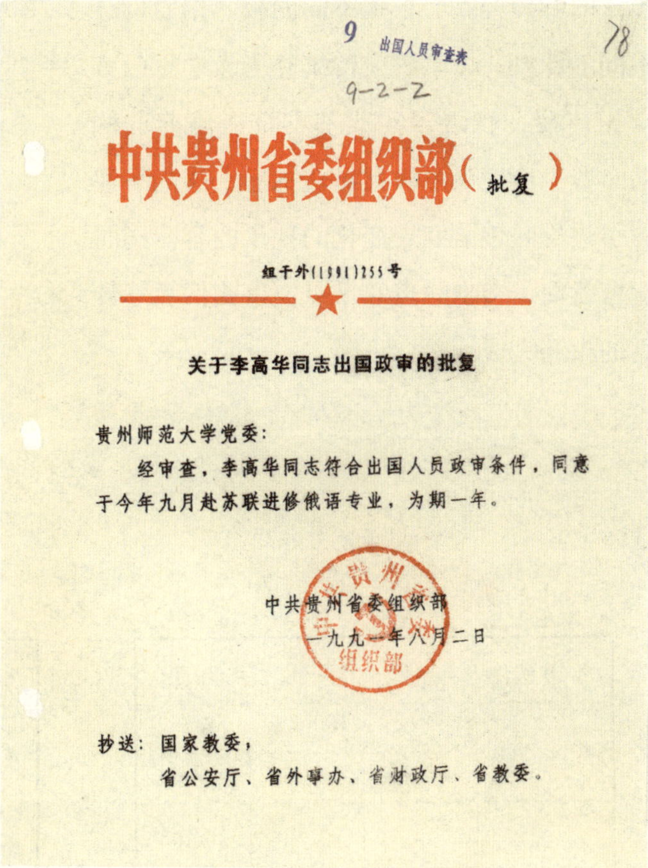
出国人员审查表

中共贵州省委组织部（批复）

组干外（1991）255号

关于李高华同志出国政审的批复

贵州师范大学党委：

经审查，李高华同志符合出国人员政审条件，同意于今年九月赴苏联进修俄语专业，为期一年。

中共贵州省委组织部

一九九一年六月二日

抄送：国家教委，

省公安厅、省外事办、省财政厅、省教委。

图1 李高华出国政审批复

基于基础课教学的需要，李高华曾选读了数十种关于俄语语言学的著作以及苏联科学院编写的《俄语语法》，以夯实自己的基础理论知识。为扩大知识面，增强语感，满足实践课教学的需要，他又选读了数十种俄罗斯苏维埃经典作家的代表性原著。1981年7月至8月，他又参加了国家教委在辽宁师范大学举办的“现代俄语语法讲习班”。1991年10月李高华还远赴俄罗斯国立普希金俄语学院进修学习一年。

在长期的专业教学实践中，李高华始终坚持进行外语教学改革的探索。他认为，外语教学一定要贯彻实践性原则，突出外语的交际功能，在注意传授基本知识的同时，还要注意从学生的实际出发，着重引导学生进行大量的口译和笔译实践，以培养学生听、说、读、写的基本技能。为此，他结合自身多年的翻译经验，根据不同的教学内容设计不同的课型，力争改变传统外语教学重语言知识传授、轻语言实践基本技能培养的倾向。鉴于所用俄语教材比较陈旧，李高华注意引进反映俄语发展变化的现代内容，同时删繁就简，突出难点和重点，以确保教学计划的顺利完成。

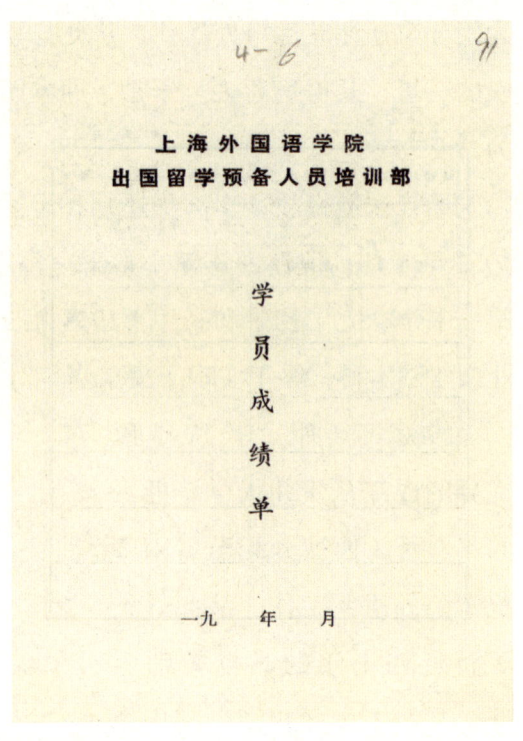

图 2 李高华上海外国语学院出国留学成绩单（一）

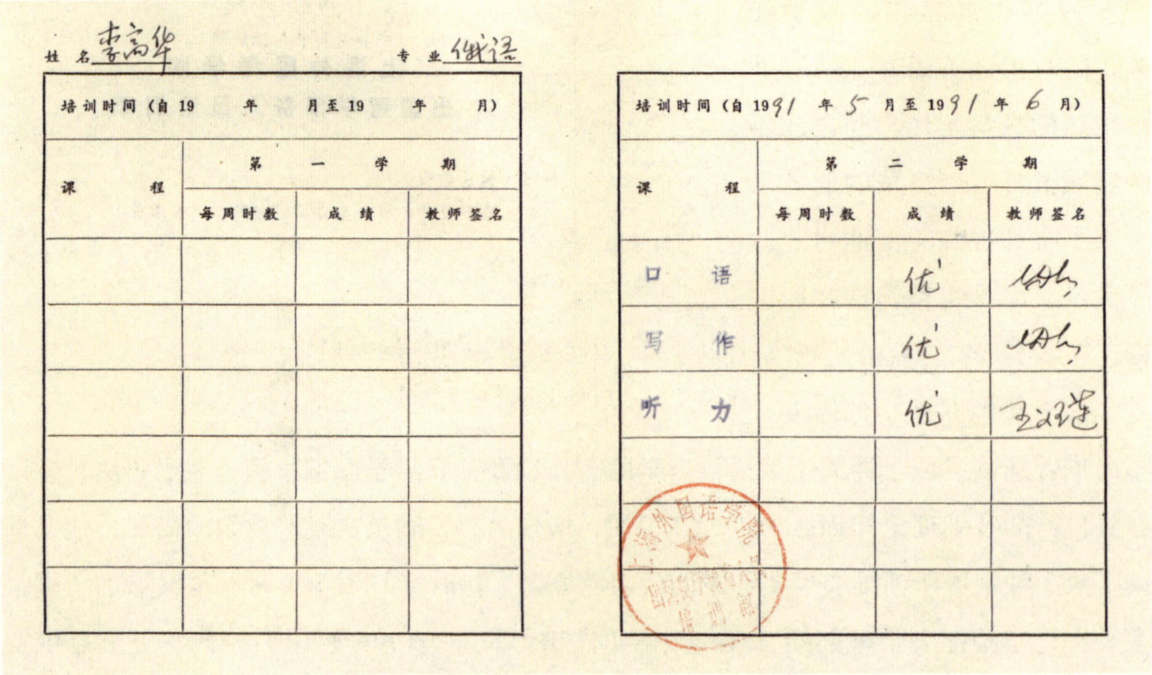

图 3 李高华上海外国语学院出国留学成绩单（二）

　　李高华不仅热爱教学，对科研工作也很有热情，李高华特别强调科研选题的正确方向和社会效益，并努力把科研与教学结合起来，以实现教学与科研的良性互动。李高华参与编纂《俄语教学词典》，共写词 55 个，在例句选择、注释编写和词汇辨异方面表现突出，受到主编单位四川外语学院的好评。他与中央教科所一同志合作完成《记忆力漫谈》一书，介绍了记忆力研究的历史沿革和现状，探讨了记忆力的心理机制，对广大教师、家长和学生学会正确利用记忆规律很有裨益。李高华独自翻译的《家庭·学校·社会——一位中学校长的探索》，论述了学校应如何协同家长对青少年进行科学有效的家庭教育，内容翔实，文笔流畅。

　　1987 年 10 月，李高华从外语系转至大学外语教学部任教，从一名俄语专业的专任教师变成了一名专门从事二外教学的公共俄语教师。对此，李高华虽然感到痛心和无奈，但还是毫无怨言地服从学校的工作安排，并与同事一起建言献策，积极推动省内各大高校和部分中学恢复开设俄语课。

　　1981 年上半年，李高华曾公开表达了自己对学校俄语专业的设想和建议。其中谈道："在俄语专业长期不可能招生的情况下，可招少数研究生，为国家培养少数年轻的水平较高的俄语翻译工作者，以满足我省一些单位对俄语翻译的需要。"同时，他还主张："组织现有俄语教师为本院和社会上需要补习进修俄语的人员办各种类型的'俄语补习班'"。

　　李高华热爱俄语专业，常因学有所用而倍感愉悦。他教过的学生报考研究生考出了好的俄语成绩，他会高兴；受派至航空航天部林泉电机厂为验收从俄罗斯引进的设备担任口译和笔译，他会高兴；帮生物系同事罗蓉老师翻译的《爬虫学》作俄文校对，他会高兴；应历史所吴雁南教授之约，为其所带的一名近代史研究生的俄语学习作指导并短时授课，他会高兴。2000 年，也就是临近退休的前一年，李高华在年度总结中说："虽本人身体多病，年老力衰，已近退休年龄，但能在退休前坚持从事自己热爱的教学工作，为人民多做一点事情，心里略感宽慰。"

　　由于教学科研方面的突出业绩，李高华不仅多次获奖，也赢得了学生的尊敬和同事们的认可。李高华于 1981 年被评为讲师，1989 年被评为副教授。作为贵州省外语学会理事、贵州省外国文学学会会员和贵州省翻译工作者协会会员，李高华还积极参与各种社会活动，为推动贵州省俄语教育和俄语翻译的健康发展做出了应有的贡献。

（撰稿人：梁春燕）

刘品大

刘品大，男，汉族，江西新建人，生于 1931 年，卒于 2010 年。父亲刘德荣毕业于北京大学俄文系，新中国成立后任南昌大学副教授。母亲许慕兰，毕业于江西女子师范学校，任南昌女师教员。

1931 年 4 月 4 日，刘品大出生于南京，并在那里度过了一段较为优渥的童年生活。他在自传中写道："抗战前我父亲在国民党中宣部做事，每月薪金二百元，加上我母亲薪金一百元，故家庭收入甚丰，生活也很好，并在南京、南昌购买了房屋各一栋，另在南昌还花了几百元购了小店面一栋。"

然而，好景不长，随着抗日战争的爆发，刘品大一家便开始了颠沛流离的逃难生活。他先是被父亲从南京带回江西新建老家居住，1939 年夏又举家迁至江西省吉水县城，1941 年夏又逃难至江西省万安县城，1942 年底又被父亲带至江西省吉安县青原山，直到抗日战争胜利后始返回省城南昌。

由于长期居无定所，刘品大早年的求学生涯也颇为坎坷。他先由母亲教授识字和算术，1939 年入吉水县立第一小学读书，直接从三年级读起。三年后，因日寇大举侵扰临川、宜黄、樟树一带，刘品大又随家人避难万安，遂转入万安县立第一小学。1942 年小学毕业后，由于父亲已在吉安县青原山国立十三中学谋得一份教职，同时考虑到这所学校是全公费，读书吃饭都不要钱，刘品大于 1943 年 2 月考取了国立十三中学的春季班。

南昌大學　　登記表

1952 年 10 月 1 日

1

姓名	現名	劉品大	所屬單位名稱及職別	南大外語系俄文組學生		月薪	
	原名		性別	男	出生年月	1931.4.4.	家庭出身	教員兼地主
	曾用名		民族	漢	宗教		個人成份	學生

籍　　貫	江西省 新建 縣（市）　　　　區 享台 鎮（村）
健康狀況	正常
通訊處（現在）	南大校部　　　（永久）南昌市高階巷八號
現屬何黨派團體任何職（時間）	中蘇友協（未任職）
解放後參加何種政治學習（包括校外的經常的）校內的	剛南昌解放，我曾參加各地新民主义青年團江西籌備工作委員会所舉辦的青年講座學習，二學期後就停止了。進南大後曾參加時事學習，抗美援朝，鎮反運動學習，土改學習，反對名祝政協代衕運动學習，1952.成月參加南大土改參觀團，三月參加校內三反戰鬥隊工作，五月參加思想改造學習，其他如參加校內所有項往常學習。

有何著述、創作、特長、技術、愛好及 工作經驗	可能擔任那幾種工作

文化程度	大學四年級	通曉何種文字能否口譯或筆譯	俄文,英文（僅能閱讀）		
最後學歷	國內	在何地何校或工廠學習的	學習部門	主要學習什麼？	年限
		江西私立心遠中学畢業	高中	高中課程	二年半
	國外				

图 1　刘品大南昌大学登记表

抗战胜利后，刘品大又随家人从吉安搬回南昌，插班南昌私立心远中学继续读书，直至1949年1月高中毕业。

家国不幸，流离失所，这段苦难的生活在刘品大心头留下了深刻的烙印，同时也磨炼了他的意志，激发了他刻苦自励的勇气。他在1950年的一份"思想检查"中写道："我受家庭的影响是很大的。我开始读书的时候，正值抗日战争时期，家庭生活不安定，东奔西逃，也就是当时所谓的逃难，因此家庭经济大受影响。因为家庭人口多，父亲的收入有限，所以在生活上是比较苦一些。在这种情况下，我入小学，以至中学读书。当时父母教管很严，下课后就是关在家里玩或是复习功课，所以家庭从小就把我管成一个守规矩的孩子，不吵不闹，又不能同别人打架。同时，父母又说：乖孩子，要好好读书，做一个有教养的人，这样才不丢我们的脸，等等。当我进高中以后，因为我已经长大了，开始懂得一些事情时，总是感到只有读好书，学到了本领，将来才不愁生活，甚至有爬上去的希望"。

正是抱着这样的决心和信念，刘品大1949年1月从南昌私立心远中学毕业后，便开始积极准备投考大学。由于他是高中春季班毕业，而大学必须在暑期招生，所以他就有了半年多的空闲时间。但刘品大并未因此荒废自己的学业，而是考取了当时国民党政府在南昌设立的一个高中毕业生进修班。这个进修班的性质实际上就相当于一个大学先修班，但却没有保送学生入大学的权利，只是帮助高中已毕业而未考取大学的学生复习和准备功课。刘品大以走读生的身份，又在这个进修班里读了将近半年书。

1949年秋，刘品大顺利考入南昌大学文学艺术学院外国语文学系，主修俄语专业，幸运地成为了新中国成立后的第一批大学生。大学期间，刘品大仍然保持着勤奋好学的一贯作风，他不仅努力钻研专业知识，还热爱文艺、史地。

1953年8月，刚刚大学毕业的刘品大因成绩优异被分配至北京中央政法委员会编译室工作。1954年10月，又转入新成立的北京全国人大常务委员会编译室工作。这段在北京中央国家机关工作的经历，对刘品大而言弥足珍贵，使他的思想认识发生了巨大的变化。他在自传中写道："在中央机关里，革命老同志多，全机关政治空气浓，还保持着延安时期的革命作风，许多老同志对待我们青年人是严格要求，耐心教育，热情帮助。我从许多老同志的言传身教当中，政治上逐渐得到成长，加深了对党的认识，对党的路线、方针、政策的理解也逐渐有了提高。"1954年底，在党支部的热情鼓励下，刘品大第一次向党组织递交了入党申请书，表达了自己志愿加入中国共产党的决心和态度。1956年，因工作表现突出，刘品大被评为"共青团中央国家机关团委系统社会主义建设积极分子"。

1958 年 7 月，刘品大从北京全国人大常务委员会编译室调入贵阳师范学院外语系工作，从此开始了长达三十余年的高校教师生涯。由于俄语知识面广，口译和笔译能力强，刘品大先后承担了学校外语系俄语实践课、基础课、翻译课、俄罗斯苏联文学史等数门课程的教学工作，担任过物理系公共俄语的教学，指导过历史系世界史研究生和中文系研究生的俄语教学，还曾为俄语专业四年级学生自编翻译课教材《俄译汉》《汉译俄》讲义两册。学生普遍反映较好，称赞他备课认真，讲课细致，能深入浅出，举重若轻。在担任俄语实践课教研室副主任及俄语组副组长期间，刘品大工作认真负责，积极肯干，主动关心俄语专业的建设，在俄语专业尚未恢复招生的情况下，能以身作则，勇挑重担，不断提高专业修养。

刘品大不仅教学业绩突出，科研工作也很出色。早在 20 世纪 50 年代，他就参加翻译《人民陪审员手册》（人民出版社 1954 年版）、《苏俄刑法典》（法律出版社 1957 年版）、《苏联共产党第二十次代表大会关于进一步发扬苏维埃民主的问题》（上海人民出版社 1957 年版）等书。20 世纪 70 年代中后期，他与四川外语学院、西南师范学院的专家学者合作编写大型工具书《俄语教学词典》（四川人民出版社 1982 年版），共编

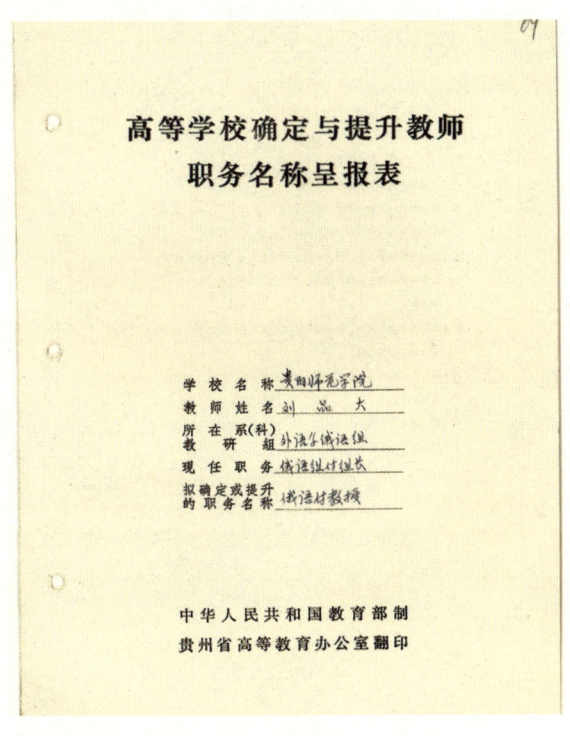

图 2 刘品大高等学校确定与提升教师职务名称呈报表

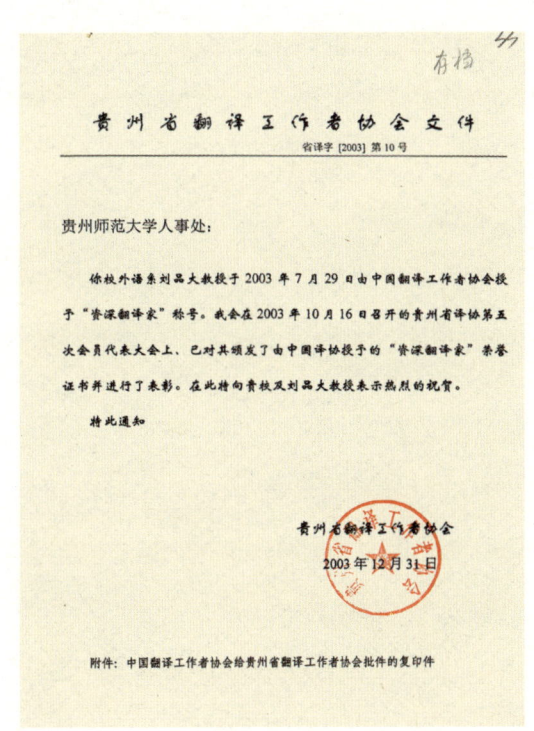

图 3 刘品大贵州省翻译工作者协会文件

写词条 90 个，审改词条 70 个，合计约 50 万字，资料收集丰富，译文准确畅达，结构条理清楚，深得合作者的好评。1980 年后，刘品大出版的主要译著有《马克思主义政治经济学的形成》（四川人民出版社 1983 年版）、《〈资本论〉创作史》（福建人民出版社 1983 年版）、《恩格斯和马克思主义经济学说》（贵州人民出版社 1984 年版），发表的主要论文有《也谈理解与表达的关系》（《外语学报》1986 年第 3 期）、《翻译标准与翻译实践》（《外语学报》1986 年第 4 期），其中译著《马克思主义政治经济学的形成》一书，还得到了中央编译局专家的认可和赞誉。

由于教学科研方面的突出成就，刘品大于 1978 年被评为讲师，1982 年被评为副教授，1988 年被评为教授。他同时兼任贵州《外语学报》副主编、贵州省翻译工作者协会会长、中国翻译工作者协会理事会理事、中国俄语教学研究会西南分会常务理事等职。1984 年 7 月，刘品大还光荣地加入了中国共产党，实现了他三十年前的梦想。为表彰他在翻译领域的杰出贡献，2003 年 7 月 29 日，中国翻译工作者协会还特别授予他"资深翻译家"荣誉称号。

（撰稿人：梁春燕）

王　昂

　　王昂，曾用名王泽民，男，汉族，贵州省独山县城关镇人，生于1929年9月，卒于2011年2月。

　　1929年9月26日，王昂出生于南京。父亲王润宇，早年留学日本，归国后曾在上海任大学教员，后弃教入仕，历任国民党南京市党部宣传部长、江西训练总监部主任、华北军政委员会委员等职务，曾与何应钦、宋哲元等共事。抗日战争爆发后，王父出任北宁铁路局庶务课课长。1939年，王父病逝。

　　1931年至1933年间，王昂先后跟随父母在江西南昌、九江等地生活。1933年，王昂由南昌返回南京居住。1936年，他又随父母迁往北京，进入北京象鼻子中坑小学一年级读书。1937年，王昂再随父母搬至天津，在天津慈惠小学读完二、三年级。1939年，因父亲病重去北京就医，王昂又返回北京居住，先后就读于文星小学、宏达小学。1942年7月，王昂毕业于北京私立育英小学，随后升入北京私立志成中学初中部，1945年7月初中毕业后升入北京私立育英中学高中部。

　　1948年7月，王昂高中毕业，先后投考北京大学工学院、唐山交通大学及北京师范大学等校的理工系科，均因数理化成绩不理想而未被录取。1948年9月至11月，王昂前往燕京大学英文系登记旁听，由于未办理入学手续，因此并无正式学籍。

　　1939年至1948年这段时间，王昂的家庭发生了较大的变故。先是1939年，父亲王

自传　　王昂

我于 1928 年 9 月 26 日出生于南京市。原籍是贵州省独山县人，现在独山中学校任英文教员。家庭中共十一人，母亲年六十二岁，兄三十八岁现在独山中学校任生物教员并担任独山县文教工会主任委员工作。姐三十岁，在家中照顾家务。妹六人。弟十七岁在考二次毕业尚无结果。高中生活完全依靠我和兄王昌工作所得工薪维持，别无房地产及流动资金。我于去年八月与艾琼订婚，她是学生出身，未曾参加任何反动组织。她的家庭阶级成分系商人兼地主（约二十二石米的田，收租十一石米）。她已在独山中学校高中部毕业，现在正准备找工作为人民服务，脱离她的家庭阶级做立场。

我于 1934 年 3 月开始读书，1944.7. 毕业于志成中学初中部。1947.3. 毕业于育英中学高中部，当时曾受一般的学校军事训练三个星期。其及于 1947.9. 即考北京燕京大学文学院外文系读书。于 1948.12. 因兄王昌失业，在北京无法谋得生活，遂返回原籍贵州独山寻找工作。我也就在独山中学校任教。1949.11. 此地解放后，我奉调到贵州省人民政府文教厅主办的师资训练班学习。于 1950.2. 返回原校工作，一直到今天。在我由读书起到今天为止，我始终未曾参加任何反动的组织、会门道教。

李科长、陈老先生。我深刻的认识到我们这些破人化乞讨残废的，也应从剥削者我们。我从来没有知道地主会因善微不起挑而将农民砍成残大块。口喊资本家口临损失职，然而把成万的工人困死在矿井中。一个农民的七晃只值一斗二升包谷。一个破脱盲把农民高中费用三代。那样残破成缺乏状的农具还放弃着的农民使用来生多。

🔒 图 1　王昂自传

润宇因心脏扩大症医治无效亡故，王昂一家依靠父亲留下的遗产以及长兄王昌的工资收入来维持生活。接着长兄王昌也因故失业。于是，家庭经济状况便开始急转直下。1948年底王昂一家将北京的住房售卖，筹足旅费以后，先乘轮船到上海，再转乘火车经江西、湖南、广西回到了原籍贵州独山。

当举家离开北京返回贵州时，王昂自己是不情愿的，他很希望继续留在北京。王昂在自传中写道："我当时还想在北京继续升学，同时也不愿意和我那时的女友分离。然而，那时我在经济上没有条件维持，只好随家返回原籍。"

1949年2月返回贵州后不久，为了维持家人的生活，王昂与长兄王昌经亲友介绍，同时到独山中学任教。王昂担任的是英文教员，期间曾代别的老师上过几个月的几何及三角课程。对于这段时期的生活，王昂在自传中写道："由于升学的愿望不能实现并且离开了女友，思想上非常苦闷。加上那时工资微薄，生活困难，引起家中母亲和嫂嫂的不睦，更加懊悔不该返回贵州。那时女友还经常从北京来信，告诉我北京解放后人民生活起了不少的变化。于是，更加希望贵州早些获得解放，早些使自己的生活困境改变，自己也可以继续复学和有机会回北京跟女友见面。"

1949年11月，独山中学全体教员被调至贵阳师资训练班，进行为期两个月的政治学习。1950年2月学习结束后，王昂重又回到独山中学，继续担任英文、政治教员，同时兼任教导员和辅导员工作。1951年6月，王昂被贵州省总工会调至贵阳市参加由中共贵州省委会及省总工会共同举办的"工人训练班"学习。此后，他仍回原校任原职。不久，王昂又被选为独山县总工会组织

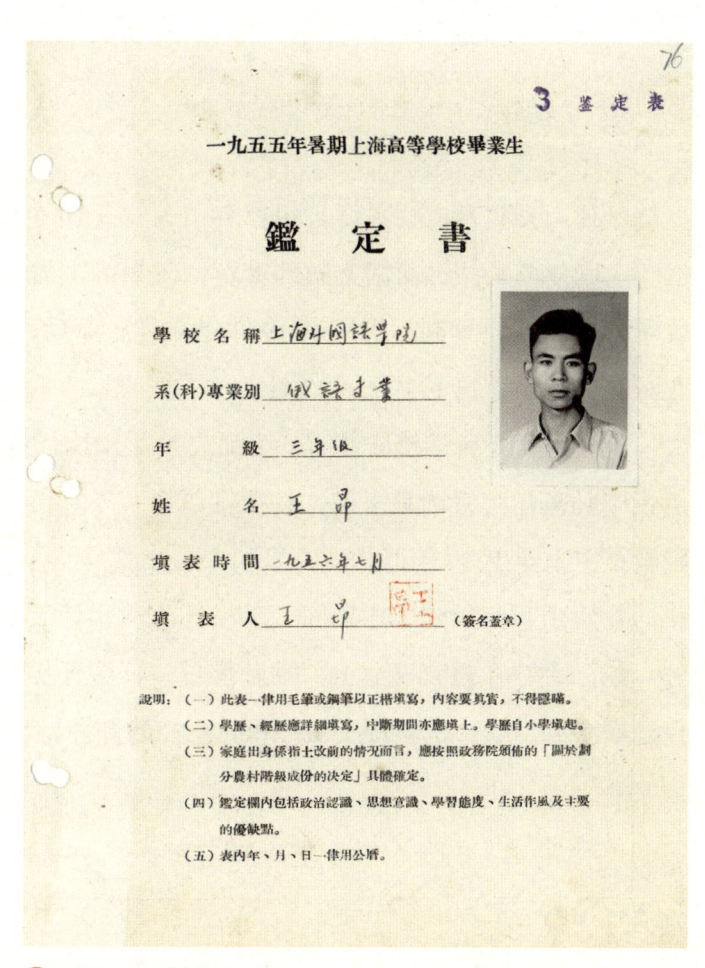

图 2 王昂鉴定书

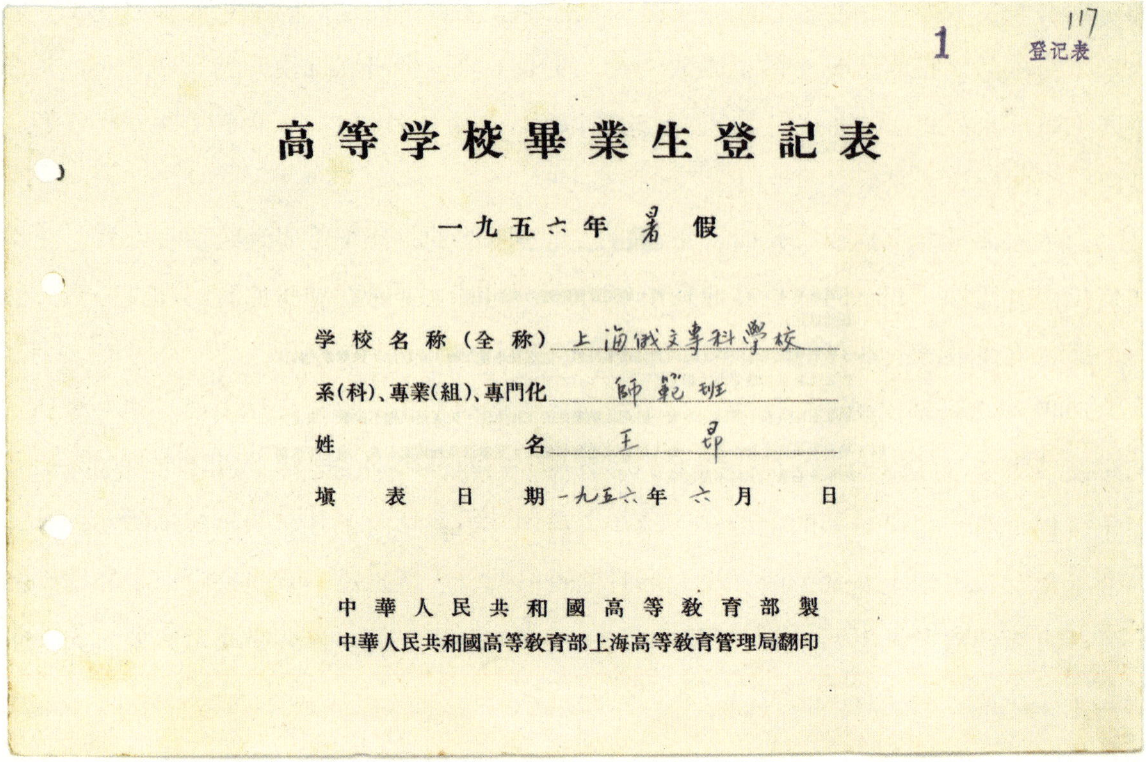
117

1 登记表

高等学校畢業生登記表

一九五六年 暑 假

学校名称（全称）上海俄文專科學校

系(科)、專業(組)、專門化 師範班

姓 名 王 昂

填表日期 一九五六年 六 月 日

中華人民共和國高等教育部製

中華人民共和國高等教育部上海高等教育管理局翻印

图 3 王昂高等学校毕业生登记表

委员、独山县教育工会主席。1952 年 6 月，王昂参加了贵州全省中等学校教师思想改造运动。同年 9 月，经西南文教部推荐，王昂入上海俄文专科学校学习。上海俄文专科学校实行的是三年学制，但王昂 1952 年 9 月入学后，因患肺结核于 1954 年休养一年，毕业时间也就顺延到了 1956 年 7 月。

上海俄文专科学校毕业后，王昂先是留校担任俄语系助教，旋即又于 1957 年 2 月调至贵阳师范学院俄语系工作，教授俄语语言学、英语语言学等课程，历任助教、讲师、副教授，直至 1989 年退休。

在贵阳师范学院工作期间，王昂还先后担任了外语系副主任、主任和总支书记等职务。他一心扑在教育事业上，勤勤恳恳，任劳任怨，为学校外语系的建设和发展做出了自己应有的贡献，也赢得了领导和同志们的好评。

（撰稿人：梁春燕）

易光培

易光培，男，汉族，祖籍四川，生于 1921 年。

1921 年易光培出生于贵州省湄潭县义泉镇一个城市贫民家庭。祖辈出身寒苦，无田地、房屋和其他遗产。父亲早年曾做过佃农和小本生意，之后在湄潭县城经营茶社生意，兼营一点别的副业，勉强维持家人生活。

7—9 岁时，易光培曾念过两年私塾。但由于家庭经济状况不好，直到 11 岁时才进入湄潭县立两级小学读书，而且还要一边读书，一边帮家里劳动。

1935 年 11 月小学毕业后，因家里穷，无力承担继续读书的费用，易光培险些中断学业。后来，在小学老师孙仲樵先生的鼓励和接济下，他才得以入湄潭县立初级中学继续学习。尽管如此，经济上的压力依然时时存在。易光培曾在自传中写道："在初中的三年中，前三学期，我仅是一天在书本上丢圈子过日子。除掉随时在经济上感受到威胁与苦痛外，在思想上，毫无其他新的变化。"庆幸的是，初中阶段的后三个学期，易光培得到了顾诗灵、乔光鉴、王起树等进步老师的指导与启发，初步接触到一些新的思想和一些进步的书刊，思想上也开始逐渐觉悟。

1939 年春，在姑母的资助下，易光培考入青岩省立乡村师范学校。一年后，学校迁往榕江，并改为国立贵州师范学校。对于这段生活，易光培在自传中说："这个学校的作风，和贵州任何一个中等学校有所不同，注重生产教育，提倡自给自足，学校本身有

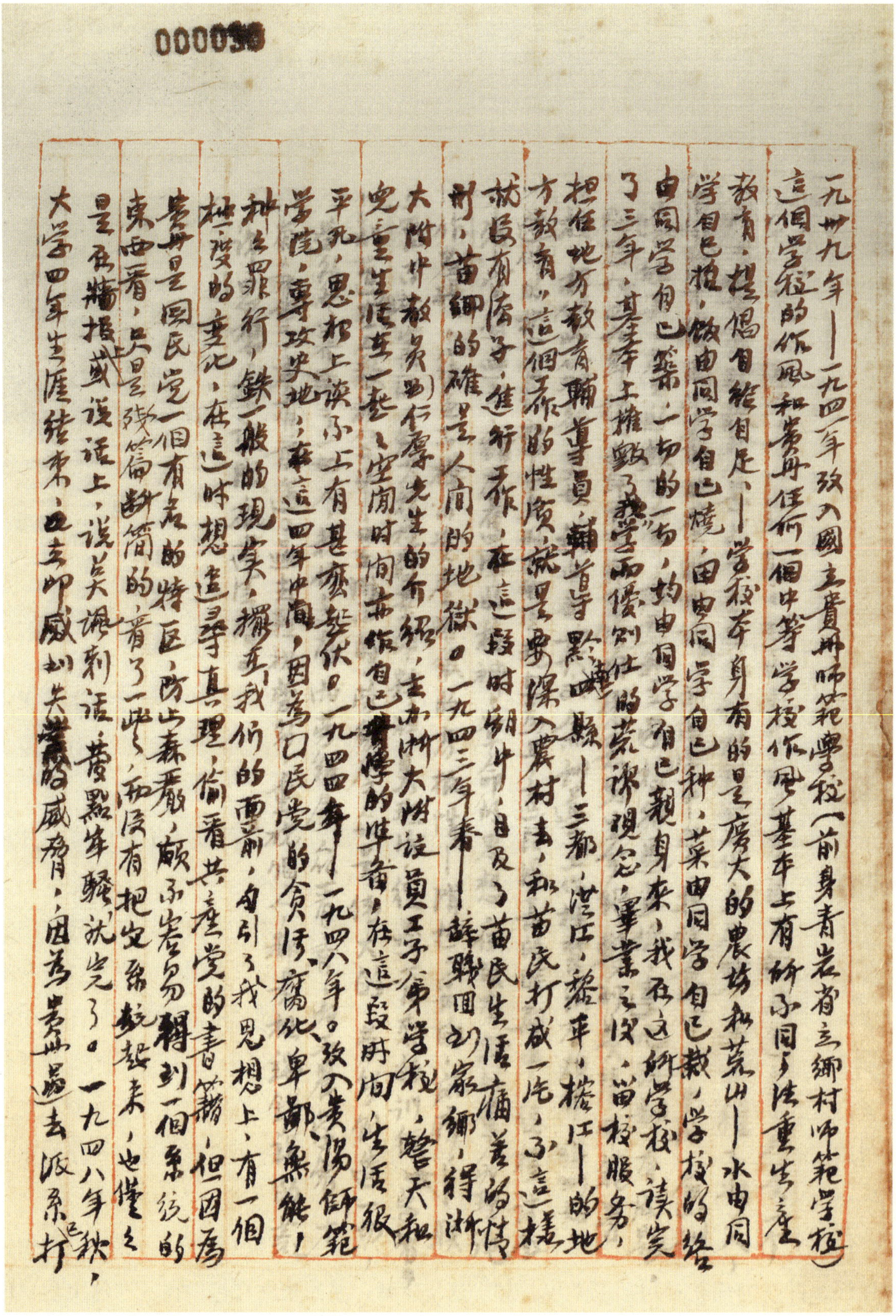

一九卅九年—一九四一年攻入國立貴州師範學校（前身青岩省立鄉村師範學校）这個學程的作風和黃母任何一個中等學校作風基本上有所不同，注重生產教育，提倡自給自足，一學程本身有的是廣大的農坊和荒洲—水由同學自己耕種，菜由同學自己裁，學校的登由同學自己築，一切的一切，由同學自己親身來，我在这所學校讀完了三年，基本上推數了哎學而償刻仕的荒謬觀念，畢業之後，苗校服務。

把任地方教育輔導員，首辦黔峰縣—三都、淡江、榕平、榕江—的地方敎育，这個作的性質就是实際入農村去，和苗民打成一片，不过这樣方敎育的確是人间的地獄。一九四三年春—辭職回到家鄉，得到就段有房子，進行遊時朝外日及了苗民生涯，備善的情—平九、思郡上該不上有甚麼起伏。一九四四年—一九四八年攻入貴陽師範學院、專攻史地，在这四年中間，因為口民党的貪污、腐化卑鄙無能，大附中教員即行厚先生的介紹，去和桃大游淀莫工子帝學校，忠宝生很在一至、空庸時间而作自己寧歡的性書，在这段明間生活很种之罪行、鐵一般的現实，攤在我们的面前，引了我思想上，有一個枉殘的慶化，尋真理，偷看共產党的書藉，但因為貴母是國民党一個有名的特區、防止森嚴，顧不岩易得到一個系統的束西是看，只是殘篇斷簡的看了一些，雖有把它系統起來，也僅之，是及指被或说証上，说吳湃刺话，黃黔年難就完了。一九四八年秋，大學四年生涯結束，互去卬威州失黃路威脅，因為黃北過去派系打。

图1　易光培自传（二）

自傳

第一中隊
第六組 易光培

我現年廿九足歲了，生於一九二一年二月二日。家住貴州湄潭義泉鎮，祖父一世二世，大爺之年十八讀貴師勞之上，解放後已改入軍大，小弟之端在貿難，我行第三。緣我父慈孝老實，幼年喪父，中年失母，僅念過三年私塾，因家庭中落，無力供給，而半途失學。父親早年曾磨過豆腐，做過小販。後改行小本經營業社，維持全家生活，我在這樣家庭經濟狀況下，由小學而中學而大學；的確他給了我很大的幫助。

易我最大的，要算我小學的老師陳仲樵先生，和著我的姑母；他們在物質上經濟上都給我很大的幫助。一九四二——一九四八年，改入湄潭縣立初級中學，那時因為邊遠閉塞，交通阻塞，歡迎外延聘合格優良教師。珠儒不易，自然學校裡面的老師，青一色的一批高中畢業生，他們上課，也只是照本念，圍讀不上對我們思想上有甚麼新的啓示。我那時也只能在書本裡面去圈子，一年半以致，校長都任，喬光鍵先生接任校長；喬先生剛畢業地大返黔，這次他帶來一批合格而思想新新的教師，在思想上能我們的眼界每天晚上，南小組合議（秘密）的由教務主任，顧師掌先生曲席指導，我至那時，就開始接受了新的烙扎，大概是因為年青的關係，一時言論行動，表現非常激烈。因此遭受了很多惡意的評擊。喬先生，做了一年半不到的校長，因為本地對封建的惡勢力反黨部棍子的攻擊，被撤換而離聯了。

的是广大的农场和荒地，水由同学自己抬，饭由同学自己烧，田由同学自己种，菜由同学自己栽，学校的路由同学自己筑。一切的一切，均由同学自己亲身来。我在这所学校，读完了三年，基本上推翻了我'学而优则仕'的荒谬观念。"

1941年冬，易光培结束了在榕江国立贵州师范学校半工半读的学习生活。他因毕业成绩优异而留校服务，担任师范附小的教务主任，兼榕江师范区地方教育辅导员，具体辅导三都、从江、黎平、榕江四县的地方教育。

1943年春，易光培从榕江国立贵州师范学校辞职，回到家乡湄潭。此时，浙江大学已内迁湄潭。经浙大附中教员刘仁厚先生介绍，易光培进入浙大附中训导处，成为一名刻钢板和画表格的书记员。同年秋，他又被浙大附中校长胡家健先生调入浙大附设员工子弟学校，并担任学校主任。由于整天和儿童生活在一起，空闲时间又多用在准备大学入学考试上，易光培在自传中写道："在这段时间，生活很平凡，思想上也谈不上有什么起伏。"

1944年秋，易光培如愿考入国立贵阳师范学院，专攻史地。他在自传中写道："整天埋头读书，个人志愿是希望将来做一个纯粹的学者。"但残酷的现实，最终还是改变了易光培一心只读圣贤书的想法，使他在思想上有了一个极度的转变。

1948年秋，大学四年生涯结束，易光培立即感到了失业的威胁。既缺人脉关系，亦无特殊的社会背景，最后在贵阳彷徨了好久，也没有谋到一份合适的工作。就在他准备收拾行囊返回家乡的时候，经同班同学杨全胜的介绍，他进入私立西南中学，任高中史地专任教员兼训导组长。

任教西南中学期间，通过同乡吴雪俦的介绍，易光培于1949年6月正式加入民主同盟，并担任小组长，从事教育界方面的地下革命工作。

图3 易光培高等学校教师登记表

由于私立中学待遇低，连吃饭都有问题，一年后，易光培经姐夫冉懋森周旋介绍，转到贵阳师范学校，担任师范部史地教员、初中部英文教员兼训导。工作虽忙，但却很有规律，他自己也得到了好好进修的机会。

1949年易光培于3月由贵阳师范学校调入贵阳一中，任历史专任教员兼高三班主任，同时兼任学校教工会业务组长、政治学习组长和历史教研组长。

1952年秋，易光培调入贵阳师范学院历史系任助教，主要从事世界史教学工作。次年

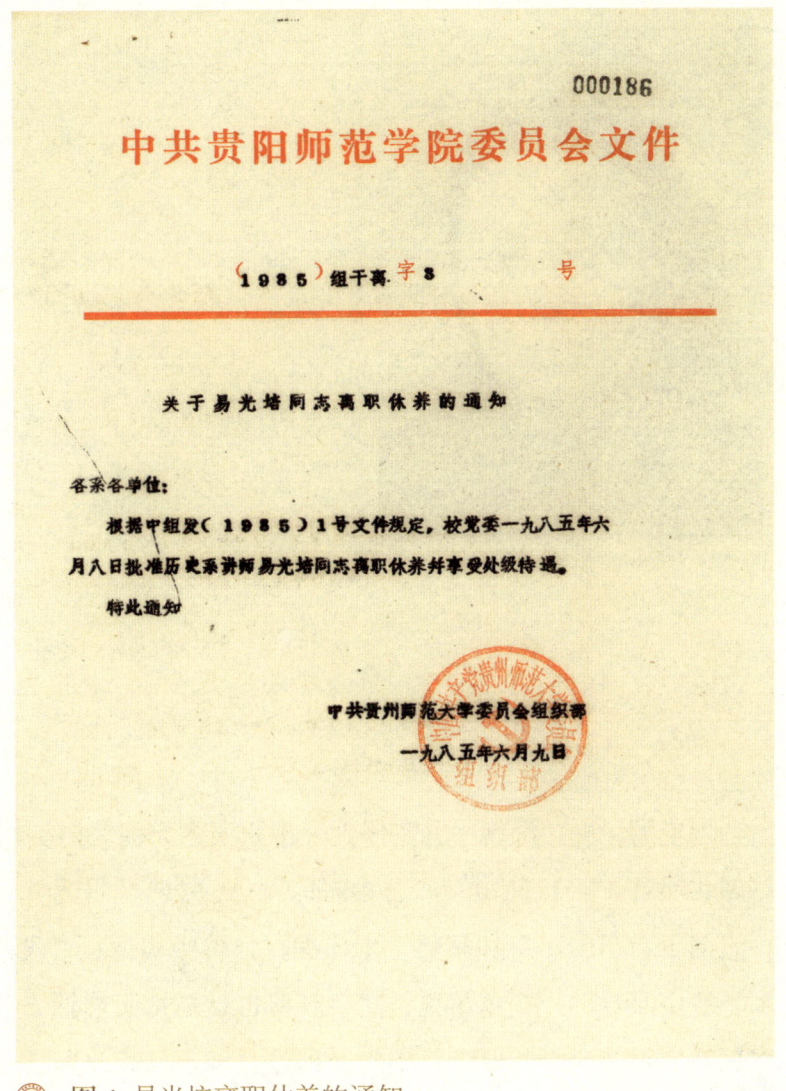

图4　易光培离职休养的通知

秋，被提升为讲师，后任世界古代史教研室副主任。1985年6月，经中共贵州师范大学党委批准，易光培离职休养并享受处级待遇。

（撰稿人：梁春燕）

朱华润

朱华润，女，汉族，乳名保金，祖籍安徽巢县北门。1923年出生于湖北襄阳，后寄籍湖北郧县。卒于2010年1月10日。

关于自己的出身和籍贯，朱华润在自传中写道："我是1923年4月25日的早晨出生于襄阳县城的一个角落里，这个环境也就是祖父修辅、父亲光弼在邮局作（做）事的寄居地，可是我们的原籍是安徽。祖母、母亲是湖北郧县人，以后我父亲又调到郧县邮局作（做）事多年，于是我们也改报籍贯为郧县人。"

1927年7月，朱华润4岁时，父亲朱光弼病故于湖北郧县。母亲黄晋九当时也仅有21岁，又是个不识字的农村妇女，别无生计，只好带着朱华润和2岁的弟弟朱华裕投靠在襄阳邮局工作的祖父朱修辅。后来，祖父被调至湖北武汉邮局工作，朱华润一家也随之迁往武汉。

1931年7月，朱华润8岁时，进入汉口大智门私立建国小学一年级读书。1932年转考半公半私的汉口四二小学读二年级。1933年，又转考汉口特三区市一小学读三年级。之所以如此频繁地更换就读学校，主要是因为祖父调至武汉工作后不久即告退休，又染病辞世，家庭经济状况日渐艰难。对此，朱华润在自传中写道："后来，祖父在邮局工作廿五（二十五）年后，由邮局发给一部分养老金，于是祖父即告退休，回安徽老家。回家后即得病，卧床不起，延医诊治，百方无效，于1929年病故。这时的我们，就更苦

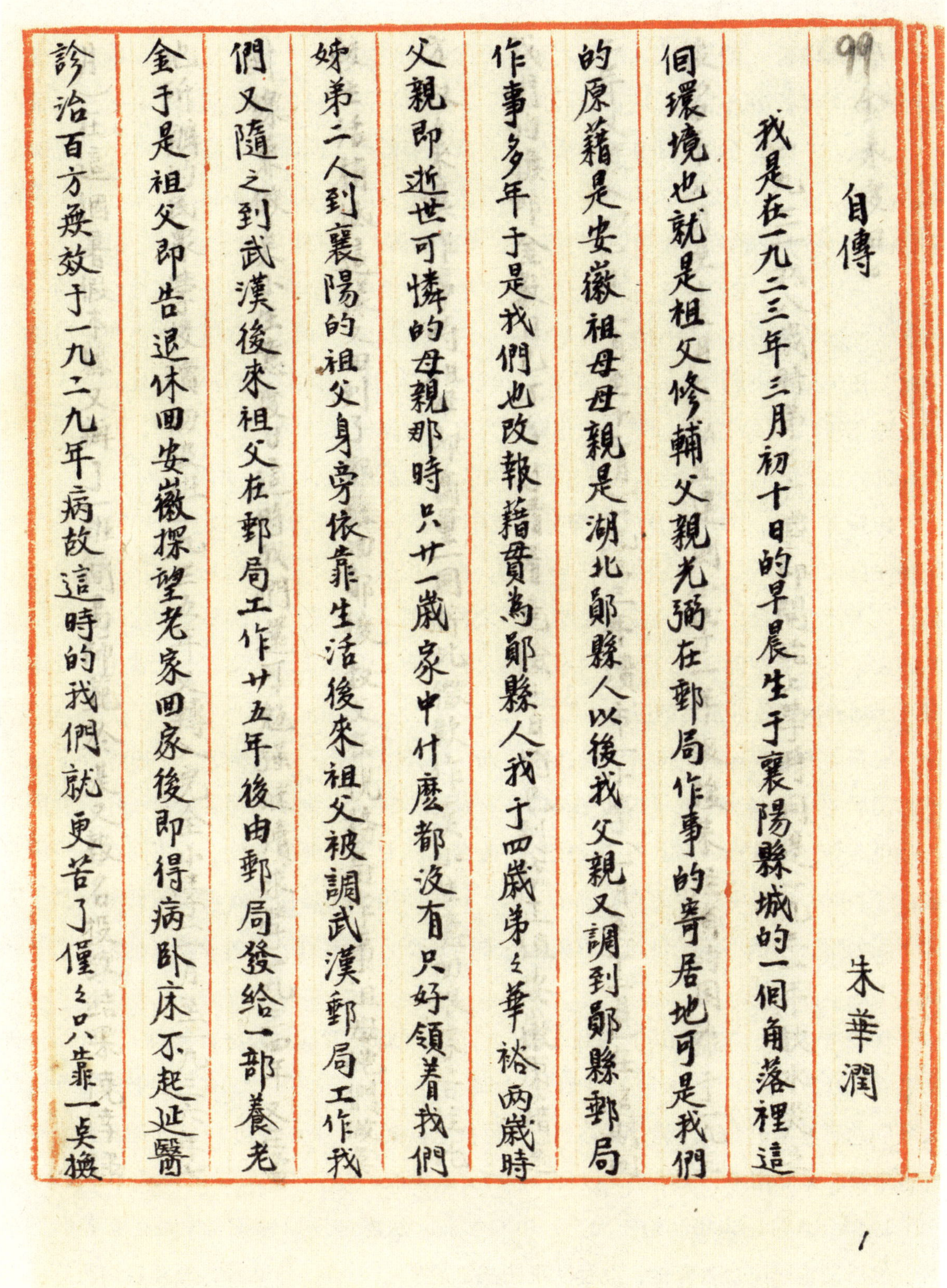

自傳　　　朱華潤

我是在一九二三年三月初十日的早晨生于襄陽縣城的一個角落裡這

個環境也就是祖父修輔父親光弼在郵局作事的寄居地可是我們

的原籍是安徽祖母母親是湖北鄖縣人以後我父親又調到鄖縣郵局

作事多年于是我們也改報籍貫為鄖縣人我于四歲弟之華裕兩歲時

父親即逝世可憐的母親那時只廿一歲家中什麼都沒有只好領著我們

姊弟二人到襄陽的祖父身旁依靠生活後來祖父被調武漢郵局工作我

們又隨之到武漢後來祖父在郵局工作廿五年後由郵局發給一部養老

金于是祖父即告退休回安徽探望老家回家後即得病臥床不起延醫

診治百方奐效于一九二九年病故這時的我們就更苦了僅之八靠一吳換

图 1　朱华润自传

了，仅仅只靠一点抚恤金来度日。"

就在朱华润一家已然陷入困顿之际，恰逢安徽老家的一个远房叔叔朱少康来武汉，曾经读过两年私塾的祖母黄应瑞便同他商定，举家返回自己的娘家湖北郧县居住。做出这个决定，主要是考虑到郧县的生活花费比武汉要低些，同时还可将剩余的一点抚恤金拿来做点小生意。于是，朱润华一家又跟着叔叔朱少康一起回到郧县。后来，朱少康在郧县税务局做事，祖母和母亲做点小生意，平时兼做一些针线活，还可勉强度日。

在郧县安定下来后，朱华润又开始继续求学。1934 年，朱华润进入当地举办的一所民众学校读初级班。这所民众学校虽然免费发给文具用品等物，但却没有高级班可读。因此，初级班结束后，朱华润只好又于 1935 年年初转入郧县完全小学读书。1936 年暑假，郧县开办了一班简易师范。朱华润认为这不仅是郧县当时的最高学府，而且读完书就有机会教书谋生，很适合自己这样的穷孩子，于是便报名投考，并考中。

1938 年 7 月，朱华润从郧县简易师范毕业后，又被祖母送去读了一年的私塾。朱华润在自传中写道："1938 年 7 月毕业后，接着抗战爆发，也不能升学，又加之我年纪小，又无社会背景，祖母怕我荒芜学业，又送我到一位老先生处读私塾。这时我还是读的国文，不过要背诵而已，这时对我有很大的影响，天天只知死读书、死背书，身体也弱了，却养成我尊师重道的习惯。"

随着前方战事吃紧，学校纷纷迁往后方，郧县也迁来了一些新学校。1939 年 8 月，不甘闲居的朱华润又考取了内迁郧县的乡村师范学校。但该校在郧县未及一年，就因担心敌机轰炸，再次迁入房县的深山密谷，改名为湖北第八师范学校。朱华润在自传中写道："当时，祖母觉得生活难以维持，阻止我的前进，我是挣扎着随学校到了房县。"由于是公费，用钱不多，再加上叔叔朱少康的接济，朱华润这才勉强渡过难关，顺利完成了学业。

1942 年 8 月，朱华润毕业回到郧县，经小学老师吴肇基和远房姨爹刘正尧介绍，进入县立民众教育馆工作，负责管理图书，闲暇时兼办儿童班和妇女班。在民教馆工作时，朱华润总感觉学识太浅，能力不够，总想再找点机会读点书。恰巧 1943 年恩施国立湖北师范学院又来郧招考，朱华润又报名，被国文系录取。

1944 年 5 月，朱华润迫于无奈，中断学业，从恩施返回郧县。先是在家养病三个月，然后又重回民众教育馆，继续从事图书管理工作。1947 年 2 月，经郧县初级第一中学校长曾光前与民教馆馆长接洽，朱华润被调入该校，担任教务处职员，不久又接手了图书管理员工作。在这期间，朱华润通过同学介绍，认识了当时在公路局鄂北段工作的

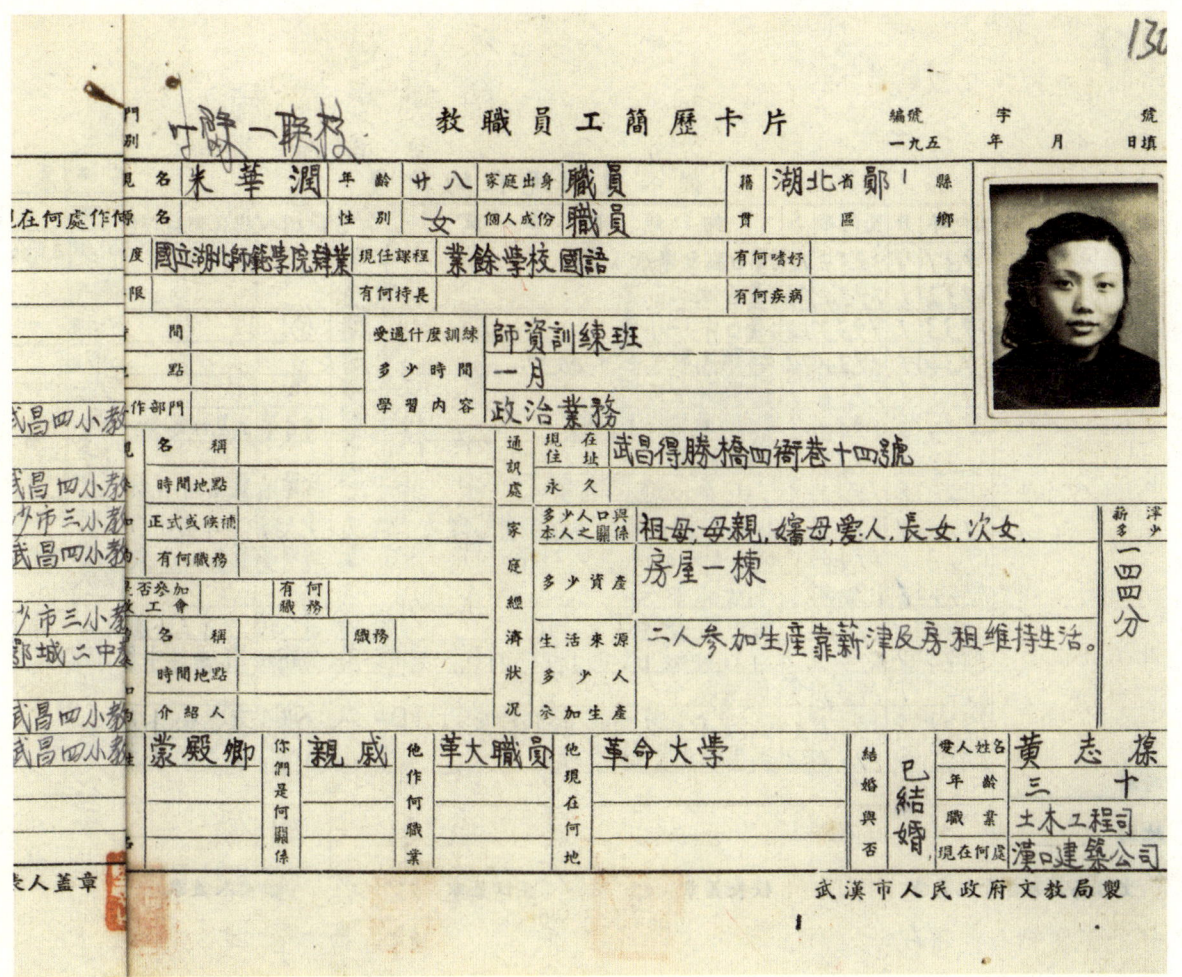

🔲 图2 朱华润教职员工简历卡片

武汉人黄志葆。

1947年12月，朱华润与黄志葆完婚。婚后未及一月，黄志葆即调回武汉，朱华润便辞掉工作，随丈夫回武汉生活。朱华润在自传中写道："自结婚后，因家事所累，接着又生了两个孩子，被孩子拖累，就与社会脱离，一直没有工作。"

朱华润的叔叔朱少康参加了财经干校学习，毕业后被分配至湖北监利税务局工作。她的弟弟朱华裕在军政大学毕业后先是留校任文化教员，接着又被调至文工团工作。他们的经历给了朱华润很大的启发，朱华润在自传中写道："我觉得我应当参加工作，尽我一点小力量。同时祖母她们现在附居我家，可以照顾我的孩子，所以我要摆脱家庭琐事，为了国家，为了我的前途，我有一份力量，即要尽一份力量，积极地参加工作、学习，不要被社会所遗弃，作一个社会的寄生虫。"于是，朱华润勇敢地走出家庭，再次开始了学习和工作。

1951 年 8 月，朱华润考取了武汉市文教局举办的师资训练班。经过为期一个月的学习，被分配至武昌四小业余学校担任教员。此后，她又服从组织调动，先后在汉口江〇三六厂速成识字班、武昌水陆街二业校、武昌江〇五二厂业校、湖北印刷厂业校、黄石市管道公司业校、武昌后补街小学等处担任教员或辅导员。

1961 年 10 月，朱华润与丈夫黄志葆同时调至贵州。丈夫黄志葆就职于贵州冶金建设公司，朱华润则被分配至贵州有色金属学校，从事图书管理工作，直至 1984 年 11 月退休。

（撰稿人：梁春燕）

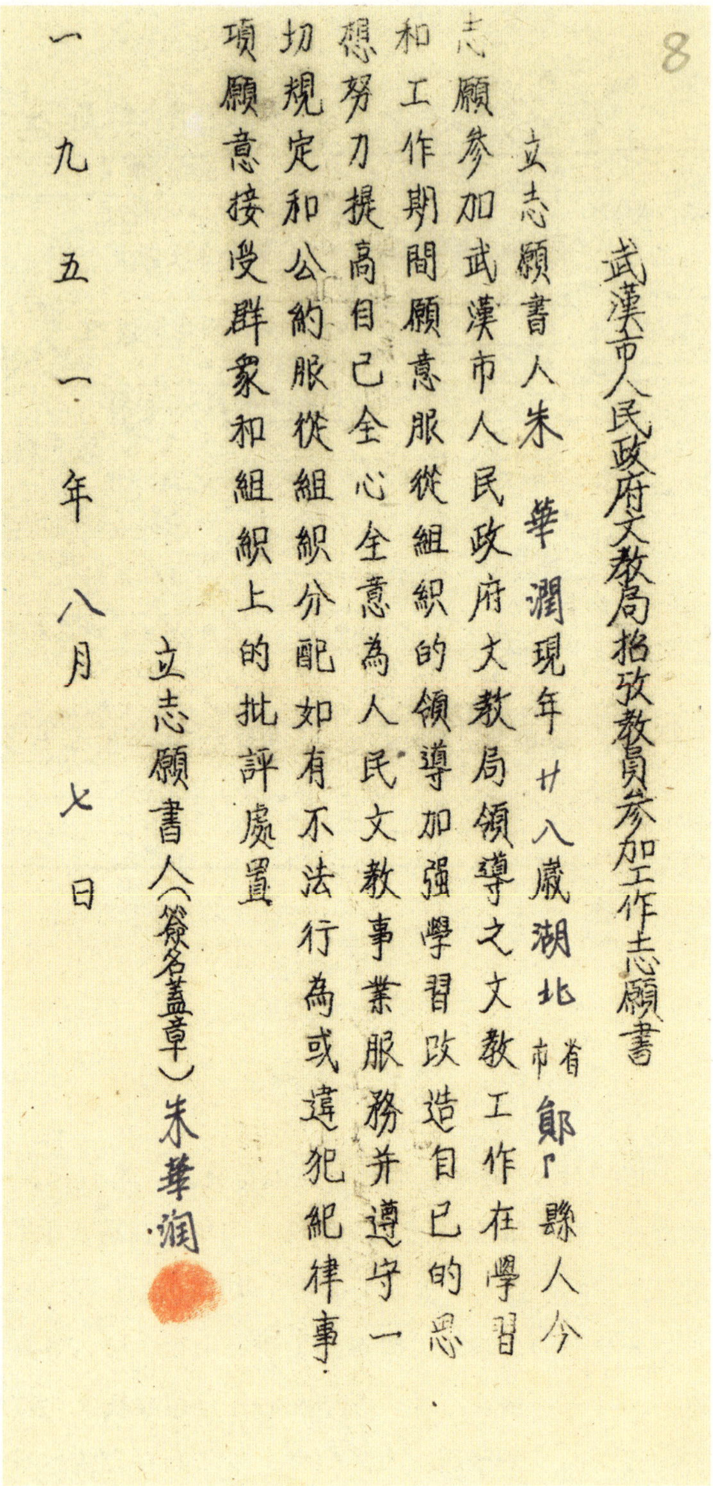
8

武漢市人民政府文教局招考教員参加工作志願書

立志願書人朱華潤現年廿八歲湖北省市鄖縣人今志願参加武漢市人民政府文教局領導之文教工作在學習和工作期間願意服從組織的領導加强學習改造自已的思想努力提高自己全心全意為人民文教事業服務并遵守一切規定和公約服從組織分配如有不法行為或違犯紀律事項願意接受群衆和組織上的批評處置

立志願書人（簽名蓋章）朱華潤

一九五一年八月七日

图 3 朱华润参加工作志愿书

候在玑

  候在玑，曾用名候兆璿，汉族，1904 年 12 月出生在河北省定县三十里铺村一个典型的封建地主家庭，其父是前清秀才。

  候在玑自 7 岁起在家庭自办的私塾读书。14 岁起，候在玑入定县明月店镇高等小学读书三年毕业，17 岁考入保定德育中学。1925 年，候在玑考入北京大学预科理组，两年毕业升入物理系。1928 年他在南京中央政治学校上学，未毕业自动退学。1934 年 7 月于北京大学物理学系毕业，先后在山东单县中学、河南濮阳中学、陕西省榆林女中、河北省省立第九中学、河南伊川白杨镇河北省省立中学、河南陕县河北私立四存中学、陕西汉中青年中学、贵州福泉中学、贵阳花溪清华中学等任教。1949 年 11 月贵阳解放时，他在花溪清华中学参加革命工作。1952 年，候在玑调贵州省贵定中学任副校长，1954 年选为贵州省第一届人大代表，1955 年 10 月调贵阳师范学院数学系任教。1957 年 9 月，候在玑加入中国共产党，1958 年任贵阳师范学院教育工会主席，同年被选为贵州省第二届人大代表。1959 年候在玑任贵阳师范学院数学系副系主任，同年被选为中国数学会贵州省分会副理事长、理事。1961 年，候在玑晋升为副教授，1985 年 6 月退休，1990 年 7 月逝世。

  候在玑一生乐于助人，善与人团结共事。他对青年教师耐心帮助，是青年人的良师益友。1985 年学校分配候在玑新的高知宿舍，可他执意不要，主动为学校分忧解难，把新房让给其他困难的教师居住。候在玑始终没有忘记自己是一位教师，在自己 80 岁以后，仍主动要求给学生开数学讲座。

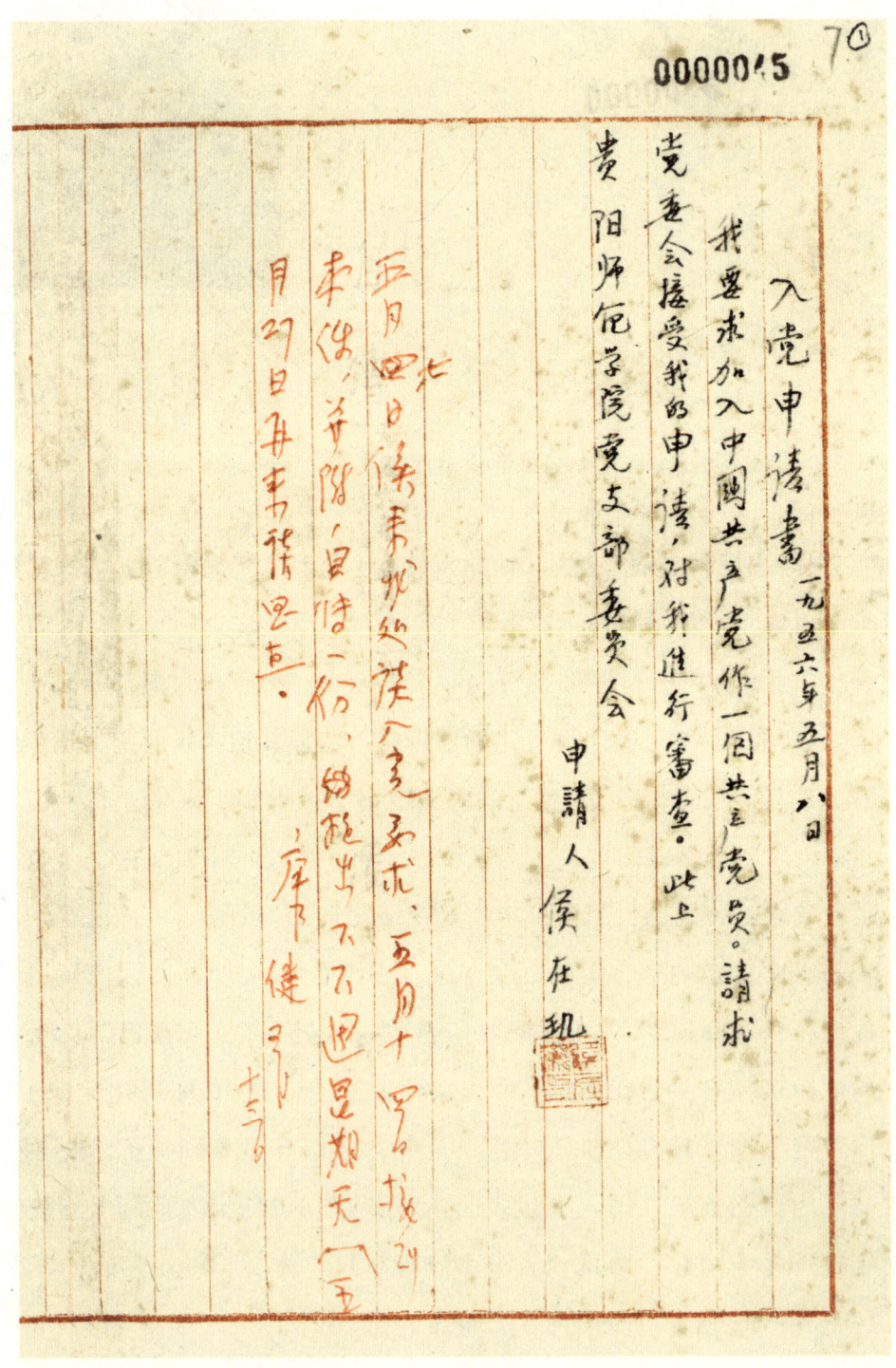

图 1 候在玑入党申请书

0000012

姓名	现名	侯在玑	性别	男	出生年月	1904年12月	
	曾用名	侯水璿	家庭出身	破落地主	本人成份	教员	
现有文化程度		初等数学和高等数学的基础知识	民族	汉	工资级别	高教七级	
原有文化程度		一般物理系毕业水平					
籍贯	原籍	河北省定县三十里铺村					
	出生地址	定县三十里铺村					
身体健康状况		除双神经性耳聋外，无其他显著全身性疾病，虽老年甚衰身体比较健壮。					
何时何地何人介绍入团、入党，何时转正		1957年9月在贵阳师院数学系由康健、李贵友介绍加入中国共产党 1959年12月转正成为正式党员					
何时何地参加革命工作		1949年11月贵阳解放，在花溪清华中学参加革命工作					
参加工作时家庭经济状况		1949年11月贵阳解放时，我在花溪清华中学当教员，当时全家八口人由我负担。由于素无积蓄，那时一个中学教师的工资维持在我身边六口人吃饭，也有困难，对于在北京和兰州上大学的一子一亲，我无力照顾。					

--- 1 ---

图2 侯在玑干部履历表

（撰稿人：杨棉月）

罗方新

　　罗方新，男，汉族，1938年12月出生在贵州省普安县一个农民家庭里，从小父母双亡，靠祖父母养大。祖母曾对罗方新说："你的父亲在你出世前四个月被人放毒药害死。你的母亲生你后改嫁到一个贫农家，生了一个弟弟和三个妹妹，又因生活问题在月子里去世了。"

　　罗方新六岁时，开始了牧童生活，每天赶着两三条牛马上山放牧。1950年1月，解放军去到他的家乡，了解到放牛的小孩们都想读书。罗方新家里的老人在解放军的说服下，便将12岁的罗方新送入普安县莲花山小学学习。他自己觉得年龄大，不愿从一年级读起，于是就参加四年级的学习。罗方新从来没有受过教育，感到很困难。他天天下工夫刻苦学习，放学回家后还要做家务活。在老师的帮助下，罗文新逐渐提高了成绩，赶上一般的水平。老师同学认可他，推选他为学生会主席。

　　1953年罗方新在盘县中学念初中，1956年在兴义中学念高中。1959年9月，罗方新考入贵阳师范学院中文系学习，1960年4月加入中国共产党。1963年9月，罗文新毕业留校任教，1979年2月晋升为讲师，1984年5月担任中文系党总支副书记，1987年5月担任中文系党总支书记。1987年10月，罗文新晋升为副教授，1992年他当选为贵州省写作学会副会长、中国文章学会理事。1993年9月晋升为教授。1996年当选为贵州师大党委委员。

　　罗方新执教三十多年，先后承担过"写作""应用写作""秘书学"等课程的教学任务。他对教学工作认真负责，治学严谨，教学内容充实，讲课深入浅出，联系学生实际，教书育人，为人师表，深受学生欢迎和爱戴，历年政治、业务考核均为优秀。多年

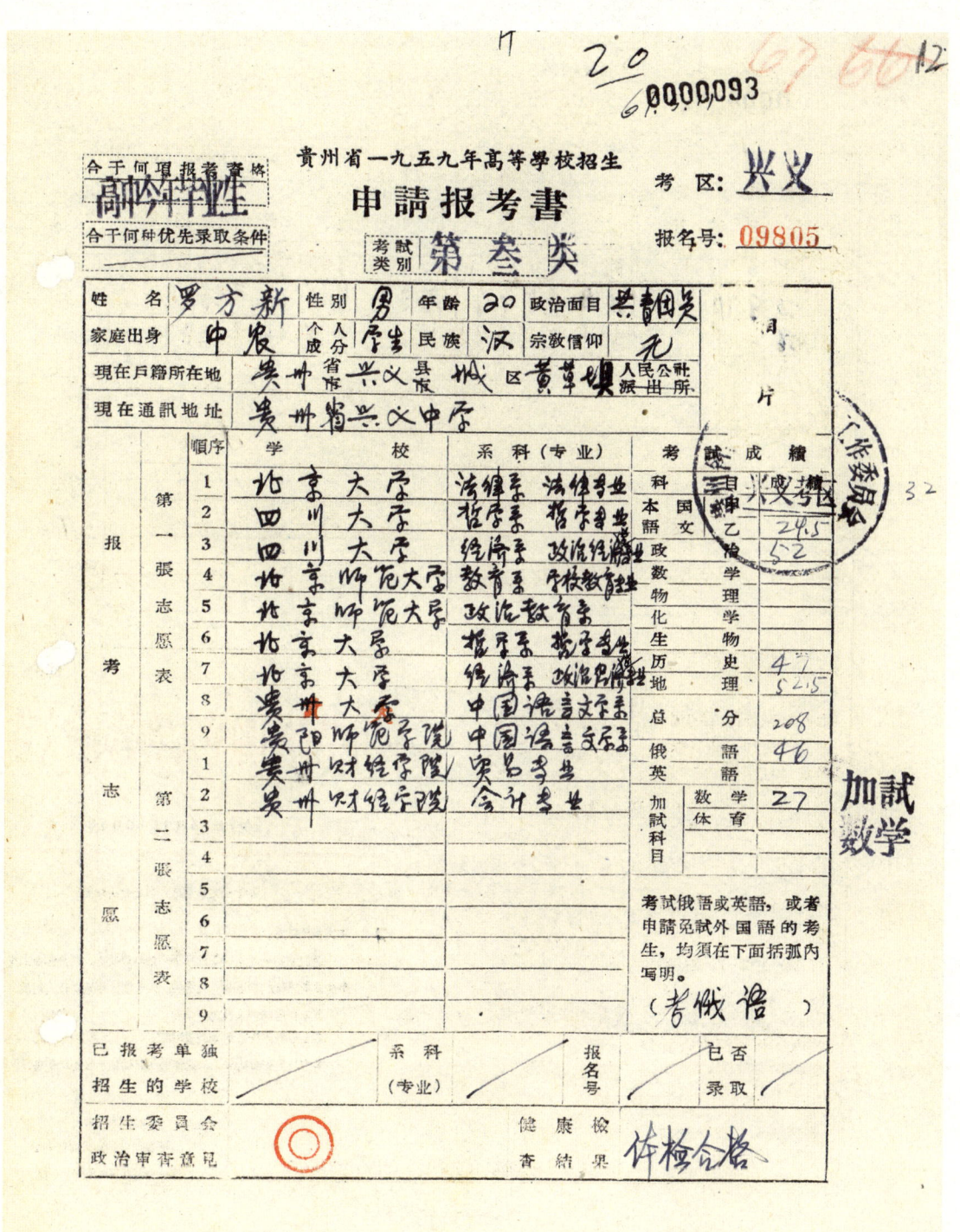

图 1　罗方新贵州省 1959 年高等学校招生申请报考书

贵阳师范学院毕业生成绩单　0000106

中文系　学生 罗方新

考试或考查	学年	课程	第一学期学期成绩	第一学期补考成绩	第二学期学期成绩	第二学期补考成绩
考试	第一学年（1959—1960年度）	政治			优秀	
考试	第一学年	现代汉语	优秀			
考试	第一学年	写作	良好			
考试	第一学年	语言学概论	优秀			
考试	第一学年	毛泽东文艺理论			优秀	
考查	第一学年	生产劳动	及格		优秀	
考查	第一学年	政治	及格			
考查	第一学年	现代汉语			及格	
考查	第一学年	现代文学			及格	
考查	第一学年	俄语	及格			
考查	第一学年	体育	及格			
考试	第二学年（1960—1961年度）	哲学			良好	
考试	第二学年	古典文学	良好			
考试	第二学年	现代文学			良好	
考查	第二学年	古典文学习作			及格	
考查	第二学年	俄语			及格	
考查	第二学年	俄语			及格	
考查	第二学年	体育			及格	
考试	第三学年（1961—1962年度）	政治经济学			优秀	
考试	第三学年	逻辑	良好			
考试	第三学年	中国文学史	良好			
考试	第三学年	教育学			良好	
考试	第三学年	元明清近代文学作品选			不及格	及格
考试	第三学年	外国文学			优秀	
考查	第三学年	生产劳动	优秀		优秀	
考查	第三学年	中国古典文学作品选读	及格			
考查	第三学年	现代汉语	及格			
考查	第三学年	教育学	及格			
考查	第三学年	写作	及格			
考查	第三学年	元明清近代文学			及格	
考查	第三学年	古汉语			及格	
考查	第三学年	中国古典文学作品选读				
考查	第三学年	政治经济学	及格			
考试	第四学年（1962—1963年度）	苏联文学	良好			
考试	第四学年	古汉语	及格			
考查	第四学年	中学语文教学法	及格			
考查	第四学年	诗词研究	及格		合格	
考查	第四学年	外国文学			合格	
考查	第四学年	古汉语			合格	
考查	第四学年	中国古典文学作品选读			合格	

教育实习成绩：优秀

毕业考试成绩：科目 汉语，考试成绩 及格

备注

教务处盖章　系主任盖章　填表人盖章 赵仕　填表日期 63年8月1日

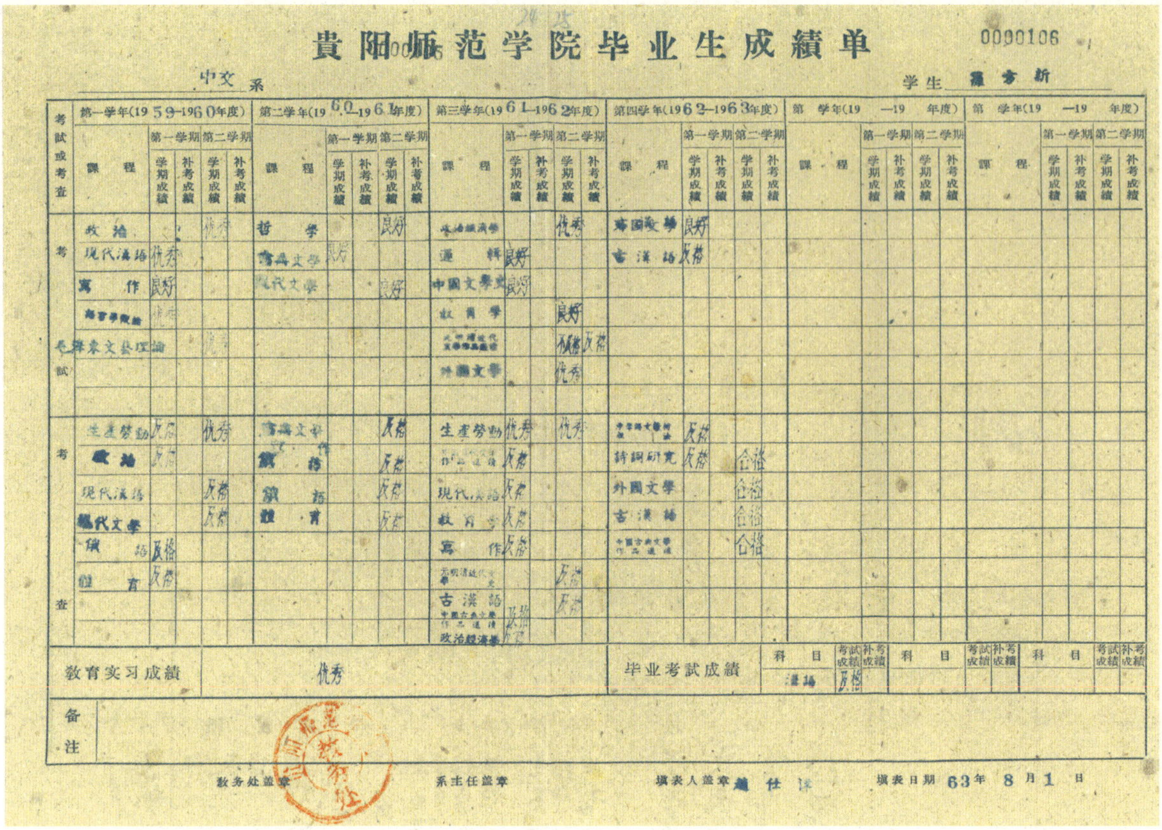

图 2　罗方新贵阳师范学院毕业生成绩单

来，罗方新结合教学撰写了论文 30 余篇；出版《说明文》《秘书学简编》《公文写作范例》《秘书学学习指导书》等专著、教材 4 部；主编、参编写作教材和教学参考书 20 余部。1987 年 12 月，罗方新的《关于解说词的写作》获贵州省首届哲学社会科学三等奖；1989 年他主持写作教学改革项目“写作过关教学法”，获全国优秀教学成果省级一等奖。

0000262

中共贵州师范大学委员会文件

校干任（1991）004号

关于中文系党总支委员会的批复

中文系党总支：

经校党委一九九一年三月十一日会议研究，同意你系总支委员会由罗方新、李玉芬、关贤柱、梁世贵、杨廷栋伍人组成。

罗方新同志任系党总支书记；

李玉芬同志任系党总支副书记；

其它总支委员的分工，请你们研究确定后报组织部备案。

中共贵州师范大学委员会

一九九一年三月十一日

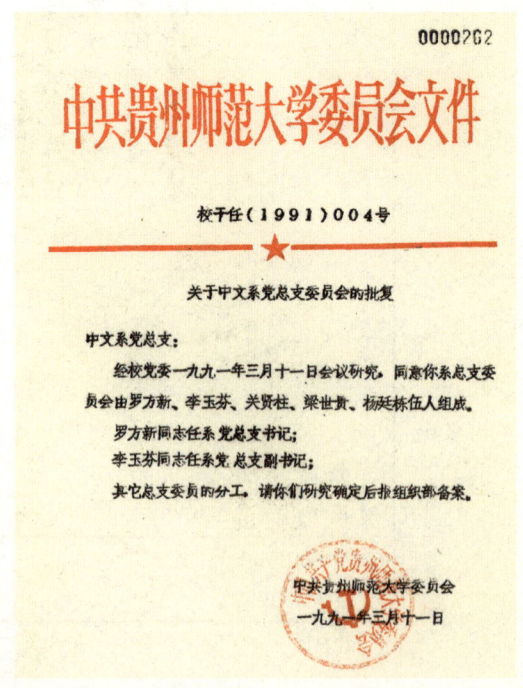

图 3　罗方新任贵州师范大学中文系党总支书记的批复文件

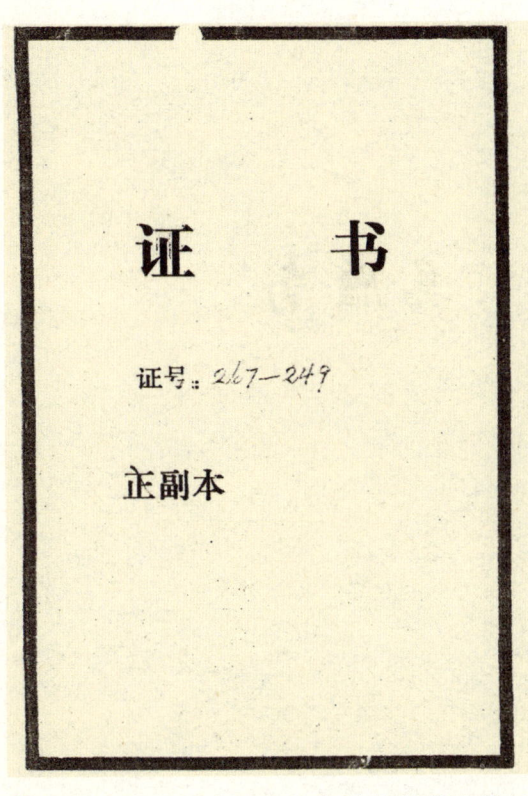
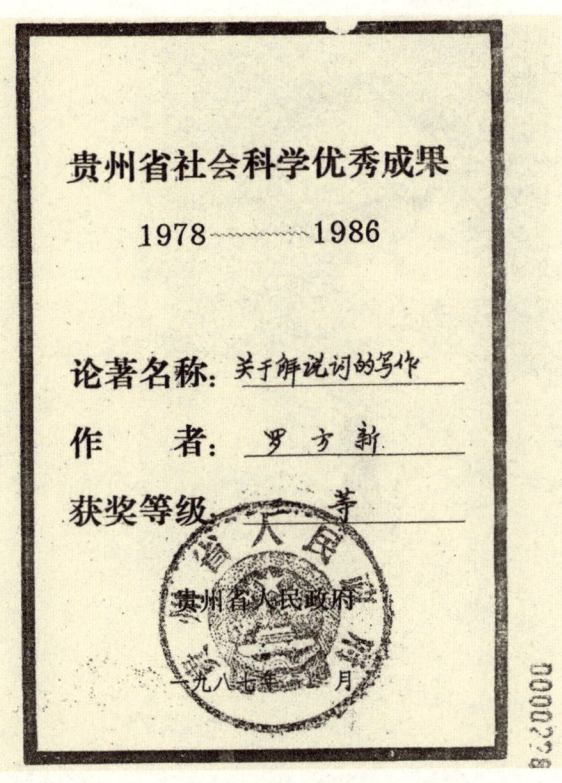

图 4 罗方新贵州省社会科学优秀成果三等奖（1978—1986）获奖证书

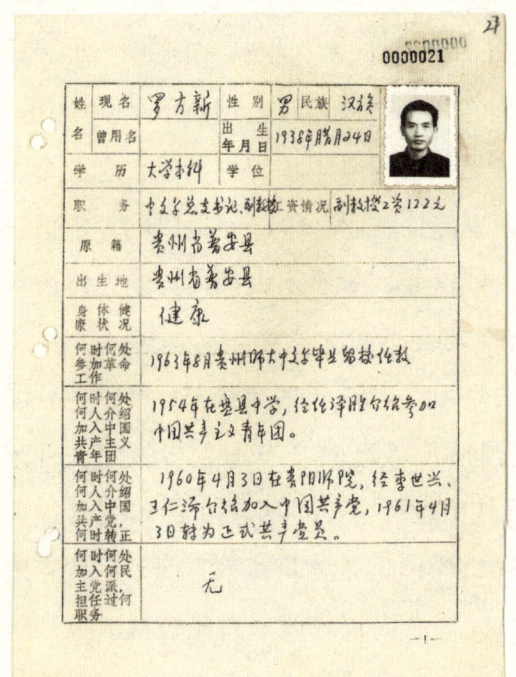

图 5 罗方新履历表

（撰稿人：杨棉月）

吴雁南

吴雁南，曾用名吴远鸿，1929年2月25日生于四川荣昌吴家镇，卒于2001年8月18日。

吴雁南的父亲是小学教师，认为吴雁南太笨，不愿带他上学。因此，吴雁南十岁才入四川荣昌吴家镇中心小学读书。1943年春，吴雁南考入四川荣昌私立伯桥中学初中部，1944年底，吴雁南因对学校处理公民课教师误出考题罢考事件不满，只在该校念五个学期即离开了。随即吴雁南考入四川省立成都中学高中部，肄业。1947年他以同等学力投考四川大学历史系，未中，调入四川大学先修班。1948年，吴雁南由四川大学先修班升入四川大学法律系。1950年3月至7月，吴雁南在湖北革命大学学习。1950年7月至1952年8月，吴雁南入东北师范大学历史系专修科学习。1952年毕业后，吴雁南被分配到东北师范大学附属中学任教。1956年年底他被调到北京第56中任教，1959年3月至1960年3月期间他被借调北京市教育局编写中国现代史教材，1960年4月至10月他被借调华北协作区编写世界史教材，1960年10月至1962年10月他被借调教育部人民教育出版社编写古代史教材。1962年10月至1972年2月，吴雁南正式调入人民教育出版社历史室古代史组。1972年他调入贵阳师范学院历史系。1979年吴雁南晋升副教授，任历史系副主任。1982年他加入中国共产党。1983年吴雁南任贵阳师范学院院长。1985年学院更名为贵州师范大学，吴雁南任校长。1986年吴雁南评聘为教授。同年，吴雁南被授予

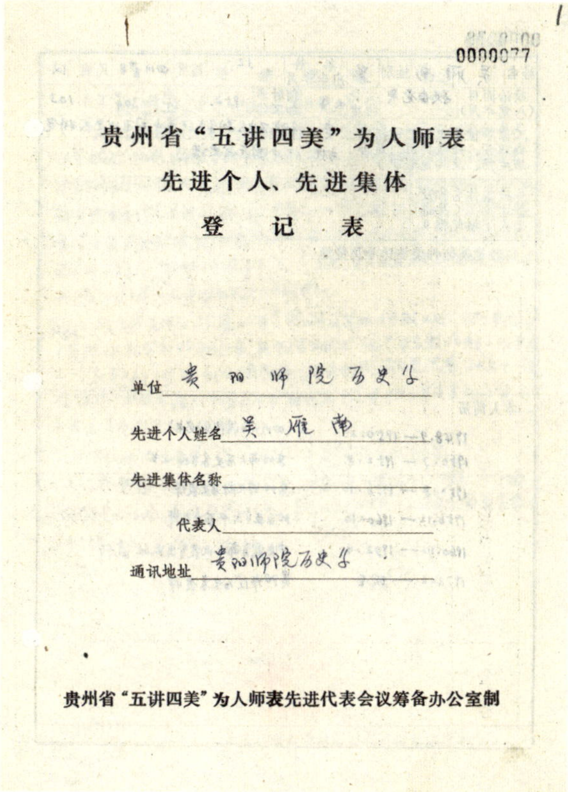

图 1 吴雁南贵州省"五讲四美"为人师表先进个人、先进集体登记表

图 2 吴雁南颁发三十年教龄荣誉证书审批表

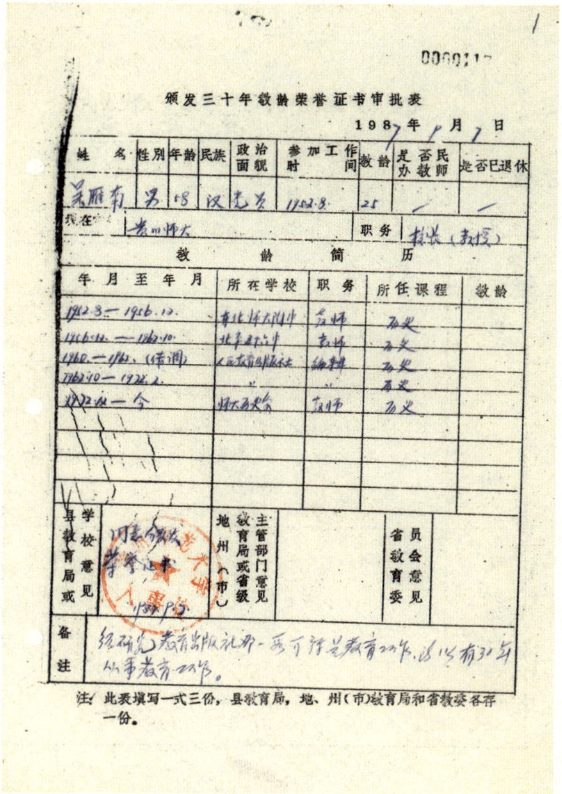

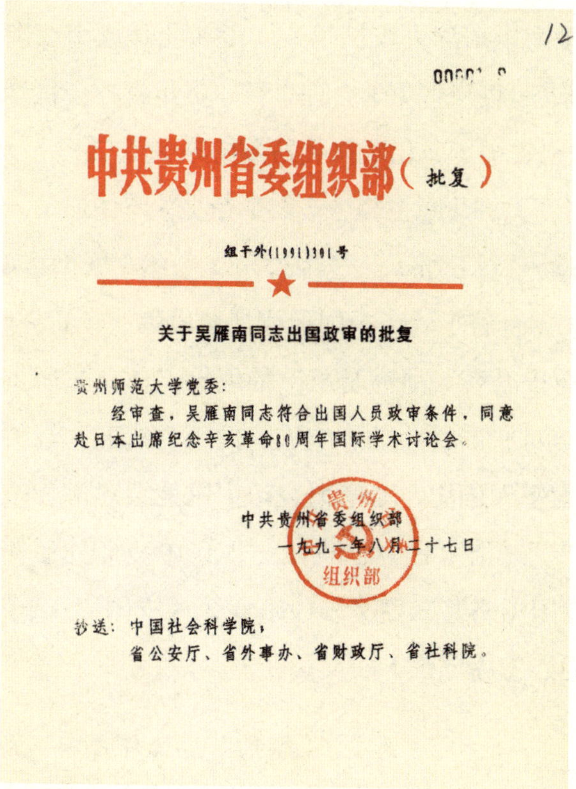

图 3 关于吴雁南同志出国政审的批复

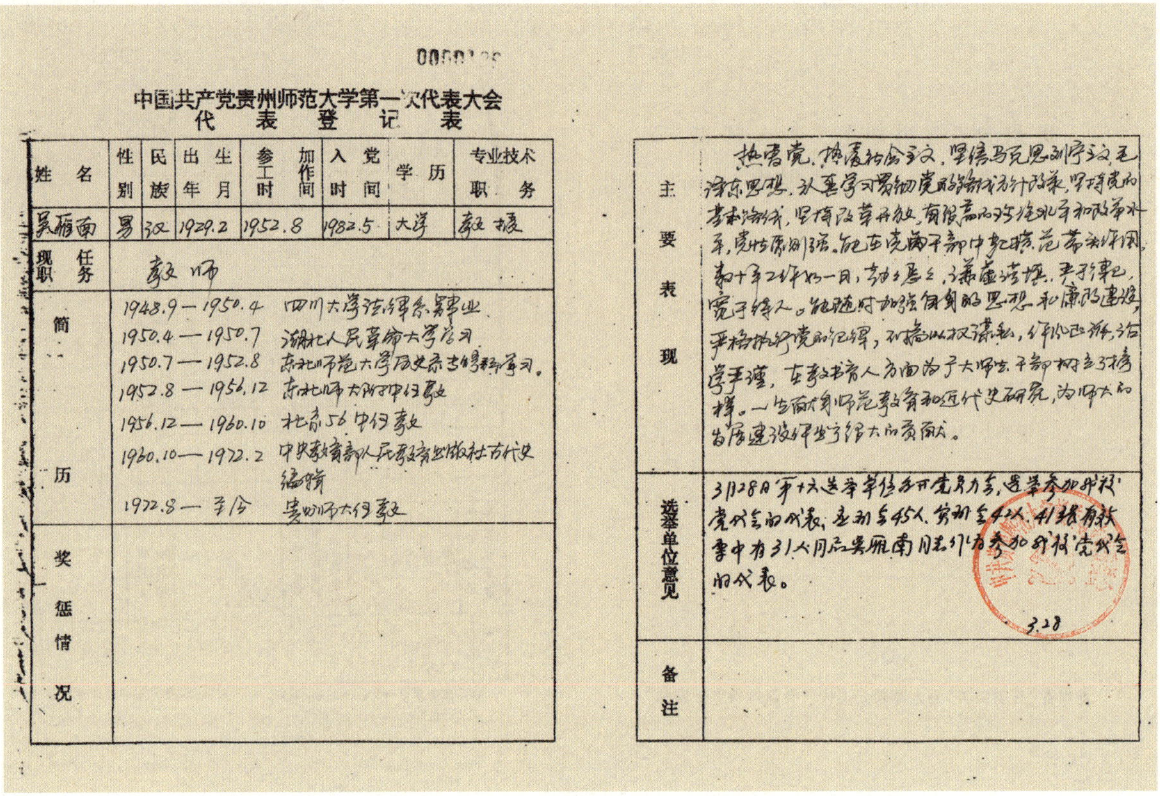
0050128

中国共产党贵州师范大学第一次代表大会
代 表 登 记 表

姓名	性别	民族	出生年月	参加工作时间	入党时间	学历	专业技术职务
吴雁南	男	汉	1929.2	1952.8	1982.5	大学	教授
现任职务	教师						
简历	1948.9—1950.4 四川大学法律系肄业 1950.4—1950.7 湖北人民革命大学学习 1950.7—1952.8 东北师范大学历史系当研究生学习。 1952.8—1956.12 东北师大附中任教 1956.12—1960.10 北京56中任教 1960.10—1972.2 中央教育部人民教育出版社古代史编辑 1972.8—至今 贵州师大任教						
奖惩情况							

主要表现	热爱党，热爱社会主义，坚信马克思列宁主义毛泽东思想，认真学习贯彻党的路线方针政策，坚持党的基本路线，坚持改革开放，有很高的政治水平和政策水平，党性原则强。能在党内干部中起模范带头作用，数十年工作如一日，兢兢业业，谦虚谨慎，严于律己，宽于待人。能随时加强自身的思想和廉政建设，严格执行党的纪律，不搞以权谋私，作风正派，治学严谨，在教书育人方面为广大师生干部树立了榜样。一生献身师范教育和近代史研究，为师大的发展建设作出了很大的贡献。
选举单位意见	3月28日第十次选举单位召开党员大会，选举参加我校党代会的代表，应到会45人，实到会42人，41张有效票中有31人同意吴雁南同志作为参加我校党代会的代表。 3.28
备注	

图 4 吴雁南中国共产党贵州师范大学第一次代表大会代表登记表

国家级有突出贡献的科技工作者。1989 年吴雁南申请辞去校长职务。1991 年吴雁南获国务院政府特殊津贴。吴雁南曾任中国史学会理事、贵州省史学会理事长、贵州省社会科学界联合会副主席、贵州高师研究会理事长、贵州省中华文化研究会副会长等职。

吴雁南撰有论文《试论太平天国的土地制度》，共同主编《辛亥革命史》（中册）。著有《孙中山与辛亥革命》《中国近代史纲》（上下册）、《中外历史新编》（5 卷 6 册）、《清末社会思潮》《农民战争与会党》（合著）、《中国近代社会思潮》（4 卷 4 册）等。主持“中国社会思潮研究丛书”“历史教育与研究丛书”的编辑工作，先后主持完成国家“七五”社科研究项目“陆王心学对中国社会的影响”、国家“八五”社科重点项目“中国近代社会思潮”等课题。在太平天国史、心学研究、中国社会思潮、辛亥革命史等方面取得了开拓性进展和重大成果。《清末社会思潮》一书于 1990 年先后获华东地区优秀政治理论图书一等奖、第五届中国图书奖二等奖；1996 年，《中国“八五”科学技术成果选》一书收编了他的《唐才常的心力决定论》一文。

（撰稿人：杨棉月）

熊书益

　　熊书益，男，汉族，曾用名熊文然，1924 年 10 月生于贵州省黔西县。1931 年至 1941 年，熊书益先后在黔西县沙井镇田坝寨私塾、黔西第一小学、黔西私立养正小学读书。1941 年至 1947 年他先后在贵筑县贵筑中学、黔西中学、贵阳高中、黔西高中读书。1947 年他考入贵阳师范学院史地系地理组。1950 年他在黔西私立思本小学做教员兼教务主任。1952 年，熊书益大学毕业后留校任教，承担自然地理学的辅导和主讲工作。1955 年至 1956 年，熊书益到华东师范大学地理系进修班进修普通自然地理一年半，学习了普通自然地理、地理发展史、地貌学、地质学、气象气候学、水文学等。1959 年，熊书益到上海水电设计院勘测处进修水文地质、工程地质、喀斯特发育理论。1960 年至 1980 年，熊书益先后进行过黔西南自然地理调查、贵州南部橡胶宜林地的综合考察，参与黔中喀斯特区划工作、黔南喀斯特研究、贵州高原喀斯特研究，参加威宁糖料调查、兴义糖料调查、铜仁地区农业地理调查、遵义地区农业地理调查、毕节地区农业地理调查、镇宁六马区和铜仁地区农业地理调查、农业地理任务的统稿工作、农业区划和北京怀柔县土地类型调查。

　　熊书益是知名的地理学家和地理教育家，贵州地理学界的奠基人之一，综合自然地理的学术带头人。他十分重视科学研究，积极参加科学研究和科学论著的撰写，先后参加了贵州首次土壤侵蚀遥感调查、贵州省乌江流域发展战略子项目研究、贵州地貌区划、

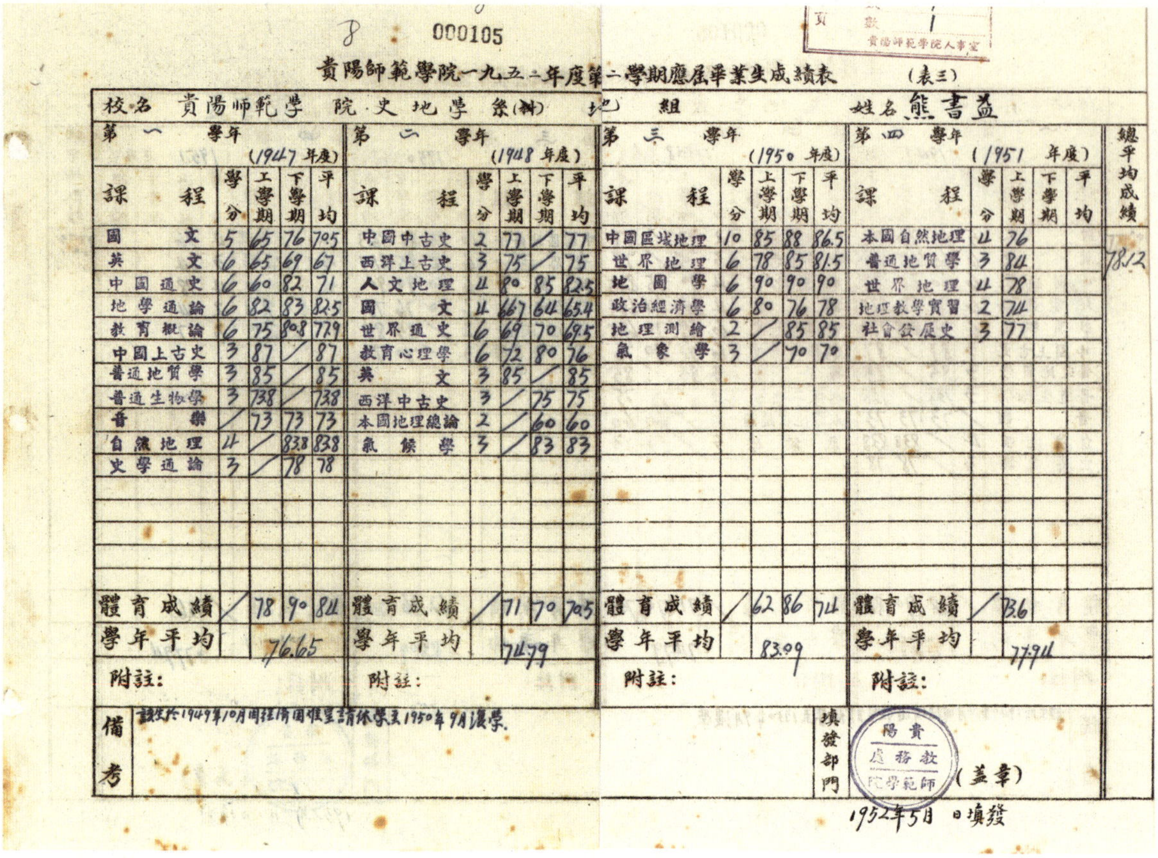

8　000105

貴陽師範學院一九五二年度第二學期應屆畢業生成績表　（表三）

校名　貴陽师範學　院　史地學　系(科)　地　組　　姓名　熊書益

第一學年（1947年度）

課程	學分	上學期	下學期	平均
國文	5	65	76	70.5
英文	6	65	69	67
中國通史	6	60	82	71
地學通論	6	82	83	82.5
教育概論	6	75	80.8	77.9
中國上古史	3	87	/	87
普通地質學	3	85	/	85
普通生物學	3	73.8	/	73.8
音樂	/	73	73	73
自然地理	4	/	83.8	83.8
史學通論	3	/	78	78
體育成績	/	78	90	84
學年平均		76.65		

附註：

第二學年（1948年度）

課程	學分	上學期	下學期	平均
中國中古史	2	77	/	77
西洋上古史	3	75	/	75
人文地理	4	80	85	82.5
國文	4	66.7	64	65.4
世界通史	6	69	70	69.5
教育心理學	6	72	80	76
英文	3	85	/	85
西洋中古史	3	/	75	75
本國地理總論	2	/	60	60
氣候學	3	/	83	83
體育成績	/	71	70	70.5
學年平均		71.79		

附註：

第三學年（1950年度）

課程	學分	上學期	下學期	平均
中國區域地理	10	85	88	86.5
世界地理	6	78	85	81.5
地圖學	6	90	90	90
政治經濟學	6	80	76	78
地理測繪	2	/	85	85
氣象學	3	/	70	70
體育成績	/	62	86	74
學年平均		83.09		

附註：

第四學年（1951年度）

課程	學分	上學期	下學期	平均
本國自然地理	4	76		
普通地質學	3	84		
世界地理	4	78		
地理教學實習	2	74		
社會發展史	3	77		
體育成績	/	73.6		
學年平均		77.914		

附註：

總平均成績　78.12

備考　該生於1949年10月因經濟困難呈請休學至1950年9月復學。

填發部門　貴陽師範學院教務處（蓋章）

1952年5月　日填發

頁數　1　貴陽師範學院人事室

图 1 熊书益贵阳师范学院 1952 年度第二学期应届毕业生成绩表

黔西南自然地理调查、黔东南自然地理调查，并担任贵州高原喀斯特研究队副队长，考察了贵州 300 多个岩溶洞穴。他带领学生步行横穿贵州南部喀斯特地区考察，在学术探索的道路上，取得了显著的成绩。他主持和参加的科学研究，为贵州经济建设和社会发展做出了贡献，获得了贵州省政府的奖励和同行专家的好评。

熊书益忠诚和热爱党的教育事业，坚持教学改革，重视课堂教学及教材编写，重视培养学生独立思考和解决问题的能力。他常结合课堂教学进行野外实习，能理论联系实际，注意培养学生独立思考和解决问题的能力，批改实习报告认真仔细。学生反映：“熊老师知识渊博，讲课条理清楚，详略得当，逻辑性强，易于掌握。”在多年教学工作中，熊书益编写了“气候气象学”“地貌学”“水文学”“喀斯特学”及“自然地理基本问题”等课程的教材、讲义。编写中，熊书益参阅了当时较新的国内资料文献，内容充实、观点明确。

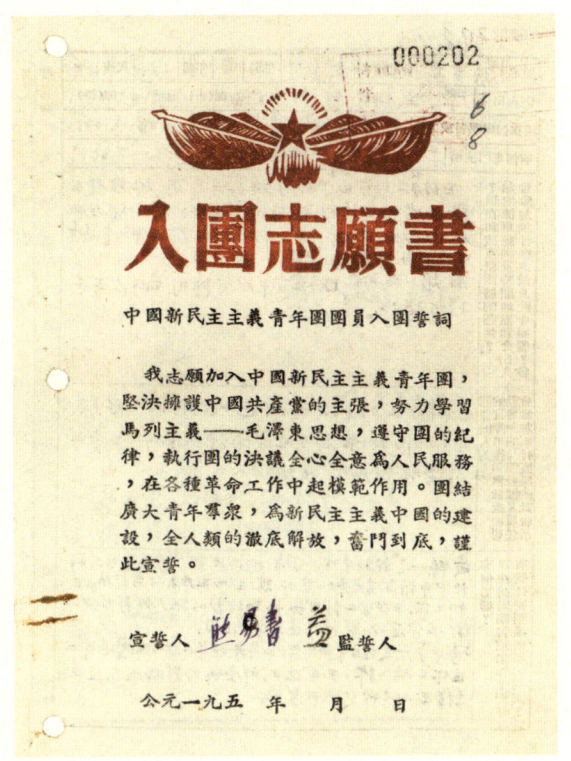

图 2 熊书益入团志愿书

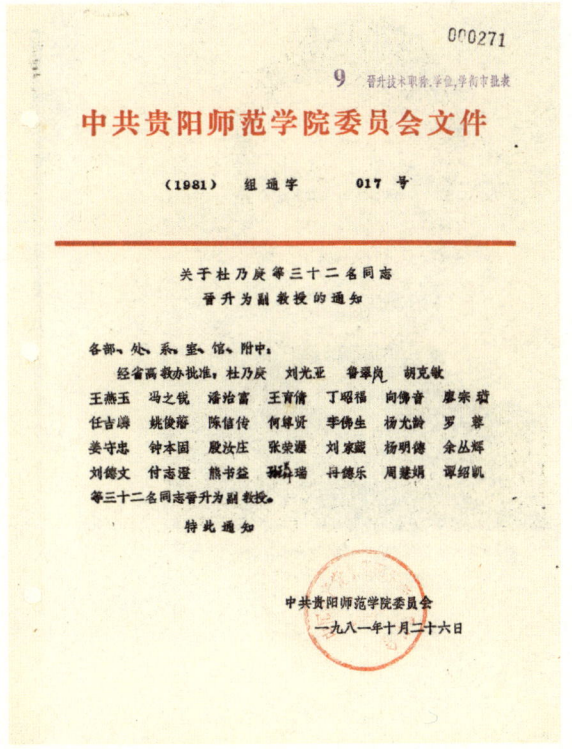

图 3 有关熊书益同志晋升为副教授的通知

（撰稿人：杨棉月）

姚俊藩

姚俊藩，侗族，1925 年 10 月出生，贵州省天柱县人。

姚俊藩是家中长子，其父亲在姚俊藩 11 岁时去世，留下母亲与他兄弟三人。姚俊藩祖父素与其母亲不睦，母亲分稻田五亩，年产仅够他们一家数月的粮食。母亲胡芝桂一面借债一面推销其父亲商业存货供姚俊藩初中毕业。

姚俊藩 15 岁那年，准备离开家投考公费学校国立贵州师范学校。他离开家的那日，母亲含着泪说："你还没有伞高，就离开了我。此去要好好的读书呵！"当时，天柱县至贵阳有 420 公里。虽然有汽车代步，但是为了省钱，姚俊藩步行了 12 天到达贵阳。

1940 年，姚俊藩考入国立贵州师范学校。1943 年毕业后，他先后在国立成达师范学校第四附小、贵州天柱县初级中学、贵州铜仁师范学校、贵州江口农校任教。1946 年秋，姚俊藩考入国立贵阳师范学院数学系。1950 年毕业后，他先后在吉林省伊通县中学、吉林第二高中、吉林师专、通化工学院、通化师专任教。1963 年，姚俊藩任职于贵州函授学院，主要负责教材编写工作。1972 年，他调入贵阳师范学院数学系，承担教学工作。1987 年，姚俊藩晋升为教授，同年退休。

姚俊藩具有系统而坚实的几何专业理论知识，20 世纪 60 年代编写了《概率论与数理统计》《初等几何》《农业中学数学教材》等函授讲义；自编高校教材《高等几何》《射影几何选讲》，与人合作完成《网络几何》。其编写的《高等几何讲义》，曾于

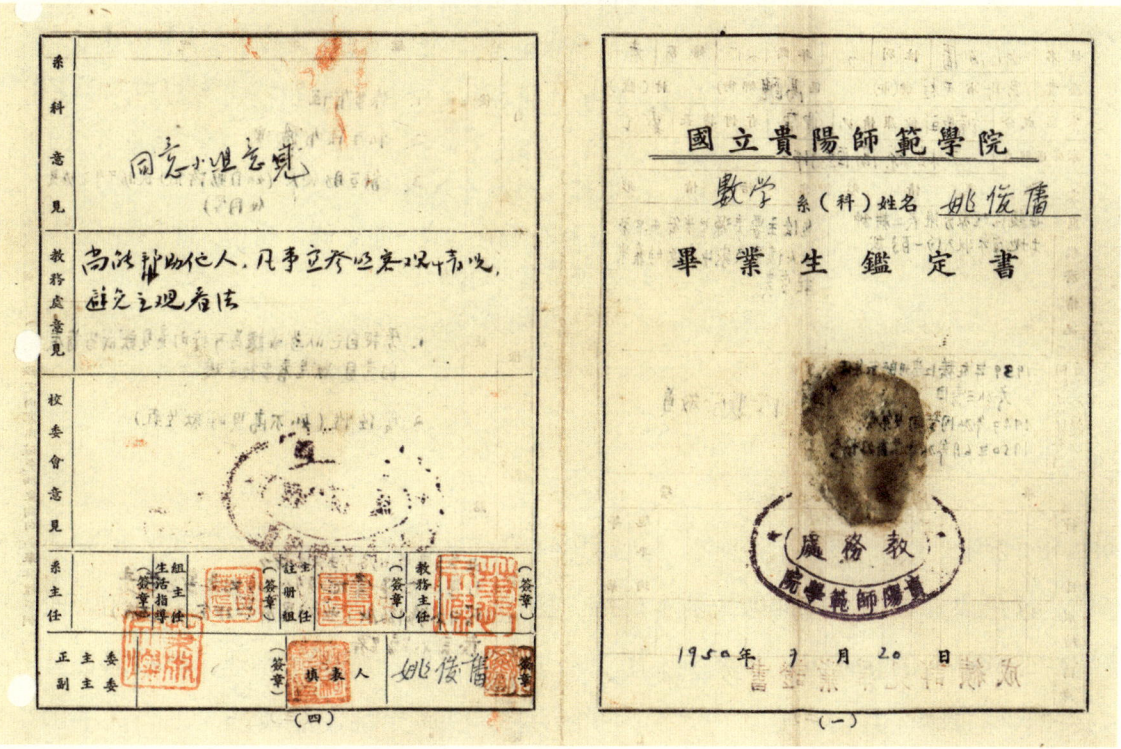

图1 姚俊藩国立贵阳师范学院毕业生历年各科成绩表

图2 姚俊藩国立贵阳师范学院毕业生鉴定书

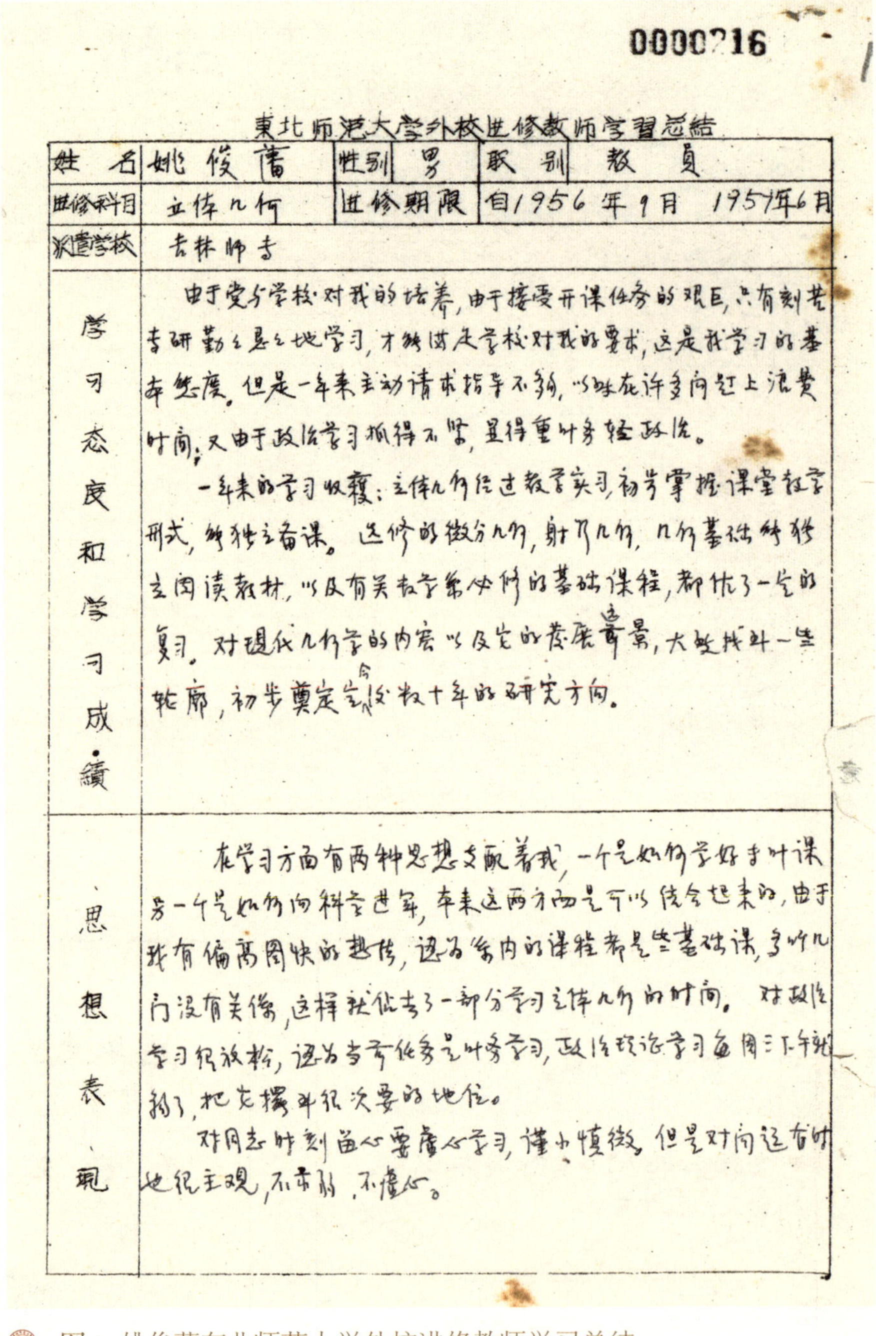

0000716

東北师范大学外校进修教师学習总結

姓名	姚俊藩	性别	男	职别	教員
进修科目	立体几何	进修期限	自1956年9月 1957年6月		
派遣学校	吉林师专				
学习态度和学习成績	由于党与学校对我的培养，由于接受开课任务的艰巨，只有刻苦专研勤勤恳恳地学习，才能满足学校对我的要求，这是我学习的基本态度。但是一年来主动请求指导不够，以致在许多问题上浪费时间；又由于政治学习抓得不紧，显得重业务轻政治。一年来的学习收获：立体几何经过教学实习，初步掌握课堂教学形式，能独立备课。选修的微分几何，射影几何，几何基础能独立阅读教材，以及有关专业系必修的基础课程，都作了一定的复习。对现代几何学的内容以及它的发展远景，大致找到一些轮廓，初步奠定今后数十年的研究方向。				
思想表现	在学习方面有两种思想支配着我，一个是如何学好专业课，另一个是如何向科学进军，本来这两方面是可以结合起来的，由于我有偏高图快的想法，认为系内的课程都是些基础课，与我几门没有关系，这样就很少了一部分学习立体几何的时间。对政治学习很放松，认为当前任务是业务学习，政治理论学习每周三下午就够了，把它摆在很次要的地位。对同志时刻留心要虚心学习，谨小慎微，但是对问题有时也很主观，不求明，不虚心。				

图 3　姚俊藩东北师范大学外校进修教师学习总结

1980 年 12 月教育部在广州举办的“高等几何讲习班”被介绍给与会同志，得到大家的好评。这份讲义强调逻辑推理的基本训练，指出了高等几何在相对论中的应用，改革了传统的非欧几何的叙述方式，提出了用综合法证几何题的观点。此外，姚俊藩还译有美国犹他大学课本《几何基础》一书，约 30 万字。1991 年姚俊藩被选入《当代中国少数民族名人录》（北京华文出版社 1992 年版）。

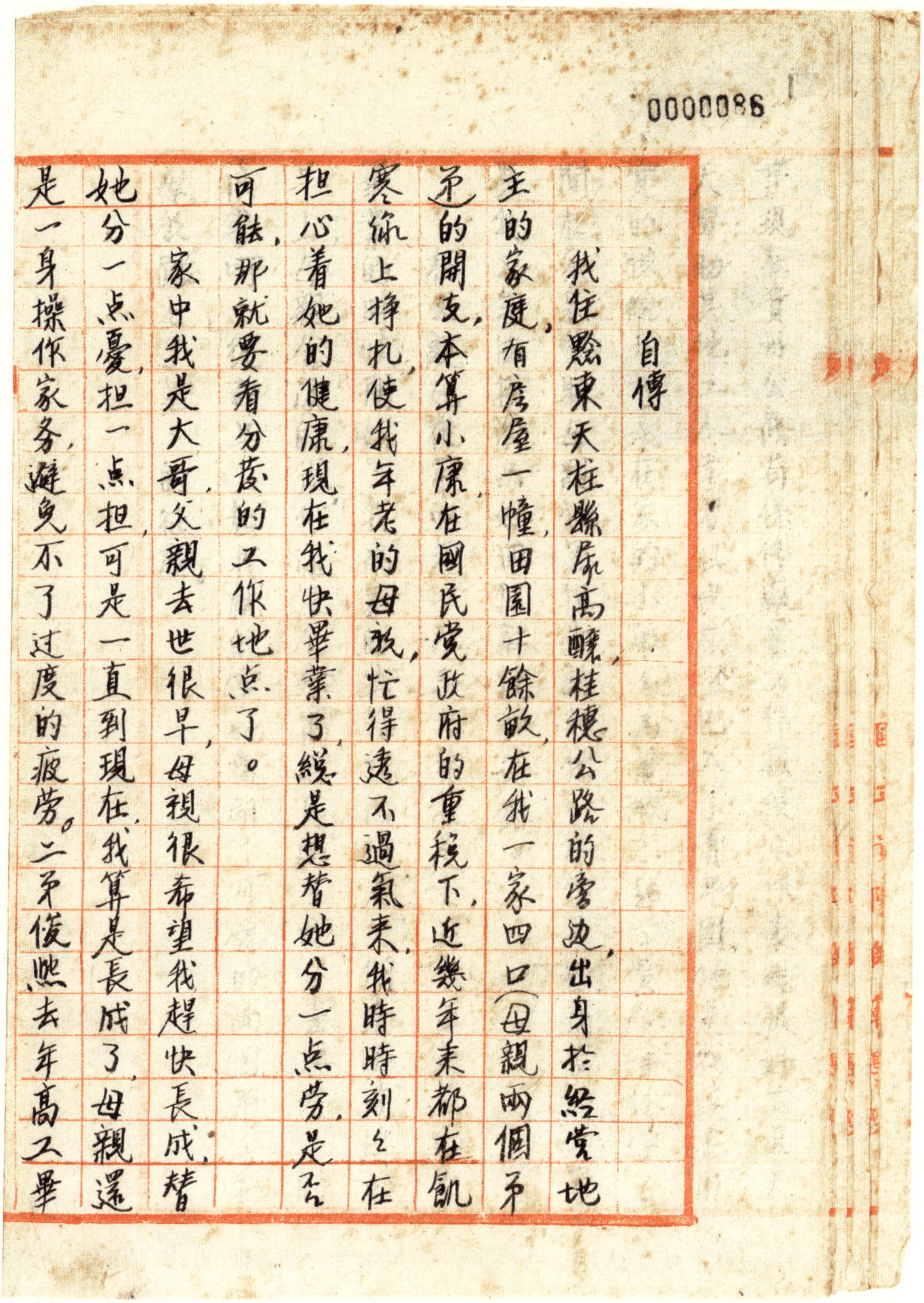

0000086

自傳

　我住黔東天柱縣瓮侗高醸桂穗公路的旁边，出身於經营地
主的家庭，有庐屋一幢田園十餘畝。在我一家四口（母親兩個弟
弟）的開支，本算小康在國民党政府的重稅下，近幾年来都在凱
寒綫上挣扎，使我年老的母親忙得透不過氣来我時時刻刻在
担心着她的健康現在我快畢業了，總是想替她分一点劳是否
可能那就要看分茇的工作地点了。
　家中我是大哥父親去世很早，母親很希望我趕快長成替
她分一点憂担一点担可是一直到現在我算是長成了，母親還
是一身操作家务避免不了过度的疲劳。二弟俊熙去年高二畢

图4 姚俊藩自传

（撰稿人：杨棉月）

赵咸云

赵咸云，曾用名赵熙明，辽宁省盖平县人，满族，生于1904年9月14日，卒于1983年4月4日。

1904年9月，赵咸云出生于辽宁省盖平县熊岳城正红旗村一个没落地主的大家庭。其父终身从事教书（私馆）职业，对其管教甚严，常以旧礼教、旧道德教导。

1923年秋，赵咸云考入东北大学数学系；1929年大学毕业后，留校任助教；1930年到1944年6月，任吉林大学理工学院讲师；1932年4月到1936年6月，先后任哈尔滨第一高中教员兼教务主任，哈尔滨第一女中教员，哈尔滨师范专科学校教员，武昌私立育杰中学教员兼训导员，省立武昌职业中学教员兼教务主任，广西省立宾阳初级中学教员，广东省立教育学院数理化系副教授，广东省立文理学院数理化系教授，广东中山大学师范学院数学系教授，广西桂林师范学院理化系教授，广西私立立达中学教员。

1944年8月后，赵咸云任国立贵阳师范学院数学系教授兼数学系主任。新中国成立后，赵咸云历任贵阳师范学院教务主任，数学系教授、副系主任，贵阳师范学院教育工会主席；贵州省教育工会筹备委员会副主席，贵州省数学会副理事长、理事长，中国民主同盟贵阳师范学院支部主任，民盟贵州省委常委、委员，贵州省政协委员、常委，贵州省科学技术协会委员、贵阳市人民代表大会代表。

赵咸云在个人自传中提到国立贵阳师范学院"护校拒杜"事件："1946年暑后，教授会改选，在当选干事中，推我为主席。该院齐泮林请假回家不久，教育部电令，派杜叔机为院长，调齐泮林为专员，随而有'拒杜拒曾'之举。这个学潮起源于学生，先劝杜不来接手，随而招待全体教师发表意见，继而向教授会征求意见。我以主席名义召开干部会和大会。大会决定拒杜不是挽齐，而是求得一个学品兼优的院长。为了使学潮早日平息，我们（指教授会干事，王炳庭、毛国琦、王钟山、姚奠中和我）曾见过当时省

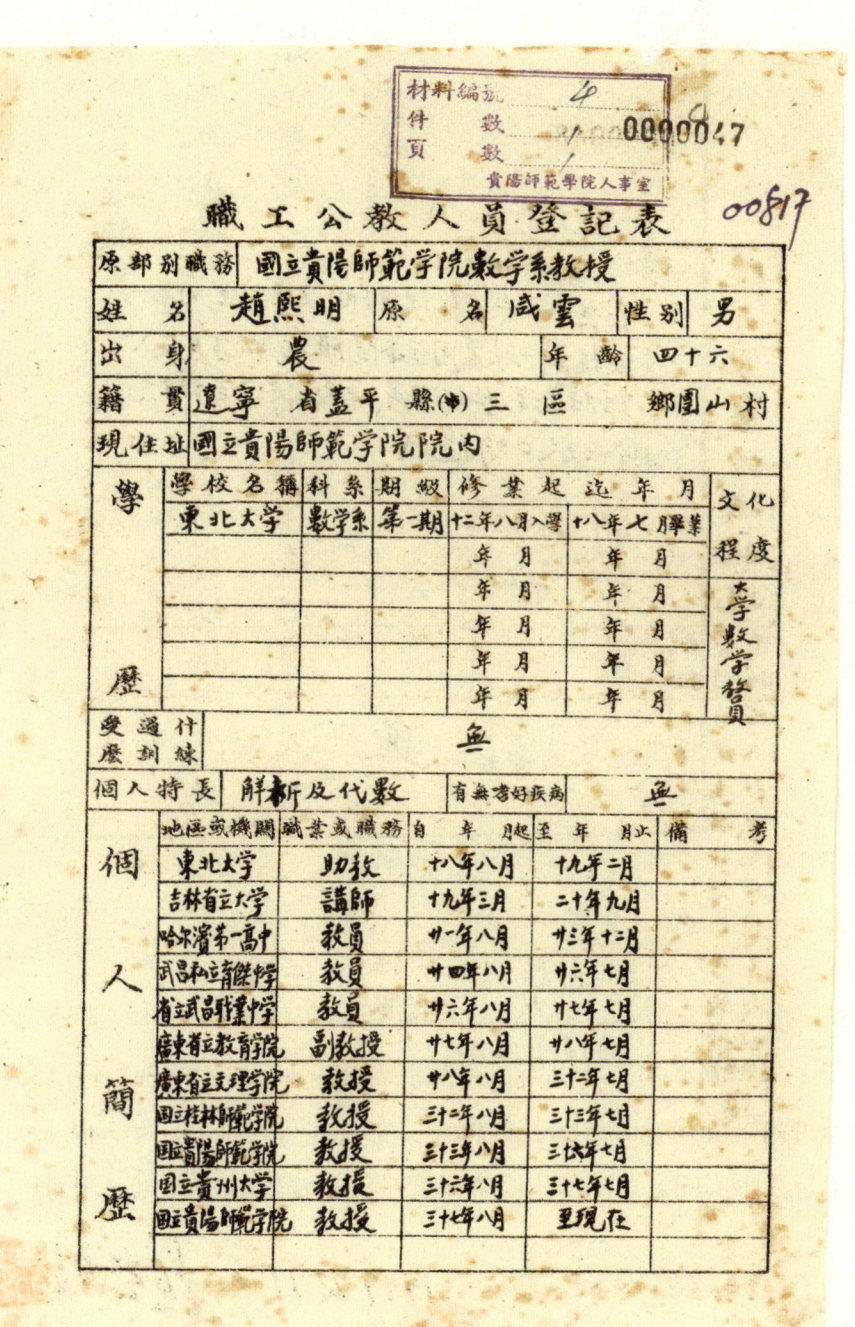

图 1 赵咸云职工公教人员登记表

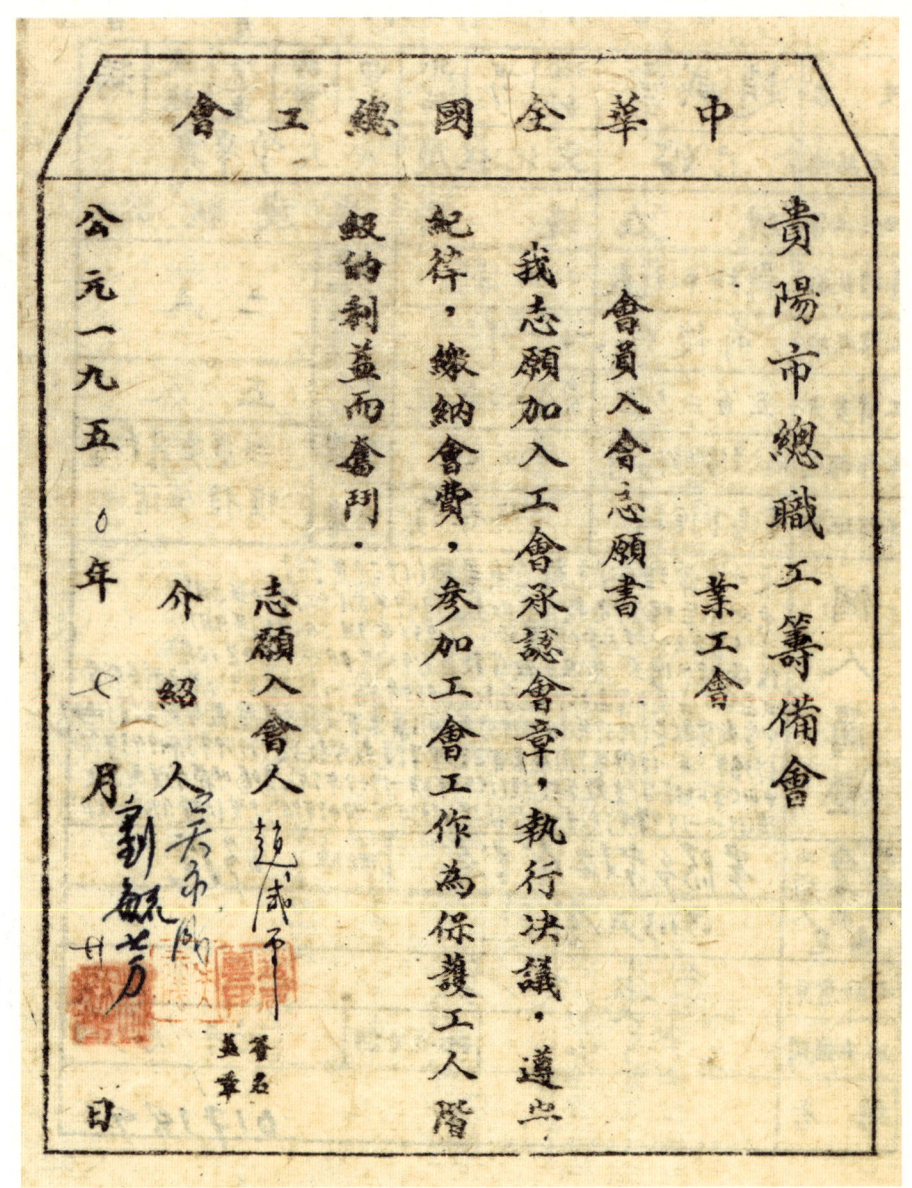

图 2 赵咸云中华全国总工会贵阳市总职工筹备会会员入会志愿书

政府主席杨森和秘书长李环等，托他们向教育部反映，早派一个适当的院长来，根据他们的意见也举了那（哪）几位可以担任（如谌志远、张永立等）。另外还见过省政府的唐棣和省党部的冉龙仓等。在发表杜去留样，曾景代理院长后，省政府授意速平学潮，恢复常态，可是学生不同意了。由当时贵州大学校长张廷休劝说学生，学潮乃息。"

0000097

职工（　　）升一级审批表

姓　名	赵咸云	职　称	教授	学　历	本科
现任职务（工种）		批准机关		毕业于何院校	东北大学
参加工作时间	4？年11月日	评定时间	年　月　日	修业年限	6
转正时间	年　月　日	批准时间	年　月　日	毕业时间	年　月　日

（　）升一级前工资标准				补齐级差	（　）升一级后工资标准				冲　销		工资总额补升净增	剩　下	
名称	等级	标准工资	附加工资	保留工资		名称	等级	标准工资	应增工资	附工	保留工资		附加工资	保留工资
文教	4	201.50			4	文教	4	206.50				5.00		

单位意见	同意补差5.00元　　1983年3月日
审查机关意见	经党委研究同意升一级　　1983年3月日
批准机关	年　月　日

说明：表中括号空白，升一级时不填，再升一级时，括号内填一（再）字；
调资单位需填份数由主管部门和地区自行确定。

0000001

干部履历表

姓名	现名	赵咸雲	籍贯	辽东省盖平县（市）正红旗村
	原名		性别	男	出生日期	1904年9月14日
	曾用名		家庭出身	地主	本人成份	高级脑质
民族	满	宗教		现有文化程度	大学
健康状况	平常

家庭状况：
- 参加革命时及现在的经济状况：靠工资生活
- 主要成员姓名、职业、政治状况，现在与你的关系：家兄咸焦，三弟咸明均像地主，现在家中劳动。职庭自七七事变前已無经济关系，開或有信。
- 夫或妻姓名、职业、政治状况、住址：妻郑雲卿，现在...

中央人民政府人事部製
西南軍政委員會人事部翻印

（撰稿人：杨棉月）

许庄叔

　　许庄叔（又名许庄述），1914年出生于贵阳一个知识分子家庭，总共接受过九年教育。其中，高小三年、贵州省立师范学校前期和后期文史地组各三年（1927年8月—1933年8月）。虽在学校受教育的时间较短，"统统不过九年"，但之后"一切研究都是自学完成的"。

　　1933年，许庄叔先后在贵阳多所公私立中小学担任教员，教美术、劳作及国文等课；1937年—1940年8月，先后在遵义师范学校、镇西卫贵阳师范学校担任专任教员，教国文；1940年9月—1948年8月先后在大夏中学担任专任教员，在大夏大学文学院任讲师和副教授，教国文；1948年9月—1956年7月先后在贵阳中学、贵阳一中担任国文专职教员，其间曾在贵州军管会文教接管部师训班和暑研班学习。

　　许庄叔1956年8月调入贵阳师范学院中文系，先后担任"习作""现代汉课"等课老师。1962年起，他担任语言教研室古代汉语课教师。如其自传所言："现在从事古典解释工作，继续《礼记》全书通释，以便定毕'正义'全书，今后拟合教学，从事金文语法研究。"时任院长陈若夫认为许庄叔"有较好的专业知识，有独立科研的能力，有一定的学术水平"。

　　许庄叔主要从事汉语语言文学及古典考证训释工作，著有《石鼓考缀》《黔雅》《述礼通谊》《经名故》等，各书均在抗战时自行刊印发行。其中，《石鼓考缀》《黔雅》

在前中央图书馆馆刊一卷四期有专文介绍。此外，还著有《文学识变举例》（十卷）、《许学志》（六卷）、《故学研述》（三卷）、《文臬》（一卷），但均未刊行；《商周名象说例》，未清校整理；《礼记正义》（一百卷）尚有二十九卷未定稿，全稿也未誊清；还发明"边沿笔型检字法"，未公布。

1991 年 5 月许庄叔病逝，学校成立以党委书记兼校长为主任的治丧委员会，为他举行了隆重的遗体告别仪式。告别仪式上，校领导介绍其生平时说："贵州师范大学教授、全国知名书法家、国内少有的碑文研究专家，一生辛勤耕耘、多才多艺的学者许庄叔先生"，"无论是治学精神，还是治学的方法，以及科研的成果，都为我们树立了值得发扬光大的榜样"。贵州省文史馆馆长冯楠先生题挽联："呕尽一世心血，等身著述，为继往圣绝学；擅长诸般技能，无所师承，堪称当今奇人。"汤国铣教授撰写挽联称："行止耿介，人以为奇，巍巍然高洁自守，深得人生妙谛，先生此去无遗憾；学识渊博，世所难知，戛戛乎孤心独到，正符学术宗旨，巨著永垂有辉光。"

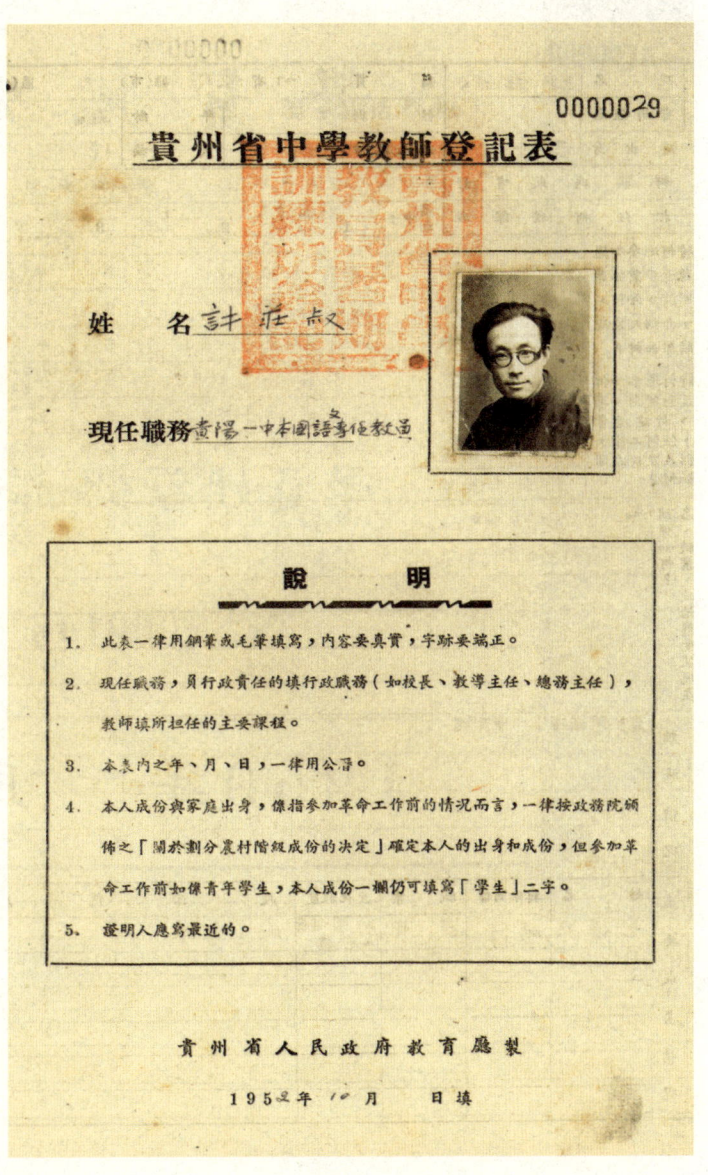

图 1 许庄叔贵州省中学教师登记表

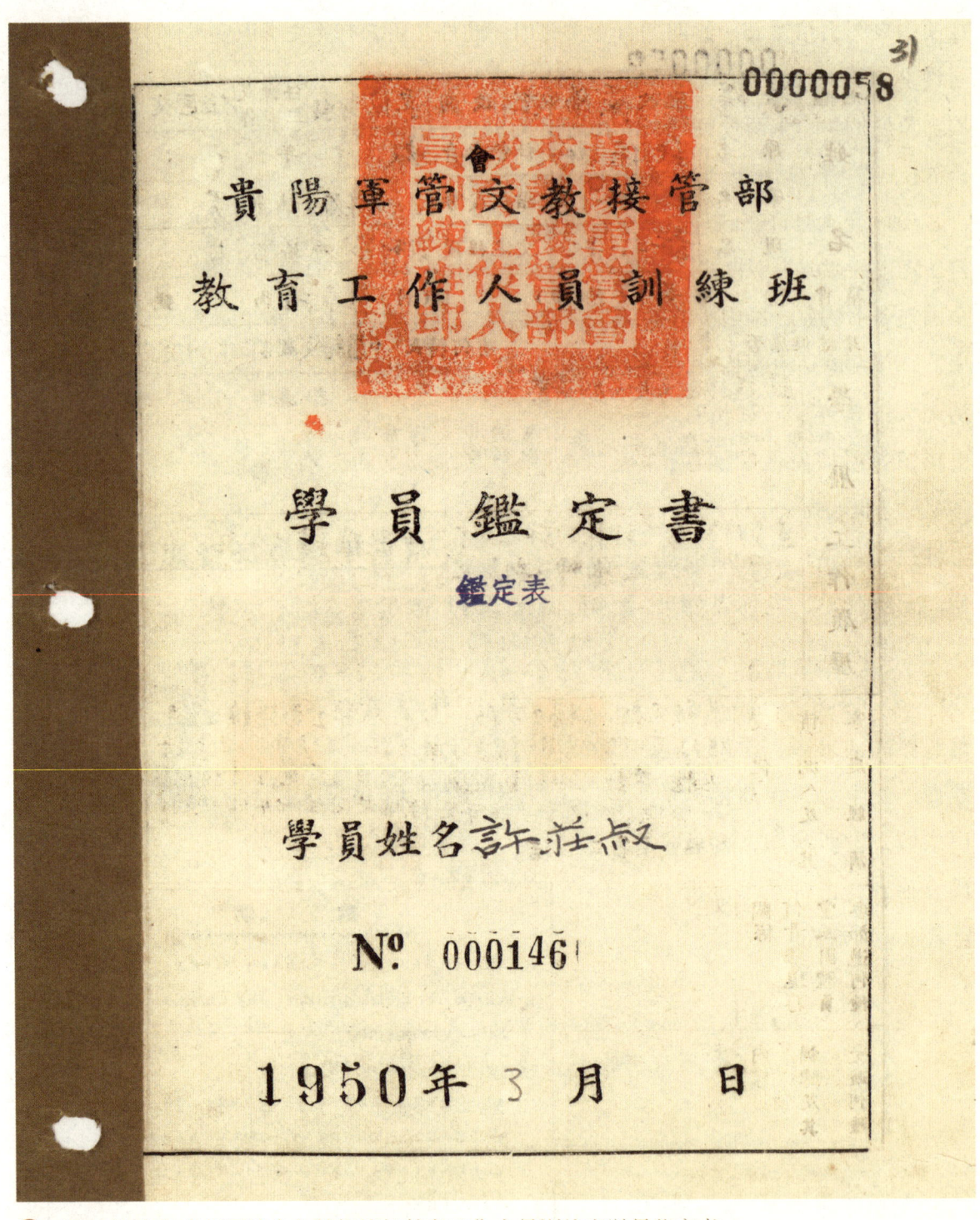

图 2 许庄叔贵州军管会文教接管部教育工作人员训练班学员鉴定书

（撰稿人：杨彦勋）

陈应枢

陈应枢，1936 年 7 月 14 日生，天津人。其父陈宗仁，抗战期间曾为昆明师范学院英文教授。受此影响，陈应枢中学时就能熟练地进行英文打字，更能在课堂上与老师用英语对答如流，为以后开展相关翻译工作打下了深厚的英文功底。

1942 年 8 月至 1954 年 7 月，陈应枢先后就读于天津市私立木齐小学、南京私立弘光中学、昆明师范学院附属中学。1954 年 8 月，陈应枢就读于四川大学数学系。

1958 年 9 月，陈应枢在贵阳师范学院数学系担任助教。1965 年 10 月，他到都匀民族师范学校担任教员。1977 年 10 月，他在惠水险峰机床厂子弟学校担任教员。1979 年 2 月，他又回到贵阳师范学院工作。

陈应枢致力于数学教育学、数学课程论、跨文化数学教育。同时，由于具有深厚的英文功底，他翻译和编译了多部外文专著。此外，他还先后参加全国教育科学"八五"规划国家教委级重点课题"数学课程的现代理论研究"，并在结题专著《现代数学课程论》一书中担任副主编；主持贵州省教委科研课题"Hans Freudenthal 数学课程研究"，该课题以 Hans Freudenthal（弗赖登塔尔）的几部名著为主要研究内容；编译出版《经典数学综合教材》《数学课程发展》《九十年代的中小学数学》等，得到了诸多专家的好评。北京师范大学丁尔升教授认为："这批译著对我国数学教育方向的研究生课程建设和数学教育学科建设都起了很大作用"，其中"《经典数学综合教材》作为研究生学位

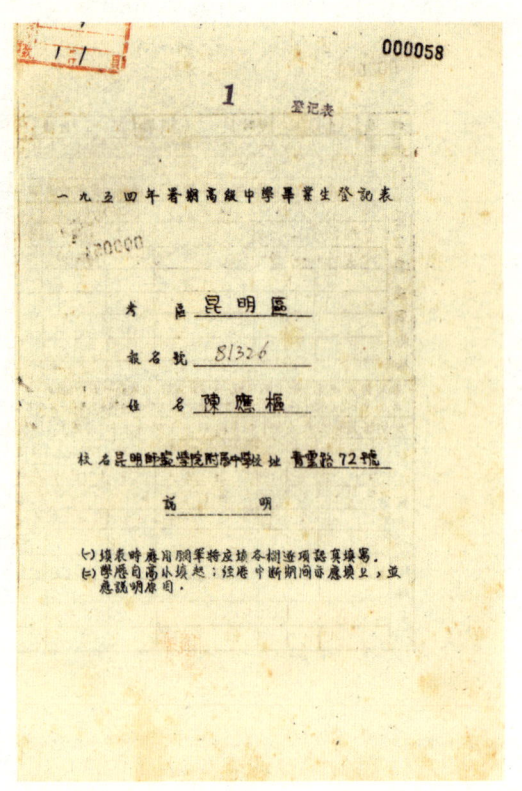

图1 陈应枢1954年暑期高级中学毕业生登记表

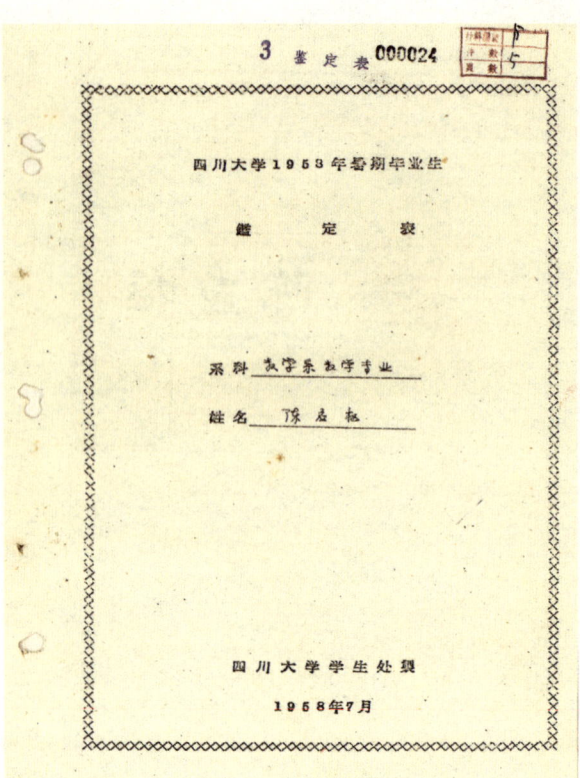

图2 陈应枢四川大学1958年暑期毕业生鉴定表

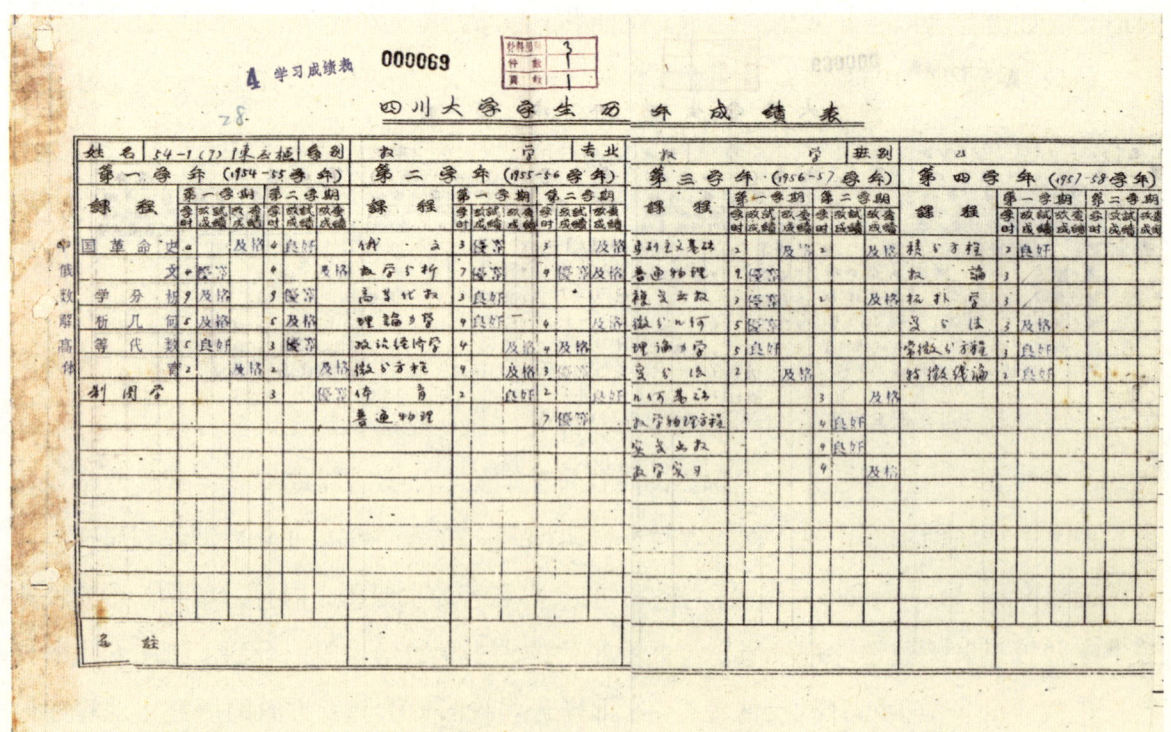

图3 陈应枢四川大学学生历年成绩表

课程'基础数学研究'的主要教材，对研究生培养发挥了重要作用"，"《数学课程发展》是介绍到国内来的第一本数学课理论的专著，对我国数学课程发展改革设计与研究，对我国数学教育学科建设起了很大作用"，"《九十年代的中小学数学》是我们研究新世纪数学教育改革的重要参考"。辽宁师范大学朱秉林教授、天津师范大学陆克毅教授、四川师范学院康纪权教授在出席"全国数学学科教学论研究生培养工作会议"时一致认为："陈应枢在我国数学课程论研究中做了大量有价值的工作，为推动我国数学教育理论研究，做出了很大贡献。"

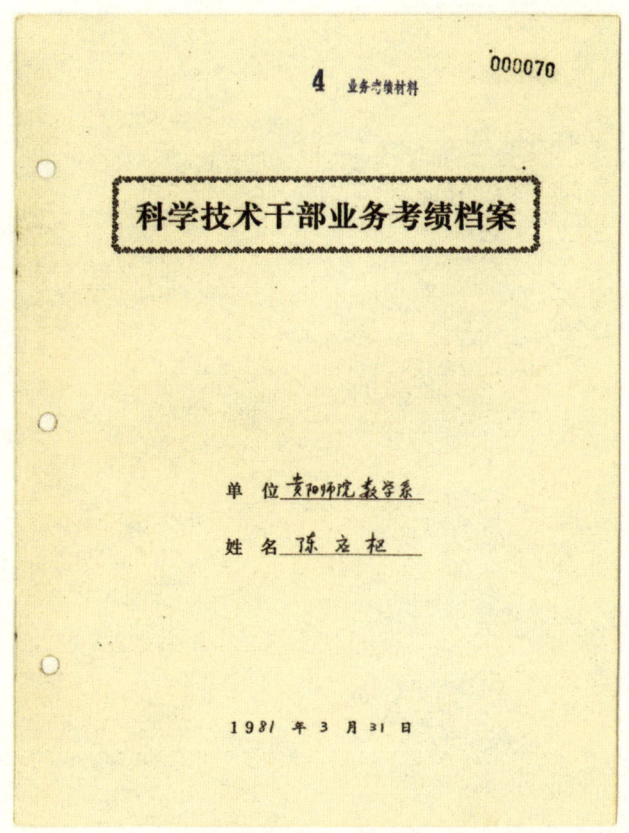

图 4 陈应枢科学技术干部业务考绩档案

（撰稿人：杨彦勋）

ISBN 978-7-5482-3919-2

定价：260.00元